지식인과 리더들의 필독서

논어

지식인과 리더들의 필독서

논어

구성희 지음

논어만큼 많은 이들에게 큰 영향을 준 책도 없을 것이다. 고대로부터 지금까지 사람들은 논어를 읽고 인생을 바꿨다. 경영자는 경영원리를, 정치가는 정치 기본을, 리더는 리더십을 배웠다. 인생을 묻는 사람에게는 담대한 삶의 원리를 알려주었다.

한국학술정보

목차

서론 · 8

- 공자의 생애 · 11
- 논어의 구성 · 18
- 논어의 내용 · 22
- 논어의 핵심 철학 · 28
- 논어를 읽어야 하는 이유 · 32

1장 인격 수양은 어떻게 해야 하나

1. 신의로 무장하면 앞길이 순탄하다 38
2. 중요한 것은 나 자신을 갈고닦는 것 42
3. 똑똑해야 할 때와 어리석어야 할 때 46
4. 마음의 평정을 유지하라 50
5. 물질에 구애받지 않고 인생을 즐겨라 54
6. 중용을 지켜라 59
7. 멀리 내다보는 안목이 필요하다 62

2장 삶의 원칙 세우기

1. 성공한 사람이 갖춘 4가지 성품 68
2. 하늘을 우러러 한 점 부끄럼이 없기를 72
3. 마음을 얻는 데서 시작하라 76
4. 인생 발전 6단계 80
5. 스스로는 70%밖에 채우지 못한다 85
6. 잘못을 고치는 것을 망설이지 말라 89
7. 어려울 때 찾아오는 사람이 진짜다 94

3장 발전을 위한 자기성찰

1. 내 삶의 리더가 되는 세 가지 방법 100
2. 옛것을 익혀 새로운 것을 안다 103
3. 아는 것과 모르는 것을 구분해야 할 때 108
4. 마음의 여유를 잊지 않은 삶의 품격 113
5. 성공이 가까워질수록 겸손을 붙잡아라 117
6. 덕을 베푸는 자가 진정한 승자다 119
7. 사람답게 산다는 것 125

4장 흔들리는 삶을 굳건히 세우는 길

1. 지금 당장 할 수 있는 일을 하라 130
2. 간절함과 두려움으로 공부한다 133
3. 생각만 하고 배우지 않으면 위태롭다 137
4. 열정적이지 않은 사람은 방전된 배터리와 같다 141
5. 효의 시작은 내 정신과 몸을 건강하게 하는 것이다 147
6. 인간관계의 시작점은 부모와의 관계다 149
7. 삶의 결과가 달라지는 배움의 4가지 자세 154

5장 덕이 있는 사람은 외롭지 않다

1. 예가 아니면 보거나 듣거나 말하거나 행하지도 말라 158
2. 자기를 극복하여 예로 돌아감이 인이다 161
3. 인과 지혜로움이란 무엇인가 166
4. 단점만 보지 말고 장점을 살펴라 169
5. 남에게 강요하지 말라 173
6. 도움 되는 친구, 해가 되는 친구 176
7. 겸손하고 어진 사람은 언젠가는 보답받는다 180

6장 목표를 향해 갈 때 힘이 되는 가르침

1. 움직이는 자가 곧 실력자다 186
2. 배운 후에는 실천이 따라야 한다 188
3. 자신의 역량을 엄격하게 판단한다 192
4. 일의 방향성부터 먼저 점검한다 193
5. 낙관은 힘이 세다 195
6. 끈기를 가져라 198
7. 평상시 사소한 행동이 인생을 바꾼다 205

7장 처세를 위해 필요한 것

1. 다른 사람을 이해하라 208
2. 보이지 않는 것을 볼 수 있는 것이 참된 지혜다 215
3. 다투지 마라 218
4. 좋은 이웃을 선택하라 221
5. 유심히 관찰하라 224
6. 가장 중요한 것은 사람이다 229
7. 화합하되 맹목적으로 따르지는 마라 231

8장 진정한 직업정신

1. 아마추어와 프로의 차이 238
2. 진퇴를 분명히 하라 243
3. 상사는 상사답게, 부하는 부하답게 249
4. 전문성에 통찰력을 갖춘 T자형 인재 254
5. 세상에는 공짜가 없다 258
6. 수양을 위해 공부하라 262
7. 최고의 팀이 되기 위한 필수 덕목 268

9장 꿈꾸는 리더가 사회를 바꾼다

1. 리더라면 포용력을 가져라 274
2. 원칙을 정하고 솔선수범하라 279
3. 조직의 핵심 동력은 신뢰다 284
4. 인재는 능력에 맞게 배치한다 287
5. 직언을 꺼리지 않는 리더 291
6. MZ세대가 일하고 싶은 리더 297
7. 미래형 리더가 갖춰야 할 조건 301

동서양을 막론하고 2500년 동안 읽혀 왔던 『논어論語』는 누구나 한 번쯤은 꼭 읽어야 할 '인생 전략서'이며 '기업경영철학서'이다. 『논어』는 오랫동안 동서양의 지식인과 리더들의 필독서로 인정받은 책이다. 왜 수많은 지식인과 리더들은 논어를 필독서로 뽑을까? 미래를 준비하는 젊은이들과 세상의 리더들에게 "논어"를 소개하고자 한다.

『논어』는 중국 역사에서 빼놓을 수 없는 책이며, 세계적인 저술이다. 『논어』는 동서양의 지식인과 리더들에게 2500년간 읽혀 온 인생 지침서이다. 중국사와 중국사상사 그리고 중국학 강의를 하면서 『논어』는 반드시 소개하는 대표적인 서적이며, 특히 『논어』에 소개된 수많은 인물과 이야기는 오늘날 우리가 참고할 만한 교훈적인 내용들이 매우 많다. 감동적인 내용들 또한 우리 사회와 중국을 이해하고 미래를 준비하는 데 필요한 요소들이 많으므로 본서 집필을 결정했다. 『논어』는 토론과 이야기를 모아놓은 대화록이다. 공자(孔子: B.C.551~B.C.479)와 제자, 귀족들 간의 토론과 대화를 모아서 편집한 책이다. 영어로는 "공자의 어록The Analects of Confucius"라고 한다. 한마디로 '공자님 말씀'이라는 뜻이다. 73년의 인생을 살다 간 공자의 어록은 2,500년간 아시아인들의 사고방식과 삶에 가장 많은 영향을 주었다. 20편으로 이루어진 『논어』는 단순한 책 한 권의 의미를 넘어 "정치인에게는 국정 운영의 철학"이었고, 일반인에게는 "모범적 삶과 상식의 근거"가 되었다. 『논어』는 한 글자도 바꿀 수 없는 완벽한 성인聖人의 말씀이 아니다. 시대에 따라 다양한 편집과 주석으로 『논어』는 진화했다. 한국에서도 퇴계 이황(李滉: 1501~1570)의 주석과 다산 정약용(丁若鏞: 1762~1836)의 주석 등 다양한 해석이 있었다. 『논어』에 공자가 무슨 이야기를 했느냐가 중요한 것이 아니라, 그 이야기가 지금 우리 시대에 어떤 의미를 지니느냐가 더욱 중요하다.

『논어』의 저자는 공자가 아니다. 공자의 제자들이 공자의 어록語錄 중에 선별하여 편집한 것이다. 『논어』는 연구실에서 어떤 특정한 사람이 어떤 특정한 기간에 쓴 책이 아니다. 현장에서 어떤 이슈를 묻고 대답한 내용이 『논어』이다. 그래서 일관성이 떨어질 수도 있고, 중복되는 문장도 있다. 인간의 삶은 일관적이지 않다. 시간과 공간에 따라 얼마든지 위배되고 중복될 수 있기 때문입니다. 그래서 『논어』는 교과서로 읽지 말고 "현장 경험서"로 읽어야 한다.

『논어』의 내용은 윤리나 제사, 예절에 관한 내용은 그리 많지 않다. 한 인간이 치열한 불확실성의 시대를 어떻게 살아가야 하는지에 대한 내용이 오히려 많다. 학습을 통해 세상을 보는 관점을 확대하고, 동지와의 관계를 통해 꿈을 실현하고, 타인의 평가에 연연하지 않고 자신의 페이스로 삶을 살아가야 한다는 공자의 인간 문양이 담겨 있다. 역경逆境 속에 굴하지 않고 더욱 단단한 나를 발견하는 계기로 삼아야 하며, 조직에 위기가 닥쳤을 때 자신의 목숨을 던져 세상을 구하라는 장엄한 격려가 『논어』 속에 있다. 하늘 아래 존재하는 '나'에 대한 처절한 질문과 대답이 『논어』의 주된 내용이다.

지금까지 『논어』 관련 책들은 많이 출판됐다. 그러나 본서 『지식인과 리더들의 필독서 논어』는 복잡한 현실 세계에 "어떻게 살아가야 하는지"에 대해 대답할 수 있는 인생의 지혜를 담은 감동적인 책을 만들고자 한다.

이 책은 총 9장으로 『논어』가 알려주는 인격 수양은 어떻게 해야 하나, 삶의 원칙 세우기, 자기성찰, 인간관계의 지혜, 리더십, 조직관리론, 자기계발과 미래에 대한 준비 등 다양한 분야의 지침서가 될 수 있도록 집필했다. 이 책을 통해 '자기 계발과 경영 태도, 성공학' 등의 해답을 얻고, 미래를 설계하는 데 많은 도움이 되었으면 한다. 『논어』만큼 많은 이들에게 큰 영향을 준 책도 없을 것이다. 고대로부터 지금까지 사람들은 『논어』를 읽고 인생을 바꿨다. "경영자는 경영원리를, 정치가는 정치 기본을, 리더는 리더십을 배웠다. 인생을 묻는 사람에게는 담대한 삶의 원리"를 알려주었다.

이 책을 읽는 독자들이 『논어』를 새롭게 이해하고 실제 삶 속에서 고전의 지혜를 활용하는 법을 깨닫게 되기를 바란다. 더 나아가 이 책이 예상치 못한 위기의 순간에 든든한 힘이 되어줄 수 있다면 더할 나위 없이 기쁠 것이다.

2025년 9월 28일

저자 구성희

공자의 생애

공자(孔子: B.C.551~B.C.479)는 춘추시대(春秋時代: B.C.770~B.C.403) 유학자儒學者이다. 주나라의 예禮와 악樂을 정리하여 유학儒學의 기초 경전을 정립하였으며, 이를 바탕으로 하는 정치 실현을 목표로 많은 제자들을 가르쳤다. 오늘날엔 유학(儒學, 유교儒教)의 창시자로 일컬어지며, 유학이 근대 이전 동아시아 문명권의 주류 패러다임으로 장기간 이어지면서 공자 역시 성인聖人으로 추앙받아 왔다. 공자는 노魯나라에서 태어나 자랐고, 어려서부터 예禮에 밝았다. 30대부터 제자 양성을 시작했고, 노정공(魯定公: B.C.556~B.C.495)의 신임을 받아 50대에 이르러 당시 노나라의 세 권세가인 삼환(三桓: 삼환은 춘추시대 노나라의 세 경卿 집안, 계손季孫, 숙손叔孫, 맹손孟孫 세 집안을 가리키는 말이다. 춘추 중 · 말기에 노나라의 권세를 쥐어, 임금 자리도 좌지우지할 정도로 그 세력이 막강했다)의 세력을 약화하려 했으나 끝내 좌절되고, 실각하였다. 이에 자신의 이상이 노나라에서 실현될 수 없음을 안 공자는 이후 여러 제자를 이끌고 10여 년 동안 중국 천하를 방랑하며 뜻이 맞는 군주를 찾았지만, 결국엔 좌절되었다. 60대 후반인 말년에 노나라로 귀국하여 국로國老의 대접을 받았으나 정사에 참여하진 않고 후학 양성과 고문헌 정리에 힘쓰다 73세에 세상을 떠났다.

중화권에서도 공자는 오랜 기간 성인聖人으로 대접받았지만, 청淸나라 말기 서방 세력의 침입을 받고 근대의 서양식 사고관이 퍼지기 시작하며 유교儒教는 당시 서방에게 청이 뒤처지게 된 원흉 취급을 받게 되는데, 연장선상에서 지식인층으로부터 공자도 격하 받게 되었고 이때부터 전근대성의 상징처럼 공격당하기 시작했다. 결정타는 중화인민공화국中華人民共和國 건국(1949년 10월 1일 중국공산당이 베이징(北京, Beijing)을 수도로 중국 대륙에 수립한 사회주의 체제의 인민공화국) 이후였는데, 모택동(毛澤東: 1893~1976)식 근대화 과정에서 중국의 후진성 · 전근대성의 원인을 역사 속에서 찾았고 이때 타깃이 된 것이 유교儒教의 수장인 공자孔子였다. 이에 따라 한동안 중국에서는 "공자 지우기" 바람이 거세게 불었다. 모택동이 공산주의 국가를 건설한 뒤에는 조상 숭배가 금지됐고, 1966년 시작된 문화대혁명(文化大革命: 모택동의 주도로 1966년부터 1976년까지 10년 동안 중국에서 일어난 대규모 파괴 운동, 내란內亂, 대규모 사상, 정치 투쟁) 기간에는 공자를 깎아내리는 "비림비공운동(批林批孔運動 Criticize Lin, Criticize Confucius)"이 전개됐다. 이러한 맥락에서 문화대혁명 와중에 곡부(曲阜: 중국 동부 산동성山東省의 도시. 바로 공자의 고향이자 그 사당과 묘가 있는 '공림孔林'으로 유명하다. 문화대혁명 당시에 상당수 문화재와 유적이 홍위병에게 파괴당하는 수모를 겪었다)의 상당수 유적이나 문화재가 홍위병(紅衛兵 Red Guards은 중국 문화대혁명 당시 조직된 마오주의 학생 운동가들이자 폭도들)들에 의해 파괴되거나 파손되는 수모를 겪었다. 그러나 문화대혁명의 광풍이 지나고 나서 문화대혁명에 대한 자성론이 사회 전반적으로 확산하자 공자의 위상도 다시 회복되기 시작한다. 곡부曲阜의 유적과 문화재도 복원작업에 들어갔다. 이후 소련이 붕괴하면서 일종의 신토불이 사상과도 결합하여 근대 공산주의 이전에도 중국엔 위대한 사상가들이 있었다는 식으로 공자에 대한 주목도가 높아졌다. 다만 문화대혁명의 여파가 워낙 강했기에, 중국 내에서는 여전히 공자를 고리타분하거나 전근대의 상징으로 보는 경우도 적지 않기도 하고 입으로는 공자를 존경한다고 하면서도 그 가르침을 따르지 않는 경우도 많다.

2012년 취임한 시진핑(習近平: 1953~)은 2013년 11월 산동성 곡부에 있는 공자묘를 참배하고 또 공자연구원에서 연설했다. 공산당 창당 이래 처음 있는 일이다. 시진핑은 2014년 5월 베이징대의 유학자 탕이제 교수를 예방했다. 시진핑이 2014년 9월 공자 탄생 2,565주기를 기념하는 회의에 참석해 담화를 발표했다. 2015년 6월부터는 중국 정부의 주요 부처 공무원들이 중국 고전철학 전문가로부터 공자를 비롯한 옛날 학자들에 대한 강의를 듣는 것을 의무화시켰다고 한다. 상공부, 교육부 등 중국 정부의 관료들은 당시 날짜를 정해 돌아가면서 하루에 2시간씩 강의를 들었다고 한다. 2500년도 더 된 시절에 공자가 했던 발언 등을 들으며 효도孝道 등 유교 사회에서 강조됐던 덕목德目을 따를 것을 권고받기도 했다. 월스트리트저널은 시진핑이 유교 사상 배우기를 강조하는 것은 서구 정치사상을 차단하기 위한 포석이라고 해석했다.

이러한 공자 복원은 국가주도로 이루어지는 만큼 공자에 공산당 끼워팔기를 하고 있다. 이러한 중국의 '공자학원孔子學院'을 통한 중국공산당 선전이 너무 심해지자, 미국에서는 2018년에 '공자학원孔子學院'이 스파이 혐의로 폐쇄되었을 정도이며, 결국 2020년을 기점으로 전 세계적으로 '공자학원'은 폐쇄 행렬이 줄을 이었다.

공자의 고향 산동성山東省 곡부曲阜에 '공묘孔廟'가 있다. 여기서 '묘廟'는 '사당 묘'로 무덤을 뜻하는 '묘墓'와 한자가 다르다. 공자의 무덤은 '공묘孔墓'라고 쓰며, 공묘孔墓는 공자와 공자 직계 혈연들이 묻힌 '공림孔林'의 안에 놓여 있다. 공림은 공자의 묘와 공자 후손의 묘가 있는 곳이다. 세계에서 가장 오래되고 규모가 큰 가족 묘지이다. 대만臺灣에서는 공자탄생일인 9월 28일이 '스승의 날'로 지정되어 있다.

공자(B.C.551~B.C.479)

공자는 춘추시대 유학자이다. 공자의 사상은 동아시아 전 문명권에 깊은 영향을 끼쳤다. 공자는 B.C.551년 노나라에서 태어났다. 공자는 모든 사람에게 교육의 문호를 개방했으며, 배움이란 지식을 얻기 위한 것일 뿐만 아니라 인격의 도야까지도 포함한다고 강조했다. 수십 년 동안 정치에 적극적으로 가담하면서 정치라는 통로를 통해 인본주의人本主義 이상을 실현하려고 애썼지만, 자신의 이상을 펼칠 수 없음을 깨닫고, 67세에 고향으로 돌아와 제자들을 가르치며 저술에 몰두했다. 73세의 나이로 생을 마치며 자신은 '동이족東夷族'이라고 밝혔다.

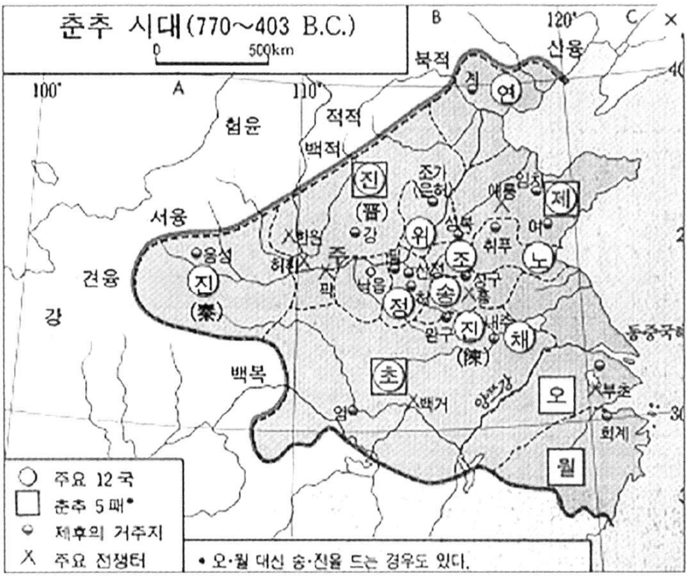

춘추시대(B.C. 770~B.C.403)

주周나라가 동쪽으로 도읍을 옮긴 B.C.770년부터 B.C.403년까지 약 360년간의 전란 시대. 공자가 역사책인 『춘추春秋』에서 이 시대를 서술한 데서 붙여진 이름이다.

모택동(1893~1976)

중화인민공화국의 초대 주석 및 독재자. 1949년 10월 1일 북경에 중화인민공화국 국무원을 수립하고 초대 중화인민공화국 주석으로 선출되어 1976년까지 종신 집권했다. 한편으론 사상가이자 뛰어난 필력을 자랑하는 시인이기도 하다. 그러나 집권 이후 독선과 권력욕에 의한 실책들은 심각한 문제들을 야기해 중국을 퇴보시켰다. 자신만의 일방적 이념으로 중국을 개조하려고 한 폭군으로 전대미문의 학살을 저지른 폭력적인 독재자로 비판을 받았다.

문화대혁명(1966~1976)

문화대혁명은 모택동(1893~1976)의 주도로 1966년부터 1976년까지 10년 동안 중국에서 일어난 대규모 파괴 운동, 내란, 대규모 사상, 정치 투쟁이다. 문화대혁명 10년 동안 중국에서는 최소 수십만 명, 최대 2천만 명에 달하는 엄청난 사람들이 희생당했다. 학살에 가담한 사람들은 반동분자로 지목된 무고한 사람들을 무자비한 다양한 방법들을 동원해 학살했다. 현대 중국인들도 "문화대혁명으로 국가, 인민은 건국 이래 가장 심각한 좌절과 손실을 겪었다"고 평가한다.

비림비공운동

1974년 1월 18일부터 6월까지 중국공산당의 임표(林彪: 중화인민공화국의 군인, 정치가)와 공자를 비판한 정치운동. 명목상으로는 임표와 공자를 비판하는 것이었지만 실제로는 주은래(周恩來: 중화인민공화국의 정치인. 초대 국무원 총리 겸 외교부장을 지냈다) 총리를 축출하려는 4인방(四人帮, Gang of Four: 4인방은 중국의 문화대혁명 기간 동안 모택동의 주위를 맴돌며 권력을 장악한 네 사람을 가리킨다)의 음모였다.

홍위병

1966년에 본격화한 중국 문화대혁명의 한 추진력이 된 학생 조직. 문화대혁명 기간 홍위병들은『모택동 어록』을 한 손에 들고 조반유리(造反有理: 모든 반항이나 반란에는 나름대로 이유가 있다는 뜻으로 모택동이 홍위병과 학생들을 선동하기 위하여 내세운 구호), 파구입신(破舊立新: 옛것을 때려 부수고 새로운 가치를 만들자는 주장)의 슬로건을 걸고 모택동을 지지했다. 문화대혁명 기간 홍위병들은 문화재의 파괴 등 대규모 파괴 행위와 학살을 자행했다.

시진핑(1953~)

중국의 제7대 주석이자 독재자. 2018년 전국인민대표대회를 통해 중국 헌법에 명시된 국가주석직 2연임 초과 금지 조항을 삭제했다. 그리고 시진핑은 서서히 본색을 드러내며 10년 임기는 물론이고 종신 임기까지 바라보는 만인지상의 자리에 오르게 된다. 해외에서 시진핑의 정치력 평가는 이전 주석들에 비하면 권위주의적 성향이 강해졌으며, 대외관계에 강압적인 노선을 타면서 자국의 이미지를 제대로 망치고 있다는 게 주요 평가다.

공림

공자와 그 자손들의 전용 묘지. 산동성 곡부曲阜 시내에서 북쪽 2km 지점에 있다. B.C.479년 공자가 세상을 떠나고 이곳에 묻힌 뒤 확장을 거듭하여 2,500년에 걸쳐 조성되었다. 총면적이 200만㎡로 곡부 시내 면적의 5분의 1을 차지한다. 연속적으로 조성된 가족 묘지로서 건축 기간이 세계에서 가장 길고, 규모 역시 가장 큰 것으로 꼽힌다. 공자묘를 비롯해 7.25km 담장 안에 무덤 10만 기가 숲을 이루고 있다. 정문 격인 '지성림至聖林' 패방을 지나면서 '공림孔林'이 시작된다. 공자의 묘는 공림의 가운데쯤에 있다. '대성지성문선왕묘大成至聖文宣王墓'라고 쓴 비석이 바로 공자의 묘다. 공자 묘 옆에 공자의 아들 리鯉의 무덤이 있다. 그 앞쪽에 공자의 학문을 계승한 손자 자사子思의 묘가 있다. 이러한 묘의 배치는 공자가 아들을 데리고 손자를 안아 주는 모습을 표현한 것이라고 한다. (사진은 공림의 정문 지성림과 공자묘이다)

논어의 구성

『논어論語』는 춘추시대(春秋時代: B.C.770~B.C.403)의 사상가 공자와 그 제자들의 언행을 기록한 유교경전儒教經典이다. 공자가 세상을 떠난 후 그의 제자들이 그의 언행言行을 모아 책으로 펴낸 것이다.

『논어』의 편제는 모두 20편이다. 편들의 제목은 각 편의 맨 첫 단락 중 "스승님께서 말씀하시기를(자왈子曰)"을 제외한 구절을 따서 붙인 것이다. '상론上論 10편'과 '하론下論 10편'은 문체와 호칭 및 술어 면에서 분명히 차이가 난다. 상론은 문장이 간략하고 글자 수가 적은 반면, 하론은 문장이 길고 글자 수가 많다.

1) 상론上論: 제1~제10편

제1편 학이學而 - 논어의 첫 편. 배우는 사람으로서 갖추어야 할 근본에 관하여 이야기한다.

제2편 위정爲政 - 주로 올바르게 정치하는 방법에 관한 내용을 다루고 있다.

제3편 팔일八佾 - 주로 '예禮'의 문제를 다루고 있다. 공자는 예절이 무너지고 법도가 무너지는 춘추시대 말기의 사회상을 비판하며, 예禮를 어떻게 성실하게 지켜나갈 것인가? 의 문제를 중점적으로 논의하고 있다.

제4편 이인里仁 - 선비가 살아가면서 처신해야 할 몸가짐을 설명한다.

제5편 공야장公冶長 - 공자와 제자들이 각자의 시각에서 '인덕仁德'의

특징을 제기하고 토론하는 내용을 주로 기술하고 있다.

제6편 옹야雍也 - 전반부는 공야장편과 비슷하게 인물 평가. 후반부에는 주로 올바로 아는 것에 관한 내용이 주를 이룬다.

제7편 술이述而 - 공자가 남을 가르치는 내용과 평소 행실에 관해 설명하는 부분. 7편의 첫머리에 등장하는 구절인 "술이부작(述而不作: 있는 그대로 기술할 뿐 새로 지어내지 않는다는 뜻)"은 이후 동아시아 역사학에서 중요한 원칙으로 자리 잡았다.

제8편 태백泰伯 - 요순과 우임금 등 고대 선왕에 대한 공자와 제자들의 평가, 그리고 공자의 교육 방식 및 교육사상을 기술하고 있다.

제9편 자한子罕 - 공자의 인격과 사상, 제자들과의 대화 등을 통해 군자의 삶의 태도, 덕德, 지혜 등에 대해 이야기하는 내용이 중심이다.

제10편 향당鄕黨 - 공자의 용모를 비롯한 공자의 언행과 의식주를 집중적으로 묘사하고 있으며, 공자의 일거수일투족 모두 예禮에 부합됨을 찬양하고 있다. 공자의 일상생활 갖가지 단면을 구체적으로 기록하고 있다.

2) 하론下論: 제11편~제20편

제11편 선진先進 - 공자가 자기 제자들의 장단점을 평가한 내용을 주로 기술하고 있다. 공자와 제자들의 지향하는 바가 묘사되어 있어 공자 정치사상의 구체적인 모습을 자세히 볼 수 있다.

제12편 안연顔淵 - 공자의 수제자인 안연이 첫머리에 등장한다. 주로 공자와 제자들의 문답이 나온다.

제13편 자로子路 - 열혈 제자인 자로가 첫머리에 등장하는 내용으로 구

성은 안연편과 비슷하다. 선비, 즉 지도자가 갖추어야 할 자질이 등장한다.

제14편 헌문憲問 - 군자가 갖춰야 할 품덕品德을 비롯하여 당시 사회의 각종 현상에 대한 공자의 평론 등의 내용을 담고 있다.

제15편 위령공衛靈公 - 군자와 소인에 대한 공자의 관점, 공자의 교육사상과 정치사상 그리고 공자의 언행을 소개하고 있다.

제16편 계씨季氏 - 이 편은 공자와 제자들의 정치활동을 비롯하여 처신의 문제와 다른 사람과 교류할 때 주의해야 할 원칙 등을 담고 있다.

제17편 양화陽貨 - 이 편은 공자의 도덕교육 사상을 기술하고 있다. 인仁에 대한 공자의 해석과 더불어 부모가 세상을 떠났을 때 모시는 삼년상의 문제도 언급하고 있으며, 군자와 소인의 구별 문제도 다시 설명하고 있다.

제18편 미자微子 - 공자의 정치사상을 기술하고 있으며, 특히 독립적인 인격을 형성하는 문제에 대한 공자의 주장도 소개하고 있다.

제19편 자장子張 - 학문에 임하는 공자의 성실한 자세를 잘 드러내고 있으며, 나아가 학문과 관리로서의 직무 관계에 대해서도 설파하고 있다. 이 밖에도 은나라 주왕에 대한 공자의 비평, 그리고 군자와 소인이 잘못을 범했을 때 나타나는 상이한 태도도 묘사하고 있다.

제20편 요왈堯曰 - 요堯 임금이 순舜 임금에게 제위를 선양禪讓하고, 순舜 임금이 다시 우禹 임금에게 선양하는 내용을 담고 있다. 즉 공자가 추앙했던 삼대三代의 선정善政을 소개하면서 국가를 어떻게 다스려야 하는가

를 역설하고 있다.

이처럼 『논어』는 모두 20편으로 나뉘어 있고, 각 편의 머리글자 두 개를 따서 편명으로 삼고 있다. 예컨대, 첫 편인 '학이學而'는 '학이시습지 불역열호學而時習之 不亦說乎(배우고 때때로 그것을 익히면 또한 기쁘지 아니한가?)'에서 따 왔다. 따라서 『논어』의 내용 구성은 '배움'에서 시작해 '하늘의 뜻을 아는 것(知命)'까지로 되어 있다.

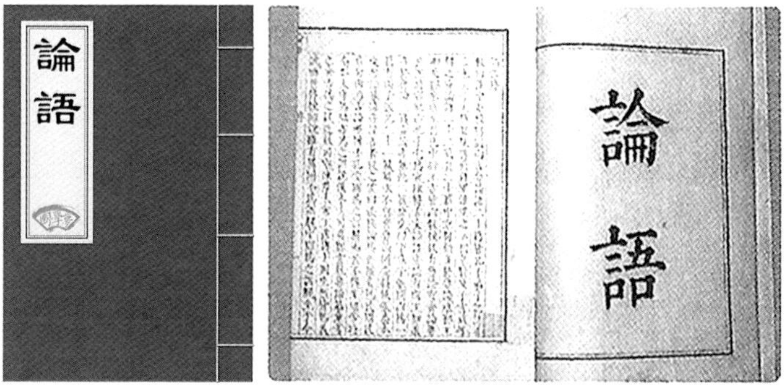

『논어』

『논어論語』는 공자孔子와 그의 제자들의 어록語錄을 엮은 경전이다. 공자가 세상을 떠난 후 그의 제자들이 그의 언행言行을 모아 책으로 펴낸 것. 논어의 최종 버전은 공자 학파의 후계자 자리를 차지한 증삼의 제자들이 완성했을 것이라는 견해가 유력하다. 전 20편, 482장, 600여 문장으로 내려온다.

논어의 내용

『논어論語』는 춘추시대春秋時代의 사상가 공자(孔子: B.C.551~B.C.479)와 그 제자들의 언행을 기록한 유교경전儒教經典이다. 공자의 가르침을 담은 『논어』는 동양철학의 정수를 보여주는 귀중한 책이다.

공자가 세상을 떠난 후 그의 제자들이 공자의 말씀과 행동을 엮어 만든 책 『논어』는 단순히 옛 지혜를 담고 있을 뿐만 아니라 오늘날에도 깊은 통찰을 제공한다.

『논어』는 공자와 제자 사이에 오갔던 문답을 중심으로 「학이편學而篇」부터 「요왈편堯曰篇」까지 20편으로 구성되어 있다. 우리나라에는 중국과의 접촉이 활발해지고 통치 질서와 정치윤리에 대한 요구가 드높아 가던 삼국시대에 유교의 전래와 함께 전해졌다. 오경(五經: 『시경詩經』, 『서경書經』, 『역경易經』, 『예기禮記』, 『춘추春秋』)보다 사서(四書: 『논어論語』, 『맹자孟子』, 『대학大學』, 『중용中庸』)를 중시하는 조선시대에 들어서는 시골 벽촌의 어린 학동들까지 『논어』를 배웠을 정도로 중요한 경전으로 자리 잡았다. 『논어』의 내용은

① 공자의 말씀

② 공자와 제자 사이의 대화

③ 공자와 당시 사람들과의 대화

④ 제자들의 말

⑤ 제자들 간의 대화 등으로 구성되어 있다.

물론 이들 모두는 공자라는 인물의 사상과 행동을 보여주려는 데 초점이 맞추어져 있다. 공자의 가르침을 담은 『논어』는 동양철학의 정수를 보여주는 귀중한 책이며, 삶의 지혜를 담고 있을 뿐만 아니라 깊은 통찰을 제공한다.

『논어』에서는 공자의 다양한 사상과 철학을 담고 있지만, 그중에서도 주요한 몇 가지 내용을 소개하면 다음과 같다.

1. 인仁과 덕德
2. 효孝와 예禮
3. 군자君子의 삶
4. 교육과 자기 계발
5. 정치와 리더십

『논어』에는 짧지만 깊이 있는 문장들로 가득 차 있다. 그 안에는 우리가 어떻게 살아가야 하는지에 대한 힌트가 숨어 있다. 공자의 말씀처럼, 중요한 것은 배우고 실천하며 끊임없이 자신을 계발하는 것이다.

『삼국사기三國史記』에는 642년에 죽죽竹竹이라는 화랑이 인용한 『논어』의 구절이 보인다. 설총(薛聰: ?~?, 신라의 유학자, 언어학자)이 구경九經을 이두로 읽었으며 강수(强首: ?~692, 신라의 유학자 · 문장가)가 불교보다 유교의 도리를 배우겠다 하여 뒤에 외교문서 작성에 탁월한 능력을 보인 사실은 유교적 교양의 바탕인 『논어』가 당시에 이미 크게 영향을 미치고 있었음을 알 수 있다.

682년 신라 신문왕(神文王: 신문왕은 남북국시대 통일신라의 제31대 왕이다. 재위 기간은 681~692) 2년, 국학이 체계를 갖추었을 때 『논어』를 가르쳤으며, 그 뒤 독서삼품과(讀書三品科: 통일신라 원성왕 때부터 국학에서 시행한 공무원 시험)로 인재를 선발할 때도 『논어』는 필수 과목이었다.

고려시대高麗時代에 들어와 문묘(文廟: 공자의 신위를 모신 사당)와 석전의 의례儀禮를 갖추는 한편, 사회적 · 정치적 제도를 정비한 성종(成宗: 961~997, 고려 제6대 국왕)은 990년(성종 9) 서경에 수서원修書院을 설치해 전적과 문헌을 수집하게 했는데, 물론 『논어』도 여기에 수장收藏되었다. 이 무렵 서적의 인쇄와 역사서 편찬, 그리고 궁중의 경연이 성했는데, 『논어』는 경연(經筵: 고려와 조선시대, 임금의 학문 수양을 위해 신하들이 임금에게 유교의 경서와 역사를 가르치는 일을 이르던 말. 또는 그런 자리를 이르던 말)에서 자주 거론된 경전이었다.

조선시대는 '오경五經'보다 '사서四書'를 중요시하는 주자학朱子學이 사상 · 문화 전반의 이념으로 등장하였다. 따라서 사서의 중심인 『논어』는 시골 벽촌의 어린 학동들까지 배우게 되었다.

이황(李滉: 1501~1570)은 논어의 훈석(訓釋: 한문의 뜻을 해석함)을 모으고 제자들과의 문답을 채록해 『논어석의論語釋義』를 지었다. 이 책은 임진왜란 때 소실되고 그의 문인 이덕홍(李德弘: 1541~1596)의 『사서질의四書質疑』가 그 면모를 짐작하게 해준다.

그 뒤 학자들의 주석註釋이 수없이 많지만, 대개는 단편적인 글귀에 대한 나름의 의문과 해석, 아니면 공자의 인격에 대한 찬탄에 그치고 있다.

한漢나라와 당唐나라의 훈고(訓詁: 경서의 고증, 해석, 주해를 통틀어 이르는 말)와 송宋나라와 명明나라의 의리義理에 매이지 않고 문헌 비판적 · 해석학적 방법론에 입각해 『논어』를 해석한 저작이 정약용(丁若鏞:

1762~1836)의 『논어고금주論語古今註』이다. 한대漢代에서 청대淸代에 이르는 중국의 거의 모든 학자와 우리나라 선비, 그리고 일본의 연구 성과까지 검토, 비판해 독자적인 주장을 폈다.

조선시대 세종대왕(世宗大王: 조선 제4대 국왕: 1397~1450)은 주자소(鑄字所: 조선시대 활자의 주조를 관장하던 관서)를 건립하고 『논어』를 포함한 다량의 서적을 간행해서 각 지방에 보급하였다. 한문으로 된 경전을 우리말로 풀어 이해하기 쉽게 하려는 노력은 전래 초기부터 있어 왔다.

설총(?~?)

신라의 유학자, 언어학자이다. 아버지는 원효대사이며 어머니는 태종 무열왕의 딸 요석공주이다. 한글 이전 고대 한국어의 표기법인 '이두吏讀'를 집대성했으며 신라에 유교를 확립시킨 뛰어난 유학자로, 약간 앞 세대의 사람인 강수強首, 후대의 최치원崔致遠과 함께 신라 삼현으로 추앙받았다. 아버지 원효대사가 승려 출신인 것은 유명하지만 설총은 아버지와 달리 유학자였다. 원효의 골품을 따라 설총 또한 6두품이다.

이황(1501~1570)

조선을 대표하는 유학자이자 대한민국에서 유통 중인 화폐 천 원권 지폐의 앞면 모델이기도 하다. 이황은 조선 전기 성균관 대사성, 대제학, 지경연사 등을 역임한 문신이자 학자이다. 문과에 급제하여 관직에 진출했으나 1545년(명종 즉위) 을사사화 이후 고향 퇴계에 은거하여 학자의 삶을 살았다. 명유들과 토론하고 『주자대전』 등 주자학 관련 서적을 주해 · 편찬하고 후진들을 양성하였다.

『사서질의』

조선 중기의 유학자 이덕홍(李德弘: 1541~1596)이 사서 가운데 중요한 구절이나 의심나는 부분을 주해註解한 책. 서술 방식은 문제의 구절마다 훈고적인 측면의 주석과 해설을 달았다. 이덕홍은 서문에서 "경전을 이해하는 데에 모두 글자에만 얽매어 전체의 흐름과 의미를 무시한 채 해석하는 경향이 많다."라고 비판하고, 이러한 폐단을 시정하기 위해서는 "먼저 그 본질을 꿰뚫어 실천적인 면이 바탕이 되어 몸과 마음에 쌓고 익혀야 한다."라고 주장하였다.

정약용(1762~1836)

정약용丁若鏞은 조선 후기 『경세유표經世遺表』, 『흠흠신서欽欽新書』, 『목민심서牧民心書』 등을 저술한 유학자이자 실학자이다. 정조 재위기에는 관료로 봉사하면서 과학자로서의 면모도 보였다. 이 시기에 천주교에 관심을 가지기 시작했고 그로 인해 장기간의 유배 생활을 했다. 유배 중에 당시 사회의 피폐상을 직접 확인하면서 그에 대한 개혁안을 정리하여 정치 · 경제 · 사회 · 문화 · 사상을 포괄하는 거대한 학문적 업적을 남겼다.

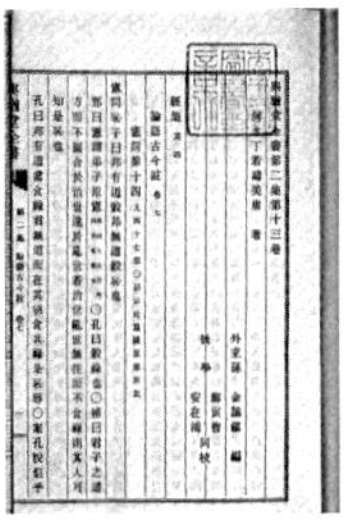

『논어고금주』

조선 후기 실학자實學者 정약용(丁若鏞: 1762~1836)이 『논어』를 해석하여 1813년에 간행한 주석서 · 유학서이다. 이 책은 정약용이 유배 생활을 하던 강진 다산초당茶山草堂에서 1813년(순조 13) 겨울에 완성되었다. 이 저술을 위한 자료 수집은 이보다 앞서 여러 해가 소요되었으며, 제자인 이강회李綱會 · 윤동尹峒 등의 도움이 있었다는 사실이 사암연보俟菴年譜에 기록되어 있다. '고금주古今註'란 공자 이후 모든 주석서를 총망라한 것으로써, 이를 통해 저자인 정약용이 이 책에 쏟은 정열의 깊이를 이해할 수 있다. 『여유당전서與猶堂全書』 제2집 제7~16권에 수록되어 있다.

세종대왕(1397~1450)

조선의 제4대 왕이다. 재위 기간은 1418~1450년이다. 고구려의 광개토대왕廣開土大王과 함께 한국사에서 '대왕大王' 칭호를 가진 인물로, 조선이라는 국가의 엄청난 발전을 이끈 임금이자, 한국사에 길이 남을 위인으로 추앙받고 있다. 세종대왕 시기는 우리 민족사상 가장 빛나는 시기이다. 집현전集賢殿을 통해 많은 인재가 양성되었고, 유교 정치의 기반이 되는 의례·제도가 정비되었으며, 다양하고 방대한 편찬 사업이 이루어졌다. 또 농업과 과학기술의 발전, 의약 기술과 음악 및 법제의 정리, 공법의 제정, 국토의 확장 등 수많은 사업을 통해 민족국가의 기틀이 공고해졌다. 훈민정음(訓民正音: 1443년에 세종대왕이 창제한 우리나라 글자) 창제는 가장 빛나는 업적이다.

논어의 핵심 철학

『논어論語』는 공자孔子의 가르침을 기록한 경전經典으로, 인류 역사에서 가장 영향력 있는 철학적 저작 중 하나로 평가받고 있다. 『논어』는 공자와 그의 제자들 간의 대화 형식으로 구성되어 있으며, 도덕, 정치, 교육, 인간관계 등 다양한 주제에 대해 논의한다. 『논어』의 핵심 철학은 다음의 몇 가지로 정리할 수 있다.

1) 인仁은 인간의 본질

'인仁'은 『논어』에서 가장 핵심적인 개념으로, 인간의 본질적인 덕목을 나타낸다. '인仁'은 사랑과 공감, 도덕적 책임감을 포함하는 넓은 의미를 지닌다. 공자는 '인仁'을 통해 인간관계의 기초가 되는 도덕적 가치를 강조하였으며, '인仁'이 부족한 사회에서는 조화와 평화가 이루어질 수 없다고 주장하였다. 또한, '인仁'은 개인의 내면적인 성장과 발전을 위해 꼭 필요하다고 보았다. 따라서, 『논어』는 인간이 '인仁'을 실천함으로써 자신과 타인, 나아가 사회 전체에 긍정적인 영향을 미칠 수 있음을 설파하고 있다.

2) 군자와 소인

『논어』에서는 '군자君子'와 '소인小人'을 구분하여 설명한다. '군자君子'는 도덕적 이상을 추구하며, 사회의 모범이 되는 인물로 정의된다. 반면 '소인小人'은 자신의 이익만을 추구하고, 도덕적 기준이 결여된 사람을 의미한다. 공자는 군자가 되기 위해서는 끊임없는 자기 수양과 도덕적 실천이 필요하다고 강조하였다. 이러한 구분은 개인의 도덕적 태도가 사회에 미치는 영향을 설명하는 데 중요한 역할을 한다. 즉, '군자君子'가 많을수록 사회는 더욱 조화롭고 안정된 모습을 띠게 되며, 반대로 '소인小人'이 많아질수록 사회는 혼란스럽고 비극적인 결과를 초래할 수 있다는 것이다.

3) 학습의 중요성

또한, 『논어』에서는 '학습學習'의 중요성이 강조된다. 공자는 "배우고 때때로 익히면 기쁘지 아니한가(子曰 學而時習之 不亦說乎)"라는 말을 통해 지속적인 학습과 자기 계발이 중요하다고 역설하였다. 그는 학습을 통해 인격이 성장하고 도덕적 가치가 확립된다고 믿었으며, 이를 통해 개인과 사회가 발전할 수 있다고 보았다. 『논어』는 단순히 지식을 쌓는 것뿐만 아니라, 그 지식을 실천하고 적용하는 것이 더욱 중요하다는 점을 강조하고 있다. '학습'은 결코 끝이 없는 과정이며, 이를 통해 우리는 더욱 나은 인간이 될 수 있는 기회를 얻게 된다.

4) 중용과 조화

공자는 또한 '중용中庸'의 철학을 통해 조화로운 삶의 중요성을 강조하였다. "중용은 지나치지도 모자라지도 않은 균형 잡힌 삶"을 의미하며, 이는 개인의 도덕적 행동뿐만 아니라 사회의 조화로운 발전에도 필수적이다. 공자는 '중용'을 통해 인간이 자연과 사회와의 조화調和를 이루며 살 수 있다고 믿었다. 이러한 조화는 인간관계에서의 갈등을 줄이고, 서로를 이해하고 존중하는 데 기여한다. 『논어』는 이처럼 '중용'의 원리를 통해 인간이 어떻게 자신의 삶을 균형均衡 있게 유지할 수 있는지를 안내하고 있다.

5) 도덕적 실천의 중요성

『논어』는 도덕적 실천의 중요성을 강조한다. 공자는 이론적인 지식이나 사상에 그치지 않고, 이를 실제 생활 속에서 실천해야 진정한 의미가 있다고 보았다. 도덕적 행동은 단순한 교훈이 아닌, 인간의 삶을 실질적으로 변화시키는 힘을 가진다고 믿었다. 따라서 『논어』는 독자에게 도덕적 삶을 살도록 끊임없이 촉구하며, 이를 통해 자신의 삶을 더욱 의미 있게 만들 것을 권장한다.

6) 효孝와 예禮

공자는 가족 간의 관계를 매우 중요하게 여겼다. 부모父母를 공경하고 형제자매兄弟姉妹와 화목和睦하게 지내는 '효孝'는 개인의 도덕적 삶의 시작점이라고 보았다. 또한, '예禮'를 통해 사회적 조화를 이루어야 한다고 가르쳤다. '예禮'는 단순히 의식을 지키는 것을 넘어, 서로를 존중하고 질서를 유지하는 방법이다.

7) 교육과 자기 계발

공자는 교육의 중요성을 누구보다 강조했다. 그는 "배움에는 귀천이 없다"라고 하며 모든 사람에게 배움의 기회를 주어야 한다고 주장했다. 또한, 교육은 단순히 지식을 쌓는 것이 아니라, 자기 자신을 도덕적으로 성장시키는 과정이라고 보았다.

8) 정치와 리더십

공자는 올바른 정치란 강압이 아닌 도덕적 모범으로 이루어진다고 믿었다. 지도자는 스스로 도덕적으로 행동해야 백성들이 따르게 된다고 한다. 공자의 리더십 철학은 현대 경영이나 정치에서도 유효하다. 도덕적 모범이야말로 진정한 리더십이다.

이처럼 『논어』는 인간의 도덕적 삶과 사회의 조화로운 발전을 위해 필요한 다양한 원칙들을 제시하고 있다. '인仁' '군자君子' '학습學習'과 '중용中庸' '효孝와 예禮' '교육과 자기 계발' 그리고 '도덕적 실천' '정치와 리더십'은 모두 우리가 더 나은 인간으로 성장하기 위한 지침이 된다. 이러한 『논어』의 가르침은 오늘날에도 여전히 유효하며, 우리의 삶에 깊은 영향을 미치고 있다.

논어를 읽어야 하는 이유

공자(孔子: B.C.551~B.C.479)는 주周나라의 봉건질서封建秩序가 쇠퇴하여 사회적 혼란이 심해지자, 나라의 기강을 확립해야 한다고 생각했다. 그의 가장 대표적인 사상은 '인仁'이며, 극기복례(克己復禮: 자신의 욕심을 버리고 사람이 본래 지녀야 할 예의와 법도를 따르는 마음으로 되돌아감)를 그 핵심으로 여겼다. 그는 '인仁'을 단지 도덕규범이 아닌 사회질서 회복에 결정적 역할을 할 수 있는 정치사상으로 생각했다.

공자는 춘추시대(春秋時代: B.C.770~B.C.403)에는 '예禮'가 형식에 치중하고 본질과 멀어진 것에 대한 문제점을 제기하고, '예禮'의 본질을 찾아 인仁·의義·예禮 체계를 확립했다. 그의 이상은 예의 본질을 깨닫고 실천함으로써 가까운 가족부터 확립시키고, 이것을 확충하여 사회와 국가로 발전시켜 이해관계를 따지지 않고 사리사욕을 뛰어넘어 모든 사람을 사랑하는 마음인 '인仁'으로 천하를 다스리는 것이었다.

공자가 생존했을 당시의 상황과 현대의 환경은 다르므로 그 실천하는 방법에는 차이가 있을 수 있으나 그 본질은 변함이 없다. '예禮'를 행할 때의 마음가짐과 '의義'와 사랑이 조화된 '인仁'을 가까운 가족에게서 비롯하여 멀리 미치게 함으로써 사회와 국가에 도가 이루어지게 하는 것은 오늘날에도 변함이 없는 것이다.

『논어論語』를 중심으로 한 유학儒學을 중국의 학문이라고 생각하는데, 유학은 동북아 공통 문화의 소산이다. "『논어』의 내용을 잘 살펴보면 우리 민족과 관련된 '동이東夷'의 문화가 기본이 되어 있다"라는 것을 알 수 있다. 또한 제사祭祀는 귀신鬼神을 섬기는 미신적인 행위가 아니라 부모를 공경하고 조상을 섬기는 방법이라는 것을 알 수 있을 것이다.

『논어』를 읽다 보면 남에게 잘 보이기 위해서 '예禮'를 행하는 것이 아니라 자기 자신에게 부끄러움이 없도록 일상생활에서 실천하는 '위기지학(爲己之學: 자기 자신의 인격 수양을 위한 공부를 한다는 의미)'의 면모를 볼 수 있다. 그리고 선의의 경쟁에서 획득한 부귀는 정당하고 충분히 누릴 가치가 있다고 말하고 있다. 『논어』의 진면목을 충분히 이해하고 오늘날에 합당하게 적용한다면, 『논어』의 현대적 가치는 모든 사람이 반드시 실천해야 할 내용으로 가득 차 있다. 공자의 이러한 생각이 『논어』에 담겨 있다.

공자 사후 2500년이 지났지만, 『논어』는 여전히 뜨겁다. 24시간이 모자라는 스마트한 세상에서 굳이 고전古典을 찾아 읽는 사람들이 있다.

1929년 시카고 대학에 총장으로 부임한 로버트 허친스(Robert Maynard Hutchins: 1899~1977)는 '시카고 플랜Chicago Plan'을 발표한다. 100여 권에 달하는 전 세계의 "위대한 고전古典"을 읽지 않으면 졸업을 시키지 않겠다고 선포한 것이다. 시기가 적절치 않으며 지금 시급한 것은 다른 것이라고 모두가 반대했다. 1929년은 실업률이 32%에 달했던 경제 대공항이 시작된 해였기 때문이다.

미국이라는 나라를 침몰 직전까지 몰아넣은 경제 위기였다. 더군다나 명문대학도 아닌 시카고 대학에서 시작한 '시카고 플랜Chicago Plan'은 웃음거리였다. 얼핏 당시 사람들의 반대가 타당해 보이기도 하다. 소수 선견지명의 최대 적은 다수의 무지다. 잘못된 계획은 빨라 보이지만 특정 성과에 결코 도달할 수 없다. 시카고 플랜은 느리게 보이지만 효과가 확실하게 나타났다. 2022년 기준 시카고 대학은 89명의 노벨상 수상자를 배출하게 된다. '시카고 플랜Chicago Plan' 그 무모한 도전에는 『논어論語』도 포함되어 있었다.

빈부의 격차가 날로 커지며 개천에서 용이 나는 경우는 원천 봉쇄 수준에 돌입했다. 인구 대다수가 '흙수저'인 현대사회에서 재벌 2세를 롤 모델로 삼아야 할까? 우리의 아이들을 여전히 꿈꾸게 할 이 시대의 대표적인 흙수저 출신 기업가가 있다.

2021년 2월 18일 배달의 민족 김봉진(1976~: 2010년 출시된 대한민국 배달앱 '배달의 민족'을 개발한 (주)우아한형제들의 창업자) 대표는 기부단체인 "더 기빙 플레지The Giving Pledge"를 통해 전 재산의 절반을 기부한다고 발표한다. 더 기빙 플레지는 빌 게이츠(William Henry Gates III, 1955~)와 워런 버핏(Warren Edward Buffett, 1930~)에 의해서 출범되었다. 회원이 되기 위해서는 총자산이 10억 달러 이상이어야 하고, 그 절반을 기부해야 한다. 그러나 돈만 있다고 회원이 될 수 있는 것은 아니다. 재산 형성 과정이 투명해야 하고 기부 전 이에 대한 심사가 이루어진다고 한다. 부정한 방법이나 불로소득으로 재산을 축재한 자들은 회원이 될 수도, 기부를 할 수도 없는 것이다. 기부왕이며 사업적으로도 눈부신 성공을 거둔 김봉진 대표는 독서광으로도 유명하다. 그런 김 대표가 두 번 이상 읽은 책으로 『논어』를 추천했으니, 이쯤 되면 『논어』를 읽지 말아야 할 이유를 찾기가 더 어렵다.

우리가 고전을 읽어야 하는 이유는 무엇일까? 더구나 옛사람들의 지혜가 바쁘게 돌아가는 현대사회에서도 유용하게 쓰일 수 있는 것일까? 하는 의구심도 든다. 지금, 이 순간에도 새로운 학문과 지식은 끊임없이 생산되고 있으며, 이들은 기존의 지식을 보완하거나 전복시킨다. 이러한 새로운 지식의 도전에도 불구하고 고전은 인류에게 역사와 변화마저 관통하는 큰 줄기를 제시하였기에 살아남을 수 있었다. 말하자면 고전은 오랜 기간 시련 속에서 살아남은 경쟁력 있는 학문이자 지식인 것이다.

따라서 고전을 배운다는 것은 단순히 옛날로 돌아가자는 말이 아니다. '온고지신(溫故知新: 옛것을 익히고 그것을 통하여 새것을 앎. 출전은 『논어論語』「위정爲政」편)'의 진정한 의미는 살아남은 경쟁력 있는 지식인 고전을 통해 우리가 나아가야 할 바의 기초를 다지자는 뜻이다. 진정한 지식이 무엇인지 구분이 모호한 정보화 사회 속에서 이러한 고전의 의미는 더욱 빛이 난다.

로버트 허친스 Robert Maynard Hutchins(1899~1977)

대학 총장과 재단 이사장을 겸임했다. 대학 교육과정의 균형을 유지하여 서구의 지적 전통을 전승하는 데 노력했다. 30세 되던 해 시카고대학교 총장이 되었다. 이후 1951년까지 시카고대학교에서 재직했고, 마지막 6년은 명예총장으로 봉직했다. 대학에 다양한 수준의 고전연구를 도입했고, 고등교육의 목적에 대해 호소력 있는 논의를 전개했다. 순수학문을 추구하지 않는 세태를 개탄하며, 미국 교육기관들이 전문화 · 직업주의 · 실용주의로 흐르는 것을 비판했다.

시카고 플랜 Chicago Plan

시카고 플랜은 1930년대에 시카고대학교 총장이었던 로버트 허친스가 주도해서 만든 교육 철학이다. 주요 특징은 고전 중심 교육(Great Books Program), 공통 커리큘럼(Core Curriculum: 모든 학생이 필수적으로 일정량의 인문학, 자연과학, 사회과학 과목을 수강해야 함), 자유로운 토론 중심, 전문 지식 이전에 '생각하는 힘' 강조(실용보다도 자유인의 소양과 지적 성숙을 중시)했다. 시카고 플랜의 모델은 미국 전역의 리버럴 아츠 칼리지와 명문대학 교양교육의 표본이 됐고, '서양 고전 100선' '위대한 책들(The Great Books of the Western World)' 시리즈도 여기서 시작된다. 시카고 플랜은 학문적 깊이와 비판적 사고를 키우는 고전 중심 교양교육 철학이다.

빌 게이츠 William Henry Gates III(1955~)

시애틀 태생의 독일계 미국인 기업인으로 Microsoft의 창업주이다. 은퇴 이후에는 투자자 겸 자선사업가로 활동하고 있다. 1995년부터 전 세계 부호 순위권에 빠지지 않고 이름을 올린 억만장자의 대명사로서, 현재는 1위 자리에서는 내려왔지만, 여전히 사람들이 '부자' 하면 가장 먼저 빌 게이츠를 떠올리고, 심지어 빌 게이츠의 이름을 부자의 비유로 쓸 정도로 부호의 상징과 같은 인물이다.

워런 버핏 Warren Edward Buffett(1930~)

미국의 투자가, 기업인, 보험업과 투자업을 영위하는 기업 버크셔 해서웨이의 회장 겸 CEO로 재직하며 일생에 걸친 투자 활동을 통해 막대한 수익률과 배당소득을 올렸다. 동시대의 수많은 이들에게 투자의 거장이자 우상, 대명사로 손꼽힌다. 전설적인 투자가의 대표적인 아이콘으로 여겨지는 인물이다. 가치투자의 대가大家이자 전설적인 투자가의 대표적인 아이콘으로 여겨지는 인물로, 미국 네브래스카주 오마하 출신이어서 오마하의 현인(Oracle of Omaha)이라는 별명으로 불린다.

1장

인격 수양은 어떻게 해야 하나

1. 신의로 무장하면 앞길이 순탄하다

子曰: "人而無信 不知其可也. 大車無輗, 小車無軏, 其何以行之哉"

자왈: "인이무신 부지기가야. 대거무예, 소거무월, 기하이행지재"

『논어』「위정爲政」

공자가 말하기를 "신의(信義: 믿음과 의리)가 없는 사람은 도대체 어디에 쓸 수 있겠는가? 큰 수레에 끌채(수레의 양쪽에 대는 긴 채)가 없고 작은 수레에 멍에목이 없다면 어찌 굴러갈 수 있단 말인가?"

"돼지를 잡아 약속을 지켰다"라는 증자(曾子: B.C.505~B.C.436)는 이름이 삼參이며, 그는 공자(B.C.551~B.C.479)의 제자 중 한 사람이었다. 공자로부터 시작된 유가儒家가 그를 통해 공자孔子의 손자 자사(子思: B.C.492~B.C.431)에게로 전해지고 또다시 맹자(孟子: B.C.372~B.C.289)에게 이어졌기에 증자는 유가儒家의 성인聖人으로 불린다.

특히 약속을 지키기 위해 돼지를 잡았던 그의 이야기는 지금까지도 많은 사람의 입을 통해 전해지고 있다.

어느 날 증자曾子의 아내가 장을 보러 집을 나섰다. 그러자 그의 어린 아들이 어머니를 따라가겠다고 울며 떼를 쓰는 것이 아닌가. 증자의 아내는 아들을 어르며 말했다.

"착하지, 어미가 장에 갔다 돌아오면 돼지를 잡아 맛있게 볶아주마."

돼지고기를 먹을 수 있다는 말에 아이는 이내 울음을 뚝 그치고는 잡았던 치맛자락을 놓아주었다.

얼마 후 집으로 돌아온 아내는 깜짝 놀라고 말았다. 남편이 칼을 갈며 돼지 잡을 준비를 하고 있기 때문이었다. 그녀는 한걸음에 남편에게로 달려가 말했다.

"아까는 아이를 어르려고 그랬던 것입니다. 정말로 돼지를 잡겠다는 말이 아니었어요!"

그러자 증자曾子가 심각한 얼굴로 입을 열었다.

"아이에게 흰소리해서는 안 되오. 아직 어려 아무것도 모르는 아이들은 부모의 말과 행동을 그대로 따라 하게 마련이오. 그런 아이에게 거짓말을 하는 것이 다른 사람을 속이라고 가르치는 것과 다를 게 무엇이오? 오늘 내 자식에게 거짓말을 하면 다음에는 더욱더 올바로 가르치기 힘들 것이오."

증자의 말을 들은 아내는 그제야 자신이 한 말을 후회했다. 이미 아이에게 돼지를 잡아주겠다고 약속한 이상 이제 와 다른 말을 할 수 없게 되었으니 말이다.

어쩔 수 없이 아내는 남편과 함께 돼지를 잡아 아이에게 푸짐한 저녁을 차려주었다. 아이는 맛있는 고기반찬을 먹으며 믿음과 감격에 가득 찬 눈으로 부모를 바라보았다.

그날 일은 과연 아이에게 커다란 영향을 미쳤다.

어느 날 밤, 막 잠자리에 들었던 아이가 벌떡 일어나 머리맡에 있던 죽간(竹簡: 종이가 발명되기 전에 글자를 적던 대나무 조각)을 들고는 냅다 밖으로 뛰쳐나갔다. 깜짝 놀란 증자가 이유를 묻자, 아이가 조급한 목소리로 대답했다.

"사실은 얼마 전에 친구에게 죽간竹簡을 빌렸습니다. 오늘까지 돌려준다고 했는데 시간을 어기면 제가 얼마나 신의(信義: 믿음과 의리) 없는 사람이 되겠어요?"

이 말을 들은 증자는 흐뭇한 미소를 지으며 아들의 외출을 허락했다.

증자는 자식 교육에서는 물론 친구를 사귈 때도 '믿음과 신용'을 강조했다.

"나는 날마다 나 자신을 돌아본다. 남을 위해 일을 하며 성실함을 다했는가? 벗과의 사귐에 신의를 저버리지는 않았는가?"

이처럼 증자는 스스로에게 매우 엄격한 사람이었다. 특히 자신의 도덕적 수양(修養: 몸과 마음을 닦아 기름)에는 더더구나 그랬다. 날마다 자기 행동을 돌아본다는 그의 말은 훗날 많은 지식인의 좌우명이 되기도 했다.

증자처럼 자식 교육에서 '신의信義'를 저버리지 않으려 했던 사람이 또 있다. 맹자(孟子: B.C.372~B.C.289)가 아주 어렸을 때였다. 어느 날 옆집에서 돼지를 잡는 광경을 보고 있던 맹자가 물었다.

"왜 이웃에서 돼지를 잡는 건가요?"

그러자 어머니가 무심결에 대답했다.

"널 주려고 잡는 모양이다."

농담 삼아 가볍게 던진 말이었지만 맹자의 어머니는 이내 자기 행동을 후회했다. 이제 겨우 철이 든 아이에게 거짓말을 하는 것은 아이를 속이는 것과 다름없었기 때문이다. 그러면서 자식에게 '신의信義'를 가르칠 수는 없지 않은가!

어머니는 곧장 이웃집에서 돼지고기를 사 와, 아들에게 맛있는 음식을 만들어 주었다.

'신의信義'는 남을 속이지 않는 것이요, 약속을 지키는 것이며 자기 말과 행동에 책임을 지는 것이다. 전통 미덕 중 하나인 신의는 도덕적 소양의 기본이 되며 인간관계와 사회생활을 순조롭게 이끄는 열쇠가 되기도 한다.

오늘날에는 사람과 사람 사이에서 점차 믿음이 사라져가고 있다. 심지어 서로 속고 속이는 일도 허다하다.

그러나 '신용信用'이 없는 사람들은 점차 사회에서 도태된다. "신의信義가 없는 사람은 어디에도 쓸 데가 없다"라는 공자의 말처럼, 신용과 믿음이 있어야만 인생이라는 길고 긴 여정에서 순조롭게 앞으로 나아갈 수 있다.

증자(B.C.505~B.C.436)

춘추시대의 유학자. 공자의 도道를 계승하였다. 공자의 문하생이다. 그는 유가儒家에서 강조하는 '효孝'를 재확립하는 데 힘썼는데, "①부모를 기리고, ②부모를 등한시하지 않으며, ③부모를 부양한다"라고 하여 효孝를 3단계로 열거했다. 그의 가르침은 공자의 손자 자사子思를 거쳐 맹자에게 전해져 유교 사상사에서 중요한 위치를 차지한다. 공자孔子 · 안자顔子 · 자사子思 · 맹자孟子와 함께 동양 5성五聖으로 꼽힌다.

자사(B.C.492~B.C.431)

전국시대의 유가儒家. 공자의 손자. 그의 저서라고 전해지는 『중용中庸』은 진대秦代의 자사학파子思學派에 의해 이루어진 것으로 생각되는데, 보통 자사의 사상은 자사학파의 사상으로서 고찰된다. 이 학파는 '성誠'을 매개로 하는 '천인합일天人合一'의 사상을 세워 맹자와 함께 중국에서 최초로 유심론 사상의 토대를 쌓았다.

맹자(B.C.372~B.C.289)

맹자는 공자의 정통유학을 계승 발전시켜 공자 다음의 아성亞聖으로 불린다. 젊은 시절 공자의 손자인 자사子思의 제자의 문하생으로 수업했다. 이후 남을 가르치는 스승이 되었고 잠시 제齊나라의 관리로도 일했다. 전국시대(戰國時代: B.C.5세기부터 B.C.221년 진秦나라가 중국을 통일하기까지)라고 불리는 난세亂世 속에서도 자신의 주장을 펴나갔다. 우선 백성에 대한 통치자의 의무를 지적했다. 통치자는 백성들의 생계를 보장하는 물질적인 상황을 만들어 주어야 하고 그들을 교육시키는 도덕적 · 교육적 지침을 마련해야 한다고 강조했다. 그리고 인간의 성선설性善說을 주장, 사상체계의 핵심으로 삼았다.

2. 중요한 것은 나 자신을 갈고닦는 것

子曰: "不患無位, 患所以立, 不患莫己知, 求爲可知也."

자왈: "불환무위, 환소이립. 불환막기지, 구위가지야."

『논어』「이인里人」

공자가 말하기를 "지위가 없음을 근심하지 말고 그 자리에 설 수 있을지를 근심하라. 사람들이 나를 알아주지 않음을 걱정하지 말고 남이 나를 알 수 있도록 노력하라."

현대사회에서 경쟁은 날로 치열해지고 생활 리듬 역시 점점 빨라지고 있다. 그래서 많은 사람이 자신을 돌아볼 여유도 없이 좋은 직업과 높은 지위를 차지하기 위해 애쓴다.

이러한 모습은 어쩌면 오늘날의 사회에서는 매우 당연한 처신일지도 모른다. 하지만 번지르르한 겉모습에 치중하기보다는 고된 훈련을 통해 내실을 다지는 것이 더 실속 있지 않을까. 먼저 실력實力을 닦아야 한다.

진정한 인격을 갖춘 이에게는 타인이 나를 알아주거나 이해해 주는 것이 모두 부차적인 요소일 뿐이다. 외부 세계는 그저 내가 머무는 장소일 뿐이며, 그것이 나의 행동과 생각을 주관할 수는 없다.

우리가 사는 세계는 그저 아름답기만 한, 티끌만 한 오염도 없는 천국이 아니다. 오히려 과학기술의 급속한 발전으로 예기치 못한 각종 사고가 점점 늘어나는 게 현실이다. 또한 사회 문화가 다원화됨에 따라 여러 불건전한 사상과 문화의 부정적 영향이 커지고 있다.

생존生存의 기술과 지혜를 갖추지 못한 사람은 인생의 배가 항구에 닿기도 전에 침몰을 맛보아야만 한다. 게다가 혹시 운이 좋아 항구에 도착했다 하더라도 그 이후에는 더욱 치열한 삶이 기다리고 있을 뿐이다.

점점 삭막해지는 사회에서 도태되고 싶지 않다면 더 많은 생존 기술과 지혜를 터득하고 삶의 기회를 잡아야 한다.

사실 시대에 맞게 생존의 기법도 수없이 많이 바뀌었다. 정보화와 지식경제의 사회인 지금도 마찬가지다. 사람들은 이 시대에 적합한 방식으로 각자의 삶을 꾸려나간다.

인생을 살아가는 데에는 지혜가 필요하다. 그 지혜를 충분히 이용하고 바른길을 모색하는 것이야말로 삶을 꾸려나가는 최고의 경지가 아닐까?

다음은 한 벌목꾼의 이야기를 들어보자.

매우 건강하고 부지런한 벌목꾼이 하루에 10시간도 넘게 나무를 베었다. 하지만 어찌 된 일인지 벌목량이 계속 줄어드는 것 같아 걱정되었다.

'도대체 뭐가 문제지?'

일하는 시간이 너무 짧은 탓이라고 생각한 그는 전보다 작업시간을 더 늘리기로 했다. 사내는 잠자고 밥 먹는 시간을 제외하고는 하루 꼬박 나무 베는 일에만 열중했다.

하지만 나무의 양은 점점 더 줄기만 했다. 그는 이제 자기 능력을 의심하기 시작했다.

그러던 어느 날, 벌목 감독관이 수심에 가득 찬 벌목꾼에게 다가와 물었다.

"자네 무슨 걱정거리라도 있는가?"

사내가 한숨을 쉬며 말했다.

"전 자신감을 잃었습니다. 예전에는 하루에 열 그루 넘게 나무를 베었지요. 하지만 지금은 그 양이 점점 줄고 있어요. 맹세코 게으름은 피우지 않았어요. 오히려 작업시간을 더욱 늘렸지요. 그런데 정말 모르겠어요. 도대체 무엇이 문제일까요?"

감독관은 사내의 도끼로 눈길을 돌리더니 빙그레 웃으며 대답했다.

"혹시 매일 그 도끼로 나무를 베는가?"

그러자 사내가 진지한 표정으로 대답했다.

"물론이지요! 이 도끼는 나무를 처음 베기 시작한 때부터 한 번도 제 손을 떠난 적이 없답니다."

"그럼, 그 도끼의 날을 간 적은 있는가?"

감독관의 말에 사내가 심드렁하게 대답했다.

"나무 벨 시간도 모자란 마당에 도끼날을 갈 시간이 어디 있겠습니까?"

감독관은 아까와 달리 사뭇 진지한 표정으로 입을 열었다.

"바로 그래서 나무의 양이 계속해서 줄었던 걸세. 도끼날을 갈지 않고 어떻게 작업의 능률을 높일 수 있겠나?"

도끼의 날을 갈기 위해서는 시간과 돈이 필요하다. 도끼날을 가는 행동은 우리 삶에서 책을 사들이거나 공부를 하는 행위와 같다. 이러한 준비 과정이 철저하게 이루어져야만 훗날 시작하는 일의 효율을 높이고 그간의 희생과 손실을 신속하게 메울 수 있다.

어떠한 기회가 주어졌을 때 그 일에 대한 능력을 갖춘 사람만이 타인에게 인정받을 수 있다. 현대사회는 이력이나 학벌보다 실질적인 능력을 중요히 여긴다.

어떤 이들은 자기 능력을 마음껏 펼칠 수 있는 무대가 없다고 한탄한다. 하지만 푸념을 늘어놓기 전에 자신의 잔재주를 완전한 능력으로 만들었는지, 혹시 잔재주를 더 높은 곳으로 오르는 도구로만 보는 것은 아닌지 곰곰이 생각해 보라.

많은 사람들이 잔재주를 무기 삼아 밥벌이하는 것을 당연하게 생각한다. 하지만 진정한 재능을 갖추기란 결코 쉬운 일이 아니다. 성실하고 근면한 태도로 실력을 갈고닦을 때만 경쟁과 도전에 맞설 수 있다.

능력은 자신의 생활 수준을 결정할 수 있다. 언제나 내실을 다지고 자기 능력을 개선하는 사람만이 크게 성공하는 법이다.

많은 직장인이 작은 이익이나 높은 지위를 얻기 위해 동료와 신경전을 벌이거나 상사에게 잘 보이려 애쓴다. 그렇게 하면 잠깐은 이득을 얻을 수 있을 것이다. 하지만 결국엔 잃는 것이 더 많게 된다.

이런 태도는 동료와의 관계를 악화시킬 뿐 아니라 자신의 정력과 에너지를 쓸데없는 곳에 낭비해 정상적인 업무와 학업에 악영향을 끼칠 수 있다. 더욱이 능력도 없는 사람이 정당하지 못한 방법으로 높은 지위에 오른다면 그 끝이 어떨지는 뻔하지 않은가?

3. 똑똑해야 할 때와 어리석어야 할 때

> 子曰: "寧武子邦有道, 則知, 邦無道, 則愚, 其知可及也, 其愚不可及也."
> 자왈: "영무자방유도, 즉지, 방무도, 즉우, 기지가급야, 기우불가급야."
>
> 『논어』「공야장公冶長」

> 공자가 말하기를 "영무자寧武子는 나라에 도道가 있을 때는 그 지혜로움을 드러내고, 나라에 도가 없을 때는 우둔함으로 가장했다. 그 지혜로움은 따라갈 수 있지만 그 우둔함은 누구도 흉내 낼 수 없었다."

변화무쌍한 세상만사 중에는 사람의 힘으로는 통제할 수 없는 부분이 많다. 게다가 모든 사물은 우리가 보지 못하고 예상치 못했던 모습을 갖고 있게 마련이다.

따라서 우리는 각자의 마음속에 있는 거울이 변화하는 사물과 환경의 법칙을 정확하게 비출 수 있도록 노력해야 한다. 그래야만 자기 인생의 진정한 주관자가 될 수 있다.

B.C. 5세기, 오吳나라와 월越나라가 서로 이웃한 채 중원의 패권을 차지하기 위해 늘 전쟁을 벌일 궁리를 하고 있었다.

마침내 두 나라 사이에 전쟁이 일어나자, 오吳나라 왕 부차(夫差: ?~B.C.473)에게 패한 월越나라 왕 구천(句踐: ?~B.C.465)은 어쩔 수 없이 회계산으로 도망갔다. 그 후 굴욕적인 교섭을 통해 겨우 자신의 나라로 돌아온 구천은 패배의 모욕을 되새겨 언젠가는 복수를 하리라 다짐하며 와신상담(臥薪嘗膽: 거북한 섶에 누워 자고 쓴 쓸개를 맛본다는 뜻으로, 원수를 갚으려 하거나 실패한 일을 다시 이루고자 굳은 결심을 하고 어려움을 참고 견디는 것을 이르는 말)했다.

20년 후, 구천句踐은 결국 오吳나라를 멸망시켰다. 이때 월越나라를 도와 전쟁을 성공으로 이끈 인물이 바로 범려(范蠡, B.C.517~?)이다. 그는 충직한 신하이자 대단한 지혜와 안목을 가진 인물이었다.

공을 인정받아 대장군으로 임명된 범려는 현실을 기뻐하기보다 오히려 다가올 미래를 걱정했다.

"싸움에서 이겨 한껏 기세가 오른 군주의 수하에서 일하는 것은 화의 근원이 될 수 있다. 구천은 같이 고생할 수는 있지만 그 공을 나눠 가질 만한 인물은 아니다."

생각이 여기까지 미친 범려는 즉시 관직을 내놓을 뜻을 비쳤다. 한편 그의 속뜻을 알 리 없던 구천은 한사코 범려를 말렸지만, 그의 뜻을 꺾을 수는 없었다. 구천을 떠나 제나라로 간 범려는 다시는 구천과 왕래하지 않았다.

제나라로 옮긴 범려는 정사에 관여하지 않고 아들과 장사를 시작해 엄청난 재물을 모았다. 그의 재능을 귀하게 여긴 제나라 왕 역시 그를 재상으로 임명하려 했지만, 그 뜻을 이루지 못했다.

"어마어마한 재산을 모으는 일이나 재상이 되는 것은 분명 그 무엇보다 영예로운 일이다. 하지만 그 영예도 오래되면 화의 근원이 되는 법이거늘!"

범려는 또다시 자신의 모든 재산을 주위 사람들에게 나누어주고는 제나라를 떠나, 도지라는 곳에 정착했다. 얼마 후 그곳에서 사업을 시작한 그는 다시 엄청난 부자가 되었다.

범려는 이렇듯 남다른 지혜와 통찰력을 가진 인물이었다. 그가 월나라를 떠나 제나라 왕의 부름마저 거절한 것이나 사업을 성공적으로 경영할 수 있었던 것은 모두 그의 예리한 통찰력 덕분이었다.

우리가 흔히 말하는 '명철보신明哲保身'은 즉 뛰어난 통찰력을 발휘해 자신을 보호하는 것을 의미한다. 범려야말로 명철보신의 대가였다.

중국 역사상 공을 세운 문신文臣과 무관武官들은 그 수를 셀 수 없을 정도로 많지만, 그들의 말로가 모두 좋았던 것은 아니다. 그러나 범려范蠡는 비범한 지혜로 천수를 누릴 수 있었다.

언뜻 보면 그는 분명 주는 떡도 사양하는 어리석은 인물이지만, 그 안에는 어리석음을 가장한 뛰어난 지혜가 있었다.

영무자(?~?)

춘추시대 위衛나라 사람. 위문공衛文公과 성공成公 때 대부大夫를 지냈다. 성공이 무도하여 진晉나라가 공격해 오자 나라를 잃고 초楚나라와 진陳나라로 달아났다가 결국 진후晉侯에게 사로잡혔다. 그가 어려움을 무릅쓰고 여러 가지로 주선하여 목숨을 보전할 수 있었다. 나라에 도道가 행해질 때는 지혜智慧를 발휘하고, 어지러울 때는 어리석은 체하여 몸을 잘 보전했다고 공자孔子가 평했다.

부차(?~B.C.473)

춘추시대 말기의 오나라 왕. 아버지인 오왕吳王 합려闔閭가 월왕 구천에게 패해 죽자, 월나라에 복수했다. 책사 오자서伍子胥가 구천을 죽여야 한다고 진언했으나 듣지 않아 결국 월나라의 공격으로 오나라는 망했다.

구천(?~B.C.465)

월나라는 구천의 부친 윤상允常 때부터 인접국 오나라와 숙적 관계에 있었다. 부친이 세상을 떠난 후 구천은 쳐들어온 오왕 합려를 격퇴, 전사시키는 쾌거를 올렸다. 그러나 B.C.494년 합려의 유언을 받고 침략해 온 아들 부차에게 패하고 회계산에서 굴욕적인 강화를 맺어야만 했다. 그 뒤 명신 범려와 함께 군비를 증강하고 힘을 키우며 와신상담하기를 20년, B.C.473년 구천은 드디어 부차를 물리쳐 자살하게 함으로써 복수에 성공했다. 그 뒤 월나라의 국력은 더욱 막강해져 구천은 '패왕霸王'이라는 칭호를 얻었다.

범려(B.C.517~?)

춘추시대 말기의 정치인, 관리이다. 월나라 왕 구천의 책사이자 중국 최초의 대실업가다. 월왕 구천을 보좌하여 당시의 대국 오나라를 멸망시키고 월나라의 패업霸業을 이루었다. 구천이 패업을 이룩한 후, 월나라를 떠나 상인으로 성공했다.

4. 마음의 평정을 유지하라

哀公問: "弟子孰爲好學?" 孔子對曰 "有顔回者好學, 不遷怒, 不貳過. 不幸短命死矣. 今也則亡, 未聞好學者也."

애공문: "제자숙위호학?" 공자대왈 "유안회자호학, 불천노, 불이과. 불행단명사의. 금야칙망, 미문호학자야."

『논어』「옹야雍也」

노애공이 물었다.

"제자 중 가장 공부하기를 좋아하는 자는 누구인가?"

그러자 공자가 대답했다.

"안회라는 제자였습니다. 그는 남에게 화를 내는 법이 없었고 같은 실수를 반복하지도 않았습니다. 불행히도 일찍 저세상으로 떠났습니다만, 지금까지 그와 같은 사람도, 그만큼 공부하기를 좋아하는 이가 없었습니다."

청淸나라 사람 부산이 이런 말을 했다.

"분노가 끓어오를 때 그것을 멈추는 것, 그것은 천하의 용맹한 자가 아니면 절대 할 수 없는 일이다."

공자 역시 이렇게 말했다.

"작은 일을 참지 못하면 큰일을 도모할 수 없다. 만약 상대방과 똑같이 화내고자 한다면 그 후에 어떤 결과가 생길지 반드시 생각해야 한다. 분노로 인해 심신의 건강과 자신의 이익에 손해를 입힐 수 있다면 어떤 노력을 해서라도 반드시 행동을 절제해야 한다."

'자제력(自制力: 자신의 감정이나 욕망을 스스로 억제하는 힘)'을 지닌 사람이야말로 큰 임무를 맡을 수 있고 복잡한 인간관계와 어려운 일을 무난하게 처리할 수 있다. 또 아무리 힘든 일이 닥쳐도 침착함을 잃지 않고, 화를 냄으로써 일을 망치는 어리석은 짓은 하지 않는다.

전쟁을 하면 한쪽은 방어를, 나머지 한쪽은 공격하게 마련이다. 지키는 쪽이 교목을 높이 올리고 성문을 굳게 닫아걸면 공격하는 쪽도 별도리가 없다.

그러면 공격하는 쪽은 성 아래에서 갖은 욕을 하며 적이 화를 못 이겨 성 밖으로 나오도록 도발한다. 이때 수비하는 쪽이 화를 참지 못하고 성문을 여는 순간 공격하는 쪽은 성으로 들어가 승리를 거머쥐게 되는 법이다.

병법兵法에서는 이처럼 상대방의 성을 돋우어 잘못된 판단을 하도록 이끄는 전략을 '격장법激將法'이라 한다. 하지만 성을 지키는 쪽이 대단한 인내심의 소유자라면 이 병법은 아무런 쓸모가 없다.

이렇듯 전쟁에서는 인내하고 절제하는 태도가 꼭 필요하다. 그것은 일상생활에서도 마찬가지다.

당唐나라의 재상 누사덕(婁師德: 630~699)의 아우가 대주도독부로 가게 되었다. 동생이 길을 떠나기에 앞서, 누사덕이 근심 가득한 얼굴로 물었다.

"나는 아무런 재주가 없는데 재상이 되었다. 게다가 너까지 높은 관직을 얻게 되었으니, 뭇사람들의 시기를 받을까 두렵구나. 만약 그런 상황이 된다면 어찌하겠느냐?"

아우가 대답했다.

"만약 누군가가 제 얼굴에 침을 뱉는다면 아무 말 없이 얼굴을 닦겠습니다."

그러자 누사덕은 더욱 걱정스러운 얼굴로 입을 열었다.

"내가 걱정하는 바가 바로 그것이다. 누군가가 네게 침을 뱉는 것은 바로 화를 참지 못해서이다. 그런데 그것을 닦아버리면 화를 풀 기회를 없애버리는 게 아니고 무엇이겠느냐? 침은 닦지 않아도 저절로 마르는 법이니 그저 웃으며 받아들이도록 해라."라고 응수했다. 이것이 유명한 "타면자건(唾面自乾: 다른 사람이 나의 얼굴에 침을 뱉으면 절로 그 침이 마를 때까지 기다린다는 뜻으로, 처세에는 인내가 필요함을 강조하여 이르는 말)" 고사성어다. 아우는 "삼가 가르침을 따르겠습니다"라고 답했다.

살다 보면 순간의 화를 참지 못해 싸우거나 주먹다짐을 하는 사람들을 많이 보게 된다. 그저 실수로 발을 밟았거나 말 한마디 잘못한 것뿐인데 울컥하는 마음에 심하게 싸우는 사람도 있다.

사람은 감정의 동물이어서 외부로부터 나쁜 자극을 받으면 감정이 상하거나 화를 내고 분노하게 마련이다. 그것은 자신을 보호하기 위한 일종의 본능이며 심리반응과 같다.

그러나 함부로 이런 감정들을 밖으로 발산해서는 안 된다. 이로 인해 침착함과 이성을 상실하면 예기치 못한 나쁜 결과를 불러일으킬 수 있다. 어떠한 사건에 부딪히거나 인간관계에서 문제가 생기더라도 절제하고 인내할 수 있는 미덕을 배워야 한다.

앞에서 공자는 분명 호학(好學: 공부하기를 좋아하다)에 관해 이야기하고 있지만, 안회(顔回: B.C.521~?)를 칭찬한 대목을 보면 공자가 가장 중요하게 생각했던 점은 바로 '호학好學의 심리적 조건'임을 알 수 있다. 언제나 침착함을 잃지 않고 쉽게 성내지 않는 면이 바로 그것이다. 또 같은 잘못을 반복하지 않은 것 역시 호학의 조건이 된다.

안정적인 심리상태는 공부와 일의 효율을 높이는 데 큰 도움이 된다. 화를 참을 줄 알고 상대방에게 맞서지 않는 사람은 불행을 피하고 아무런 방해도 받지 않은 채 평탄하게 살 수 있다.

안회(B.C.521~?)

춘추시대 노魯나라의 현인. 공자가 가장 신임하였던 제자였다. 공자보다 30세 연소年少이나 공자보다 먼저 죽었다. 학문과 덕이 특히 높아서, 공자도 그를 가리켜 학문을 좋아하는 사람이라고 칭송하였고, 또 가난한 생활을 이겨내고 도道를 즐긴 것을 칭찬하였다. 은군자적隱君子的인 성격으로 "자기를 누르고 예禮로 돌아가는 것이 곧 인仁이다" "예가 아니면 보지도 말고, 듣지도 말고, 말하지도 말고, 행동하지도 말아야 한다"라는 공자의 가르침을 지켰다.

누사덕(630~699)

당나라 정주鄭州 사람. 당태종唐太宗 정관貞觀 중에 진사 시험에 급제했다. 고종高宗 상원上元 초에 감찰어사監察御史에 올랐다. 678년 황명에 응해 종군하여 토번吐蕃에서 여러 차례 승리를 거두었다. 당나라 때 재상에 올라 조정의 업무를 관장했다. 변방 요충지에서 장상으로 30여 년을 근무하면서 많은 공을 세웠다.

5. 물질에 구애받지 않고 인생을 즐겨라

子曰: "賢哉, 回也! 一簞食, 一瓢飮, 在陋巷, 人不堪其憂, 回也不改其樂, 賢哉. 回也!"

자왈: "현재, 회야! 일단사, 일표음, 재누항, 인불감기우, 회야불개기락, 현재, 회야!"

『논어』「옹야雍也」

공자가 말하기를 "안회는 그 얼마나 어진가! 밥 한 공기에 물 한 바가지를 먹고 누추한 집에 살며, 보통 사람은 견딜 수 없는 근심을 즐거움으로 삼고 있지 않는가. 안회顔回의 성품은 정말로 어질도다!"

우리는 물질생활이 신체와 마음에 미치는 영향을 받아들여야 한다. 세속적인 인간은 가난에 부딪히면 자포자기하게 마련이다. 하지만 총명한 사람은 가난하다고 해서 인생을 즐길 수 있는 기회를 놓치지 않는다. 오히려 그들은 가난 속에서 위대한 업적을 남긴다.

송宋나라 신종神宗 희녕熙寧 7년 가을, 항주杭州 통판으로 있던 소동파(蘇東坡: 1037~1101) 가 밀주密州 지주로 부임하게 되었다.

중국에는 예부터 "하늘에는 천국이 있고 땅에는 소주蘇州와 항주杭州가 있다"라는 말이 있을 만큼 항주는 북송 시대 때부터 편리한 교통과 경제적 부유함 때문에 살기 좋은 곳으로 꼽혔다. 이런 항주에 비해 밀주密州는 교통이나 주거, 자연환경 모두 낙후된 곳이었다.

게다가 소동파가 부임할 당시 밀주는 계속되는 흉년으로 도둑이 기승을 부렸으며 먹을 것이 없어 구기자나 국화로 끼니를 때우는 형편이었다. 사람들은 당연히 소동파의 생활이 힘들 것이라며 수군거렸다.

하지만 1년이 지난 후 소동파는 오히려 살이 찌고 그 많던 백발도 검게 변했다. 그 모습을 보고 사람들이 의아해하자, 소동파가 말했다.

"나는 이곳의 순박함이 좋다네. 그리고 여기 사람들 역시 나의 다스림을 기쁘게 받아들이지. 나는 한가할 때는 화원을 가꾸고 물이 새는 지붕을 수리하곤 한다네. 우리 집 북쪽에는 오래된 정자가 하나 있는데 조금 손을 본 후부턴 시간이 있을 때마다 찾아가지. 그곳에 가면 모든 근심을 잊을 수 있거든.

남쪽을 바라보면 마이산과 상산이 희미하게 가까워지기도 하고 멀어지기도 하는데, 그 모습이 마치 초야에 은거하고 있는 군자 같지. 동쪽의 노산은 진秦나라의 노오가 도를 깨우친 곳이라네. 또 서쪽으로 보이는 목릉관은 마치 성곽과 같이 생겼는데 사상부와 제나라 환공(桓公: B.C.716~B.C.643)이 아직도 살아 있는 듯하다네. 북쪽으로는 유하를 굽어볼 수 있지. 그곳을 바라보면 한신(韓信: ?~ B.C.196)의 위대한 업적과 비참한 운명이 함께 생각나지 뭔가!

그 정자는 높고 조용하며, 여름에는 시원하고 겨울에는 따뜻하다네. 그래서 사계절을 불문하고 언제나 그곳을 찾아간다네. 정원의 채소와 과일을 따고 연못의 물고기를 잡으며 고량주를 빚고 밥까지 지어 먹을 수 있는데 그 어찌 기쁘지 아니하겠는가!"

이렇듯 소동파는 인생에 대한 폭넓은 시각과 여유 있는 태도를 가지고 있었다.

청淸나라의 오경재(吳敬梓: 1701~1754) 역시 살아생전에 크게 이름을 날리지는 못했지만, 가난을 탓하며 고귀한 뜻을 저버리지 않고 삶을 즐겼던 인물이다.

연달아 과거에 낙방한 오경재는 더는 시험을 치르지 않기로 결심했다. 대신 고향으로 돌아간 그는 제자를 양성하며 풍자소설 『유림외사』를 썼다. 그는 결코 자신의 불행한 운명을 한탄하거나 가난한 삶을 비통해하지 않았다.

오경재는 겨울에 손이 얼어 글을 쓸 수 없게 되면 친구들을 불러 달리기 시합을 하곤 했다. 달리다 보면 몸이 따뜻해지고, 친구들과 즐겁게 이야기를 나누다 보면 마음이 그렇게 편안할 수 없었다. 그렇게 집으로 돌아온 그는 또다시 평온한 마음으로 글쓰기에 전념할 수 있었다.

세월이 흘러 오경재의 나이도 어느덧 황혼에 접어들었다. 어느 날 밤, 그는 여느 때처럼 친구들과 술잔을 기울이며 이야기꽃을 피웠다. 집으로 돌아온 후에도 여흥이 가시지 않아 몇 잔을 더 마시고는 잠이 들었다. 그러고는 다시 깨어나지 못했다.

유품을 정리하던 친구들은 오경재가 남긴 것이 아무것도 없다는 사실을 알게 되었다. 관을 마련한 친구들은 영정을 양주에서 남경으로 옮겨주고 그를 청량산 아래에 묻었다. 이렇게 평생을 가난하게 살았던 그였지만 누구보다 평화롭고 행복한 죽음을 맞이할 수 있었다.

시대의 인재 오경재는 고귀한 품성과 대단한 재능을 갖추었지만, 평생 가난하게 살았다. 하지만 그는 『유림외사儒林外史』를 통해 진정한 인생이 무엇인지를 사람들에게 알려주고자 했다. 비록 곤궁할지라도 그 속에서 즐거움을 발견해 삶을 즐기라는 인생론을 말이다.

숭고한 이상을 좇으면 그때부터 세상의 번민에서 벗어나며 인생을 즐길 수 있게 된다. 괴롭거나 가난하거나 힘들고 위험할 때도 진정 즐거울 수 있는 것이다. 이것은 경험해 보지 않은 사람들은 쉽게 이해할 수 없는 경지이기도 하다.

소동파(1036~1101)

중국 북송北宋의 시인이자, 학자, 정치가. 본명은 소식蘇軾이다. 당시唐詩가 서정적인 데 대하여 그의 시는 철학적 요소가 짙었고 새로운 시경詩境을 개척하였다. 대표작인 『적벽부赤壁賦』는 불후의 명작으로 널리 애창되고 있다. 소동파는 송나라 최고의 시인이며, 문장에서도 당송팔대가唐宋八大家의 한 사람으로 평가된다.

제환공(B.C.716~B.C.643)

춘추시대 제齊나라 제15대 군주로 춘추오패 중 한 사람이다. 재위 중에 관중을 재상으로 삼고 개혁을 추진했다. 군정軍政합일과 병민兵民합일 제도를 만들어서 강성해지기 시작했다. 당시 제환공은 '존왕양이尊王攘夷'의 기치를 내걸고, 북쪽으로 산융山戎을 공격하고, 남쪽으로 초楚나라를 정벌하여 중원에서 첫 번째 패주霸主가 되었다. 그러나 만년에 관중이 죽고, 역아, 수초 등의 소인배들을 등용시키는 바람에 끝내는 내란 중에 아사했다.

한신(?~B.C.196)

한漢나라의 개국공신으로 소하, 장량과 함께 한초삼걸이라 불린다. 회음淮陰(강소) 지역 출신으로 가난한 집에 태어났으나, 한고조의 승상 소하에게 발탁되어 능력을 발휘하고 대장군에 이르렀다. 한고조 유방劉邦의 진영에서 대장군으로 활동했고, 후에 제나라의 가왕假王이 되었다. 위, 제, 조, 초나라를 멸망시키는 등 유방을 도왔으나, 결국 유방에 의해 목숨을 잃었다. 훗날 '토사구팽兎死狗烹'의 주인공으로 더욱 잘 알려지게 되었다.

오경재(1701~1754)

청나라의 문학자. 명망 있는 관료 집안에서 태어났으나 과거 시험에서 여러 차례 실패를 겪었고, 여기에 가문 내의 변고와 갈등이 겹치면서 방황하다가 33세 때 고향을 버리고 남경南京으로 이주하여 글을 팔아 생계를 이어가면서 불우한 만년을 보냈다. 50세 경에 과거제도를 둘러싼 비리를 통렬히 비판한 풍자소설『유림외사儒林外史』를 완성했다. 아버지가 죽은 뒤 일족이 재산 다툼을 하는 추악상을 보고 반속적反俗的이 되어, 가난한 사람들에게 재산을 나눠주기도 했다.

『유림외사』

청淸나라의 오경재吳敬梓가 지은 풍자소설. 1745~1749년에 발표되었다. 『유림외사儒林外史』에는 학자 · 관료 · 상인 등이 등장하는데, 그들이 명예와 출세를 얼마나 갈망하고, 이를 위해서 얼마나 과거科擧에 골몰했는가를 냉정한 필치로 묘사하고 있다. 이러한 이야기로도 알 수 있듯이, 허위와 출세욕밖에 없는 청나라의 유림(儒林: 유학을 신봉하는 선비의 무리) 세계가 이 작품의 구석구석에 그려져 있다.

6. 중용을 지켜라

> 子曰: "中庸之爲德也, 其至矣乎! 民鮮久矣."
>
> 자왈: "중용지위덕야, 기지의호! 민선구의."
>
> 『논어』「옹야雍也」

> 공자가 말하기를 "중용은 도와 덕의 최고 경지다! 하지만 사람들이 이를 잊은 지 오래라 안타까울 따름이다."

'중용中庸'이 강조하는 바는 매사에 '중간'을 지키라는 것이다. 오른쪽이나 왼쪽으로 치우치지 않고 들쑥날쑥하지도 않고 가지런하게 말이다. 사실 이러한 인생철학은 일상의 수많은 부분에서 필요하다.

음식을 이용해 '중용中庸의 도道'를 설명했던 상商나라(은殷)의 개국공신 이윤(伊尹?~?)은 이를 치국의 '도道'로 승화시켰다.

이윤은 탕왕(湯王: ?~B.C.1600)을 도와 하나라 걸왕의 폭정을 끝맺고 무려 600년 동안이나 명맥을 이어간 상(은)나라를 건국한 인물이다.

이윤은 원래 탕왕의 아내가 시집올 때 데려온 노예로, 왕의 주방장이었다. 그런 그가 국가의 중책을 맡을 수 있었던 것은 모두 남다른 재능과 지혜 때문이다.

이윤이 주방장으로 일할 당시 천하를 두고 걸왕과 싸움을 벌이고 있던 탕은 초조한 마음에 늘 식사를 거르고 잠도 제대로 자지 못했다.

이때 이윤이 절묘한 꾀를 하나 생각해 냈다. 왕에게 올리는 식사를 한번은 짜게 만들고 한번은 일부러 소금을 넣지 않아 싱겁게 만든 것이다.

당연히 탕은 이윤의 음식 솜씨를 나무랐다. 아무 말 없이 왕의 꾸중을 들은 이윤은 이번에는 소금을 적당히 넣어 맛있는 음식을 만들어냈다. 이에 왕이 이윤을 칭찬하며 말했다.

"그대의 음식 솜씨는 과연 비범하구나!"

그러자 이미 뜻한 바가 있었던 이윤이 빙그레 웃으며 답했다.

"이는 칭찬할 일이 못 되옵니다. 음식은 짜서도 안 되고 싱거워서도 안 되지요. 소금만 적당히 친다면 맛이 좋을 수밖에 없습니다. 나라를 다스리는 것 역시 마찬가지입니다. 손을 놓고 나 몰라라 해서도 안 되지만 너무 조급하게 생각해서도 좋을 게 없지요."

맹자孟子는 이런 이윤을 두고 다음과 같이 말했다.

"평화로워도 앞으로 나가고, 혼란한 때에도 앞으로 나가니 과연 이윤이로구나!"

나라가 태평하든 어지럽든 상관없이 이윤은 언제나 중책을 맡을 만한 능력을 갖추었다는 뜻이다. 그것은 그가 언제나 분수와 절도를 지키며 중용의 미덕을 누구보다 잘 알았기 때문에 가능한 일이었다.

옛날 한 바보가 친구 집에 놀러 갔다. 주인은 정성을 다해 음식을 만들어 대접했는데 그만 깜박하고 소금 치는 것을 잊어버리고 말았다.

그러자 바보가 말했다.

"음식이 모두 싱겁구먼."

그제야 실수한 것이 생각난 주인은 서둘러 음식에 소금을 넣었다. 다시 음식 맛을 본 바보가 무언가 깨달았다는 듯 말했다.

"음식 맛이 좋아진 건 소금을 넣었기 때문이지? 그렇다면 소금을 더 넣으면 맛이 더 좋아지겠군!"

말을 마친 바보는 눈앞에 있는 소금을 한 움큼 쥐고 입에 털어 넣었다. 그 결과가 어땠을지는 상상하고도 남으리라.

"일을 하는 데 있어 어느 쪽으로도 치우치지 않는 것을 중용中庸이라 한다. 중용은 한쪽으로 치우침 없이 적당한 것을 행함을 가리킨다."

중용은 나라를 다스릴 때뿐만 아니라 인생을 살아가는 데도 없어서는 안 될 중요한 이치이다. 중용을 실천하려면 무엇보다 인격 수양에 힘써야 한다.

자신을 통제할 수 있는 사람만이 지나침과 모자람 없이 행동하고 감정과 욕망을 적절하게 다스릴 수 있다.

이윤(?~?)

은나라의 탕왕湯王에게 불려 가서 재상이 되어 하나라 걸왕을 토벌함으로써 은나라가 천하를 평정하는 데 공헌했다. 그는 비와 곡식의 풍흉을 꿰뚫어 보는 힘이 있었다고 한다.

탕왕(?~B.C.1600)

고대 은殷나라를 창건한 왕이다. 은나라의 초대 국왕 탕왕은 동이족東夷族이며, 은나라는 동이족들이 세운 나라이다. 삼황오제와 함께 성군聖君의 모범으로 일컬어진다.

7. 멀리 내다보는 안목이 필요하다

子曰: "人無遠慮, 必有近憂"

자왈: "인무원려, 필유근우."

『논어』「위령공衛靈公」

공자가 말하기를 "사람이 먼 장래를 걱정하지 않으면 가까운 미래에 반드시 걱정거리가 생긴다."

언제 닥칠지 모르는 위기에 대비하며 주위 환경을 통제하는 능력을 키우는 것은 매우 중요하다. 우리의 삶과 주변 환경은 계속해서 변하기 때문이다.

무릇 변화에 적극적으로 대처하며 생각의 폭을 넓히고 잠재된 위기를 극복할 수 있어야만 크게 성공할 수 있다.

북송北宋의 장영(張詠: 946~1015)이 숭양현의 지현으로 부임했을 때의 일이다. 당시 집집마다 생업으로 차나무를 재배하는 것을 보고 장영이 말했다.

"찻잎을 재배하는 것은 분명 커다란 이문을 남길 수 있다. 하지만 훗날 관부에서 이를 독점할 위험이 있으니 아무래도 재배 작물을 바꾸는 것이 좋겠구나."

장영은 즉시 차나무를 뽑아버리고 뽕나무를 심어 양잠을 하도록 권했다. 그러자 백성의 불만이 하늘을 찌를 듯했다.

그런데 얼마 후 장영의 말대로 나라에서 찻잎 생산을 독점하기 시작했다. 다른 지역 주민들은 하루아침에 밥그릇을 잃고 말았지만 숭양현 사람들은 매년 수백만 필에 이르는 비단을 생산해 많은 돈을 벌 수 있었다.

마을 주민들은 장영에게 감사하는 마음을 담아 그를 기리는 사당을 세웠다.

송宋나라 인종(仁宗: 1010~1063, 중국 송나라의 제4대 황제)이 말년에 건강이 나빠지면서 갑자기 난폭해지면 궁 안팎의 사람들은 모두 두려움에 떨 수밖에 없었다. 이때 희대의 명신 문언박(文彦博: 1006~1097)과 인품이 그리 높지 못했던 유항이 함께 재상의 자리에 올랐다.

어느 날 밤, 문언박이 시급한 용무를 처리하느라 궁궐 내에 머물고 있을 때였다. 갑자기 개봉부의 지부 왕소가 다급히 궁궐 문을 두드리며 문언박을 찾았다.

그러자 문언박이 짐짓 불쾌한 표정으로 왕소를 돌려보내며 말했다.

"지금이 몇 시인 줄 아느냐? 감히 한밤중에 찾아와 궁궐 문을 두드리다니!"

다음 날, 다시 궁을 찾은 왕소는 지난밤 금군의 병사 하나가 자신을 찾아와 도오후(금군의 우두머리)가 모반을 꾀하려 한다는 사실을 알려왔다고 전했다.

그의 말은 들은 대신들은 즉시 도오후를 잡아들여야 한다고 했지만 문언박은 고개를 가로저으며 말했다.

"그렇게 하면 일이 커지고 민심 또한 불안해질 것입니다."

문언박은 대신 금군의 지휘관 허회덕을 불러 물었다.

"도오후는 어떤 사람이냐?"

갑작스러운 문언박의 물음에 허회덕이 대답했다.

"그는 금군 중에서 가장 충직한 사람입니다."

"자신할 수 있느냐?"

문언박이 되묻자 허회덕이 자신 있게 말했다.

"그렇습니다."

면담을 마친 문언박이 좌중을 둘러보며 말했다.

"분명 도오후와 원한이 있는 병사가 그를 모함했을 겁니다. 반드시 그 자를 잡아들여 참수해야 합니다."

대신들 모두 그의 뜻에 따랐다.

잠시 후 문언박이 처형 문서에 서명하려는 순간, 갑자기 옆에 있던 한 대신이 슬쩍 그의 무릎을 쳤다. 그러자 문언박은 문득 무언가를 깨달은 듯 유항에게 서명을 해달라고 부탁했다.

얼마 뒤 인종의 병세가 어느 정도 호전되자 유항은 문언박을 모함하기 시작했다.

"폐하께서 몸져누워 계실 때 문언박이 모반을 고발한 병졸을 제멋대로 참수했습니다."

구구절절 설명하지는 않았지만, 대단한 악의가 담긴 말이었다. 그의 이야기는 분명 문언박을 모반의 배후 조종자로 지명하고 있었다.

그러나 문언박文彦博은 유항이 서명한 처형 문서를 보여줌으로써 황제의 의심을 거둘 수 있었다. 만약 유항의 서명을 받아두지 않았다면 그는 변명의 여지 없이 목숨을 내놓아야 했을 것이다.

사람은 무릇 생각을 하거나 일을 처리할 때 눈앞의 상황은 물론이거니와 먼 미래까지 고려해야 한다. 그렇게 해야 모든 상황을 사전에 적당하게 계획하여 생각지도 못한 위험이 발생하는 것을 막을 수 있다. 무슨 일을 하든 장기적인 안목과 미래를 바라보는 통찰력(洞察力: 사물을 환히 꿰뚫어 보는 능력)이 없다면 성공할 수 없다.

장영(946~1015)

북송北宋 시기의 관리이자 문학가로 복주濮州 견성鄄城 사람이다. 태평흥국太平興國 5년(980)에 진사 출신으로 벼슬은 대리평사大理評事, 지숭양현知崇陽縣, 추밀직학사樞密直學士, 예부상서 등을 역임했다.

송인종(1010~1063)

북송北宋의 제4대 황제. 중앙집권적 관료 지배도 안정되고, 과거제도도 정비되어 사마광司馬光 등의 명신이 정치를 맡아 북송의 최전성기를 맞았다. 그러나 관리와 군인의 부패, 기근 등으로 어려움이 있었으며, 대외적으로는 서하西夏의 침입과 요遼나라에 대한 세폐歲幣의 증액, 국방병력의 증대 등으로 말년에는 재정 곤란에 빠졌다.

문언박(1006~1097)

북송 때의 정치가, 재상. 서하西夏 대책에 공을 세웠다. 철종 즉위 후 정계의 원로로서 중신이 되었다. 50년 이상 네 명의 황제를 섬긴 송나라의 사대부였다. 그는 인종 황제의 재위 동안 재상을 지냈으며, 전후 50년에 걸쳐 장상將相의 지위에 있으면서 사방의 이민족에게까지 명성을 떨쳤다.

2장

삶의 원칙 세우기

1. 성공한 사람이 갖춘 4가지 성품

90년대 초 A 씨가 미국유학을 마치고 귀국했을 때 언론사에 다니는 친구가 『대학大學』과 『논어論語』 등 유교경전儒敎經典을 공부하러 서당에 다니자고 권유했다. A 씨는 일언지하에 거절했다. "지금이 어느 시대인데 공자 왈, 맹자 왈, 할 시간이 어디에 있겠느냐"라는 편견 때문이었다.

당시 A 씨의 뇌리에는 공자는 고루하고 퇴행적이고 폐쇄적이라는 이미지가 각인되어 있었다. 아마도 조선왕조가 사색당파(四色黨派: 조선 중기 이후, 사상 차이로 갈라선 노론, 소론, 남인, 북인의 네 당파)와 명분론(名分論: 어떤 일에 있어서 반드시 지켜야 할 도리나 분수를 중요하게 내세우는 입장이나 주장)에 얽매어 결국 나라를 일본에 빼앗기고 통한의 역사를 만든 책임이 유교에 있다고 생각했기 때문인지도 모른다. 또 미국에서 공부하며 자신도 모르게 서양에 대한 막연한 동경이 마음 한쪽에 강하게 자리를 잡고 있었을 수도 있다.

그러나 이후 A 씨는 서울 혜화동에 있는 서당에서 『대학』과 『논어』를 배우며 공부할 때마다 감동을 하지 않은 날이 없었다. A 씨와 함께 공부하는 많은 동문들도 똑같은 느낌을 가지고 있다. 논어를 공부하다 보면 공자를 모를 때에 가졌던 선입견을 도저히 발견할 수 없기에 더욱 그러한 마음이 든다. 오히려 공자는 인품과 유연한 자세에서 오늘날에도 그대로 적용할 수 있는 다양한 지혜를 공급해 주고 있다.

『영어로 배우는 논어』라는 책을 발간하여 화제를 모았던 서지문 교수 역시 공자에 대한 느낌을 이렇게 표현한다.

"논어에서는 상당히 의외의 구절을 가끔 만나게 된다. 그것은 대개 우리가 공자에 대해서 아직도 케케묵은 선입견을 버리지 못했기 때문이다. 공자는 신념이 강했기 때문에 자기주장이 강했을 것 같고 고집도 세었을 것 같은데 그 반대였다고 한다. 그래서 공자의 가르침은 늘 신선하다."

이처럼 A 씨가 장황하게 설명하는 이유는 다음에서 소개하는 공자의 가르침이 공자에 대한 고정관념이나 부정적인 선입견을 일시에 씻어주는 역할을 하는 까닭이다.

子絶四 毋意毋必毋固毋我

자절사 무의무필무고무아

『논어』「자한子罕」

공자께서 하지 않았던 네 가지는 자의恣意성이 없고,

기필期必이 없고, 고집固執이 없고, 독존獨尊이 없는 것이다.

(공자께서 하지 않았던 네 가지는 사사로운 뜻을 앞세워 억측하는 일이 없으셨고, 기필코 해야 한다며 독단하는 일이 없으셨으며, 자신만 옳다고 무리하게 고집부리는 일이 없으셨고, 자신만을 내세워 아집을 부리며 자만하는 일도 없으셨다.)

공자의 고매한 인격을 엿볼 수 있는 대목이다. 공자가 시대와 공간을 초월하여 스승으로 추앙받는 이유는 이런 인품에서 비롯되었다. 공자가 근절했던 네 가지는 오늘날 지식사회에서 더욱 요구되는 덕목이기에 공자의 가르침에 귀 기울이지 않을 수 없다. 나만 옳다고 여기며 소통하지 않는 요즘 사람들이 꼭 마음에 새겨야 할 교훈이다.

먼저 '무의毋意'는 공자가 자의恣意성이 없다는 뜻이다. 인간은 사람을 만나면 자신의 잣대로 판단하려는 속성이 있다. 그래서 한 번 박힌 선입견을 불식시키기란 여간 힘든 일이 아니다. 사람을 외모로 판단하다 보면 자칫 자의적으로 흐르기 쉽다. 자의성은 대화 부족에서 비롯되는 경우가 대부분이다. 의사결정을 할 때도 충분한 토론을 통해 결론을 내리면 자의성은 줄어들게 된다. 오늘날 어떤 조직이든 리더의 자의적인 판단에 따라 의사결정이 이루어진다면 경쟁력 있는 조직이 되기란 어려운 일이다. 자의적으로 일을 하고 싶어 하는 사람은 자신이 얼마나 어리석은 사람인가를 깨달아야 한다.

'무필毋必'은 공자가 기필期必코란 말을 주장하지 않았다는 뜻이다. 반드시 이렇게 해야 한다는 식으로 융통성 없게 행동하는 사람들이 적지 않다. 우리가 일상적인 삶 속에서도 "하늘이 두 쪽 나도"라든가 "하늘에 맹세코"와 같은 표현은 사실 듣는 사람들에게 때로는 큰 부담으로 다가오는 경우가 있다. 상대방 입장에서 생각하고 입장을 바꿔서 헤아려보면 기필코란 말은 수정이 불가피할 경우가 생겨난다.

'무고毋固'는 무조건 고집을 피우지 않았다는 뜻이니 공자의 큰 매력이다. 사람이란 나이가 들면 대체로 고집이 더 세지는 경향이 있다. 그러나 공자는 60이 되어 이순耳順의 경지에 이르러 다른 사람들이 말할 때 귀에 순하게 들렸다고 하는데 이런 특성과도 관련이 있어 보인다. 나이가 들면 노욕(老慾: 늙은이의 욕심)이 생겨 고집이 더욱 견고해지는 경향이 있다. 주위에서 많은 사람들이 노인의 고집과 맞서기를 꺼리는 이유이다. 나이가 들수록 자신의 고집을 줄이고 젊은 사람들의 의견에 귀를 기울이는 노력이 더욱 요청되는 이유이다.

'무아毋我'는 '독존獨尊'이 없었다는 뜻이다. 우리는 흔히 "내가 아니면 안 된다"라는 생각을 하기가 쉽다. 공자는 자기의 주장이 강했으나 반드시 자신만이 옳다고 여기지 않았던 것으로 보인다. 공자가 14년 동안 천하를 돌아다니면서 관직에 발탁되지는 않았지만, 영원한 스승의 길로 가게 된 배경도 성숙한 인품이 뒷받침되었기에 가능했다.

이제 리더의 역할이 달라지고 있다. 강한 카리스마가 아니라 구성원들의 의견과 목소리에 귀를 기울이면서 참여와 협력을 바탕으로 파트너십을 형성해야 한다. 수평적인 조직 구조에서 리더의 덕목도 변화되고 있는 것이다. 공자가 절제했던 "무의무필무고무아毋意毋必毋固毋我"의 철학은 오늘날에도 필요한 덕목으로 요구된다. 상대방을 배려하고 존중하는 리더십을 발휘하기 위해서는 "무의무필무고무아毋意毋必毋固毋我"의 네 가지가 뒷받침되어야 한다.

하지만 이것만 강조하다 보면 자칫 유약한 리더십으로 비칠 수도 있다. 그러므로 리더가 전문성을 갖추고 무의무필무고무아의 정신으로 무장하면 공자의 가르침은 상당한 호환성을 갖게 된다. 논어가 주는 매력은 끝없는 상상력에 있다. 직장에서 하루일과를 시작할 때 공자가 제시한 "무의무필무고무아"의 거울에 자신을 비추어 보며 다른 사람을 배려하고 격려하는 리더십을 실천해 보자.

2. 하늘을 우러러 한 점 부끄럼이 없기를

공자는 현실적인 인물이었다. 정도를 걸으며 현실에 발을 붙이고 고뇌하며 문제를 해결하려는 실용주의 사고를 했다. 그래서 공자가 말하지 않은 네 가지가 바로 괴력난신(怪力亂神: 괴이怪異, 용력勇力, 패란悖亂, 귀신鬼神을 아울러 이르는 말. 이성적으로 설명하기 어려운 불가사의한 존재나 현상)이다. 즉, 괴상한 일(怪), 무력을 사용하는 일(力), 덕을 어지럽히는 일(亂), 알 수 없는 귀신(神)에 대한 일은 언급을 회피했다.

특히 '귀신鬼神'에 대해서는 신중한 입장을 취했다. 제자 자로(子路: B.C.542~B.C.480)가 귀신을 섬기는 것에 관해 묻자, "사람도 제대로 섬기지 못하는데 어찌 귀신을 섬길 수 있겠는가?"라고 대답했다. 다시 죽음에 관해 물었을 때 "살아 있는 것도 잘 알지 못하는데 어찌 죽음을 알 수 있겠는가?"라고 답했을 정도다. 공자의 75대 직계자손인 공건孔建 선생은 그의 저서 『일본 속의 신논어학』에서 "유교儒教는 종교가 아니다. 끊임없이 공자를 교주화하려는 시도가 있었지만, 유교는 학문체계이다. 따라서 공자는 위대한 사상가이며 교육자였다"라고 말한다. 그렇지만 공자는 신의 존재에 대해서는 믿었다.

獲罪於天 無所禱也

획죄어천 무소도야

『논어』「팔일八佾」

하늘에 죄를 지으면 기도할 곳이 없다.

공자는 하늘에 죄를 짓지 말라고 강력한 메시지를 보내고 있다. 하늘은 인간의 모든 행위와 죄를 티끌 하나까지라도 꿰뚫어 보고 있으므로 하늘은 경외와 두려움의 대상이다. 하늘은 양심의 소리를 전해 준다. 일시적으로 사람의 눈을 피할 수는 있지만 절대자인 하늘의 눈을 피할 수는 없다.

공자는 하늘의 뜻에 순종하는 순리의 삶이 아름답다고 말한다. 인간이 죽고 사는 것은 운명에 있고, 부자가 되고 귀하게 되는 것은 하늘에 있기 때문이다. 하늘의 공명정대함을 믿으면서 이 땅에 '인仁'을 실천하고 도덕 정치의 실현을 위해 평생을 노력하였다. 이 과정에서 의로운 길이라면 하늘이 함께 하지만 의롭지 않다면 하늘이 함께 하지 않을 것으로 생각했다. 그래서 '죄를 지으면 기도할 곳이 없다'라는 '획죄어천 무소도야(獲罪於天 無所禱也)'를 강조하였다. 이 하늘 사상은 맹자에게 이어져 "하늘의 뜻을 따르는 자는 생존하고, 하늘의 뜻을 거스른 자는 망한다"로 발전한다.

공자는 하늘을 전지전능한 거울이라고 생각했다. 공자 시절에는 농경사회인지라 사람들의 눈만 피하면 죄도 감출 수 있었다. 하지만 하늘이 알고 있으므로 사람을 일시적으로 속일 수 있을지는 몰라도 하늘을 속일 수 없다고 설명한다. 오늘날은 디지털 시대다. 보는 사람이 없더라도 CCTV가 있어 사람을 감시하고 있다. 미궁에 빠졌던 범죄가 CCTV의 도움으로 범인이 잡혀 해결되는 경우를 자주 보게 된다.

또 과거에는 오래된 사건의 경우 "기억이 나지 않는다"라고 말하면 피해 갈 수 있었으나 녹화된 장면이 발견되어 거짓이 탄로 나기도 한다. 또한 휴대폰 카메라로 누가 언제 어디서 자기 행동을 찍어 놓을지 모를 정도로 점점 비밀이 없어지는 시대로 접어들고 있다. 전화한 내용도 전부 추적이 가능하다. 어디 그뿐인가. 자신의 컴퓨터에 기록한 내용을 지워도 전문가가 있어 얼마든지 복원이 가능하다.

이제 정말 죄를 지으면 지상에서도 피할 길이 없는 시대가 되고 말았다. 2,500년 전 농경시대에 공자가 주장한 하늘 사상이 디지털 시대와 함께 더욱 현실화하고 있다. 지금부터는 모든 것이 공개된다고 생각하고 사는 것이 오히려 마음 편하고 지혜롭다는 생각마저 든다. 이제 개인이든 조직이든 투명성과 윤리성은 점점 강화되고 있으며 상식이 되어가고 있다. 우리의 일거수일투족(一擧手一投足: 손 한 번 들고 발 한 번 옮긴다는 뜻으로, 크고 작은 동작 하나하나를 이르는 말)이 하늘의 거울에 의해 평가되듯이 감추는 것이 없어야 하는 시대로 진입했다는 느낌을 받는다.

안타깝게도 우리 인간은 비밀을 지킬 능력이 없다고 한다. 세 사람이 있는 곳에서 말하고서 비밀이 지켜지기를 바라는 사람은 어리석은 사람이다. 하늘을 맹세코 부인하면 입증할 길이 없어 결국 진실게임에 빠지고 만다. 세 명 모두 하늘을 끌어들이고 있지만 분명히 누군가는 거짓말을 하고 있기 때문이다. 둘 사이에 오간 대화도 비밀을 지키는 데는 한계가 있다. 두 사람이 사이가 좋을 때는 가능하지만 사이가 나빠지면 이 역시 비밀을 지키기가 힘들다. 혼자 한 행동도 비밀을 지키기가 어렵다. 하늘이 알고 있기 때문이다.

미국의 P&G(프록터 앤드 갬블The Procter & Gamble Company, P&G는 미국의 소비재 생활용품 제조 판매 기업이자 다국적 지주회사)에는 직원들의 행동강령으로 '뉴욕 타임스 룰'이라는 게 있다. 직원들은 "회사 내에서 일어나는 어떤 일이라도 미국 최대 신문인 뉴욕 타임스의 1면에 기사화됐을 때

부끄러움 없이 떳떳할 수 있어야 한다"라는 내용이다. 이러한 윤리경영을 실천했기 때문에 1837년도에 설립된 P&G는 180년 이상 장수하는 기업이 될 수 있었다.

윤동주(尹東柱: 1917~1945) 시인은 "죽는 날까지 하늘을 우러러 한 점 부끄럼이 없기를 잎새에 이는 바람에도 나는 괴로워했다"라고 노래했다. 파란 하늘을 바라보며 공자가 외친 "획죄어천獲罪於天 무소도야無所禱也(하늘에 죄를 지으면 기도할 곳이 없다)"의 의미를 음미해 보자.

자로(B.C.542~B.C.480)

노나라의 정치가이자 무인이다. 공자의 여행 동안 고난을 함께하였다. 주로 공자의 호위를 자처하며 시기하는 무리로부터 공자를 여러 번 지켜내기도 했다. 자공子貢, 안연顔淵과 함께 공자의 제자 중 가장 잘 알려진 인물로, '자공이 지智' '안연이 인仁'으로 유명하듯 '자로는 보통 용勇'에서 으뜸가는 인물로 꼽힌다.

『일본 속의 신논어학』

공자의 가르침을 현대의 생활 속에서 쉽게 풀어낸 책. 문화대혁명과 중국 현대사의 사상 탄압 분위기 속에서도 공자의 사상을 지켜오던 공자의 75대손인 공건이 오늘날에 이르러 재조명받고 있는 공자의 사상을 새롭게 풀이하였다. 몇 해 전부터 공자와 논어에 대한 재평가가 이루어지고 관련 서적의 붐이 일어나고 있는 일본 속에서 공자의 사상을 재발견하고 평가한다.

윤동주(1917~1945)

일제강점기의 시인, 독립운동가. 죽는 날까지 하늘을 우러러 한 점 부끄럼이 없기를 잎새에 이는 바람에도 괴로워했던 시인 윤동주. 그의 생애는 짧았지만 음울하고 가혹한 시대 상황 속에서 반드시 여명은 오리라 믿고 써 내려간 주옥같은 시어詩語들은 오늘날까지 해맑은 영혼의 징표로 남아 있다. 최근 학계에서는 윤동주를 '일제 말기 독립의식을 고취한 애국적 시인'으로 평가하고 있다. 그가 남긴 100여 편의 시는 진실한 자기성찰을 바탕으로 순수하고 참다운 인간의 본성을 되새기게 함으로써 후인들에게 깊은 감동을 주고 있다.

3. 마음을 얻는 데서 시작하라

공자는 평생 동안 '인仁'의 실천을 위해 헌신해 왔다. 인간에 대한 무한한 사랑이 있기에 가능했다. 공자는 사람을 존귀하게 여기고 특히 마음을 얻는 것을 중요하게 생각했다. 공자의 인간 존중人間尊重 사상을 잘 나타내는 구절이 있다.

> 三軍可奪帥也 匹夫不可奪志也
> 삼군가탈수야 필부불가탈지야
>
> 『논어』「자한子罕」

> 삼군을 통솔하는 장수는 빼앗을 수 있어도,
> 한 사나이의 굳은 의지는 빼앗을 수 없다.

공자 당시에 삼군三軍은 제후諸侯들이 가질 수 있는 가장 많은 군대의 규모였다. 일군一軍이 1만 2,500명이었으니 삼군三軍은 3만 7,500명이다. 이처럼 막강한 군대를 호령하는 총사령관을 빼앗을 수는 있다. 그러나 이름도 없고 빛도 없는 평범한 소시민인 필부匹夫의 마음을 빼앗을 수는 없다. 공자는 그만큼 인간을 존귀하게 여겼고 남의 인격과 인권을 소중하게 생각했다. 힘없는 한 사나이의 마음을 사로잡는 것이 힘 있는 총사령관을 빼앗는 것보다 더 어렵다는 점을 간파했다.

인간의 존엄성을 강조한 말이 아닐 수 없다. 삼군三軍의 총사령관이라는 인간이 준 지위보다는 개인이 각자 마음속에 지닌 굳은 의지가 더욱 강력한 위치를 차지하고 있다는 뜻이다. 진정한 사랑의 실천은 다른 사람의 인격을 존중할 때 이루어진다. 힘과 권력으로 사람을 굴복시킬 수는 있다. 하지만 그 마음까지야 빼앗을 수는 없는 법이다. 사람의 마음은 들풀과 같다. 들풀은 바람이 불면 고개를 숙인 채 바닥에 엎드릴 뿐이다. 바람이 지나가고 나면 다시 고개를 내민다. 아무리 힘없는 존재일지라도 그 마음을 억지로 뺏기란 어려운 일이다. '필부불가탈지야(匹夫不可奪志也: 한 사나이의 굳은 의지는 빼앗을 수 없다)'의 좋은 사례를 세계적인 명저 『죽음의 수용소』의 저자인 빅터 프랭클Viktor Frankl(1905~1097) 박사가 보여주고 있다.

그는 오스트리아의 정신의학자로서 의사로 활약하다가 2차 대전 중 히틀러 치하에서 유대인이라는 이유로 부모, 아내, 두 자녀와 함께 체포되어 아우슈비츠 강제 수용소에 끌려가 처참한 생활을 하였다. 그리고 가족 모두 수용소에서 억울한 죽임을 당한다. 이러한 시련을 통하여 그는 생사의 문턱에서 인간의 존엄성에 대한 하나의 진리를 깨닫게 된다. 자신이 반드시 살아남아 수용소에서 일어난 일을 알려야겠다는 목표가 있어서 생존

의지가 생겼다.

결국 살아남아 자기 경험을 책에다 담았다. 이 책 속에서 저자는 삶의 의미를 아는 사람과 알지 못하는 사람의 차이에 대하여 실감 나게 기록하고 있다. 체력이 좋은 사람들이나 민첩한 사람들이 오히려 먼저 무너지고 허약해 보이는 사람들이 끈질기게 버티어 나갔다. 처음에는 이런 현상을 이상하게만 여기다가 점차 그 이유를 알게 되었다.

수용소의 처참한 조건에서 견디어 나가는 사람들은 다름 아닌 고난의 의미를 깨닫는 사람, 삶의 뜻을 알고 있는 사람들임을 알게 되었다. 극심한 고통 중에서도 이웃 동료들을 돕는 마음을 지닌 사람, 자신을 희생할 줄 아는 사람들이 오히려 살아남는다는 사실을 관찰하게 된 것이다.

반면에 아무리 인간적으로 탁월하고 체력이 좋아도 삶의 의미를 모르는 사람들은 고난을 견디지 못하고 쉽사리 무너짐을 보게 되었다. 그는 언제 끌려가 죽을지 모르는 극한의 고통 속에서 살아남을 수 있었던 비결을 "나를 둘러싼 환경이 아무리 억압적이고 혹독할지라도 외부 상황에 대한 나의 태도만은 내가 선택할 수 있다는 깨달음이었다"라고 밝히고 있다. 그는 자신의 이러한 경험을 토대로 로고테라피(logotherapy: 실존 분석적 정신요법)라는 의미 요법을 개발하여 심리치료에 활용했다.

어떤 억압 속에서도 마음을 빼앗을 수 없다는 '필부불가탈지야(匹夫不可奪志也: 한 사나이의 굳은 의지는 빼앗을 수 없다)'의 생생한 사례를 프랭클 박사가 증언하고 있다. 그러면 마음을 빼앗을 수 있는 비결은 무엇일까. 그것은 바로 마음을 얻는 것이다. 인간은 순수한 마음으로 상대방을 존중하고 배려하면 감동한 나머지 닫힌 마음의 문을 열게 된다. 이솝 우화에 나오듯이 사나운 바람은 나그네의 겉옷을 벗길 수 없다. 따뜻하고 부드러운 햇볕만이 길 가는 나그네의 두터운 외투를 벗길 수 있다.

오늘날에는 사람들의 마음을 헤아리지 않으면 생존이 어려운 시대가 되었다. 사람들의 마음을 얻을 때 구성원들이 잠재 능력을 최대한 발휘할 수 있기 때문이다. 무엇보다도 정치인들이 국민의 목소리를 듣는데 귀를 기울여야 한다. 기업의 경영자들도 직원들의 소리에 경청(傾聽: 남의 말을 귀 기울여 주의 깊게 들음)하는 자세가 필요하다. 작은 목소리에 귀 기울일 때 기적이 일어나는 법이다. 경청傾聽은 직원들과 눈높이를 맞추고 진정한 마음으로 가까이 다가갈 때 가능해진다. 그렇지 않고는 필부匹夫의 마음을 얻을 수 없는 까닭이다.

가정과 직장과 사회에서 구성원들의 마음을 사로잡는 지름길은 그들을 고귀한 존재로 여기고 순수한 마음으로 다가갈 때 가능하다. 만나는 사람들에게 '필부불가탈지야匹夫不可奪志也'라고 외친 공자의 참뜻을 이해하고 가슴으로 다가가자.

빅터 프랭클Viktor Frankl(1905~1997)

오스트리아 출신의 유대계 정신과 의사이자 심리학자로서, 실존주의 치료의 하나인 의미치료를 창시하였다. 1944년에는 아우슈비츠 수용소로 이송되었으며, 이후 다시 다카우 수용소로 옮겨져 5개월간은 강제 노역을 하고 1945년 미군에 의해 해방될 때까지는 의사로서 근무했다. 수용소에서 극한의 상황을 경험하면서 그는 수용소 안에서도 어떠한 상황에서도 기품을 잃지 않는 사람들과 반대로 절제되지 않고 무질서한 삶을 사는 사람들이 있음을 발견하면서, 삶에 대한 태도와 의미 추구가 중요함을 강조하게 되었다. 수용소에서의 경험을 담은 그의 책은 『죽음의 수용소에서(Man's Search for meaning)』로 출판되었다. 심리학과 정신의학, 신학 분야에 대한 공로로 많은 상을 받았다.

『죽음의 수용소』

빅터 프랭클Victor Frankl 박사의 자전적 수기로, 실제 아우슈비츠 수용소에서 겪었던 비인간적인 대우를 심리학자이자 의사의 입장에서 쓴 글이다. 따라서, '아우슈비츠에 매우 증오심을 품은 유대인'의 입장이 아닌, '아우슈비츠에서 인간의 정신상태를 진지하게 고찰한 심리학자'의 입장에서 서술되었다.

4. 인생 발전 6단계

세계 4대 성인聖人으로 추앙받는 공자의 삶은 파란만장했다. 출생부터가 순탄치 않았다. 공자는 B.C.551년에 무인으로서 60세가 넘은 아버지 숙량흘叔梁紇과 젊은 어머니 안징재顔徵在 사이에서 태어났다. 공자가 세 살 때 아버지가 세상을 떠나자, 홀어머니 밑에서 가난한 생활을 하지 않으면 안 되었다. 19세에 결혼을 하고 20세 때 말단 벼슬자리를 얻었으나 어머니마저 세상을 떠났다.

35세 때 노魯나라에 내란이 일어나자 제齊나라로 갔다가 37세 때 다시 돌아왔다. 55세 때부터 천하를 주유하며 자신의 사상과 정치철학을 믿고 발탁해 줄 군주를 찾아다녔으나 등용의 기회가 오지 않자 이를 포기하고 14년 동안의 주유 생활을 마감하고 고향으로 돌아와 후진 양성에 전념한다. 공자 살아생전에 아들 백어伯魚와 수제자 안회顔回가 세상을 떠나자, 공자의 슬픔이 극에 달했다. 공자는 73세를 일기로 우여곡절과 영욕이 교차한 인생을 마감했다.

공자는 말년에 자신의 일생을 돌아보며 10년 단위로 인격의 발전단계를 정리함으로써 역사에 남는 삶의 가이드라인을 제시했다.

1. 吾十有五而志于學: 오십유오이지우학: 나이 열다섯에 학문에 뜻을 두었고,
2. 三十而立: 삼십이립: 서른에 뜻이 확고하게 섰으며,
3. 四十而不惑: 사십이불혹: 마흔에는 미혹되지 않았고,
4. 五十而知天命: 오십이지천명 : 쉰에는 하늘의 소명을 알았고,
5. 六十而耳順: 육십이이순: 예순에는 남의 말이 귀에 순하게 들렸고,
6. 七十而從心所欲不踰矩: 칠십이종심소욕불유구: 일흔에는 마음을 따라 해도 법도에 어긋나지 않았다.

『논어』「위정爲政」

(나는 열다섯에 학문에 뜻을 두었고, 서른에 자립했다. 마흔에는 흔들리지 않는 신념을 가졌으며, 쉰에는 하늘이 내게 부여한 사명을 알았다. 예순에는 시비에 얽매이지 않게 되었고, 일흔이 되니 마음이 가는 대로 하여도 법도에 어긋나지 않았다.)

인생을 6단계로 구분한 공자의 가르침은 우리에게 잘 알려진 내용이다. 15세에 학문에 뜻을 두고, 30세에 확고한 뜻을 세움으로써 공자는 평생학습과 평생교육을 습관화시켰다. 15년의 학습 기간이 공자의 철학과 사상의 학문적 기초가 되었다고 할 수 있다. 이런 학문적 소양이 있었기에 공자의 인품은 세월의 흐름과 함께 성숙해 갈 수 있었다. 그래서 마흔을 '불혹不惑', 쉰을 '지천명知天命', 예순을 '이순耳順', 일흔을 '불유구不踰矩'의 나이로 표현하여 일생을 통해 귀감이 되는 명언을 남겼다.

많은 사람이 공자의 이와 같은 인생 구분이 오늘날에도 가슴에 와닿는다고 말한다. "역시 공자님이야"라는 감탄과 함께. 그런가 하면 어떤 사람은 "공자님 같은 성인聖人이나 가능한 일이지, 범인(凡人: 평범한 사람)들은 흉내조차 낼 수 없다"라고 겸손하게 표현하기도 한다. 무엇보다도 60, 70세가 되어도 불혹(不惑: 미혹되지 않다)의 단계를 뛰어넘는 게 쉽지 않다는 고백이다.

나이가 들수록 노욕(老慾: 늙은이의 욕심)이 생겨 유혹이 더욱 많아지기 때문이란다. 불혹의 문턱을 넘지 못하다 보니 나이가 들어도 다음 단계로 진입이 어려워진다. 더욱이 '사오정 오륙도(40대나 50대에 정년퇴직한다는 '사오정', 50대~60대까지 회사 다니면 도둑이라는 뜻의 '오륙도')'란 유행어에서 알 수 있듯이 정리해고, 명예퇴직 등 고용불안으로 인해 생존을 위한 40대의 몸부림은 '불혹不惑'의 경지를 한층 어렵게 만들고 있다.

40대를 비롯한 모든 사람에게 다가오는 유혹의 본질은 기본과 원칙을 벗어나려는 데서 생긴다. 결과지상주의에 익숙한 나머지 과정을 생략하려는 욕구가 수시로 밀려온다. 투명성과 윤리성이 리더십의 소중한 덕목으로 강조되는 이유도 불혹의 단계로 진입하기 위한 좋은 수단이 되고 있다.

그렇다면 유혹을 극복할 수 있는 보다 확고한 방법은 없을까. 그것은 '지천명(知天命: 하늘이 내게 부여한 사명을 알았다)'을 깨닫는 것이다. 모든 세상사에 하늘의 뜻이 있음을 안다면 불혹도 이순耳順의 경지도 가능하리라 보기 때문이다. 그래서 '지천명知天命'은 50세가 되기 전에 40, 아니 30세에라도 알 수 있다면 좋겠다는 생각이다. 자신의 사명과 세상사의 이치를 일찍 터득할수록 불혹의 단계가 공고해지는 까닭이다.

시각장애자로서 미국 백악관의 차관보에 오른 강영우(姜永祐:

1944~2012) 박사가 대충 살고 싶다는 유혹을 이겨낼 수 있었던 원동력도 '지천명知天命'에서 비롯되었다. 중학교 때 축구하다가 실명을 한 후 실의에 빠져 자살을 기도했지만 뜻을 이루지 못했다. 그러다가 "최초의 맹인 교수가 되어 맹인도 사회적으로 떳떳하게 성공할 수 있다는 모습을 보여줌으로써 맹인들에게 빛과 소금이 되고 싶다"라는 사명감을 확실하게 깨달은 후 인생이 달라지기 시작했다. 일찍이 '지천명知天命'을 했기에 점자를 배워 대학에 가고 미국 유학을 해서 박사학위를 받고 한국인으로서는 미국에서 가장 높은 자리에 오를 수 있게 되었다.

그는 자신의 경험을 살려 『우리가 오르지 못할 나무는 없다』를 저술하여 불우한 환경 속에서 절망에 빠져 신음하는 사람들에게 희망을 전해주었다. 특히 정상인들을 향해 "장애인인 나도 이렇게 살아가는데 무엇이 부족한가. 인간에게 내재한 무한한 잠재 능력을 깨우라"라고 격려하고 있다.

경제학에 후발자의 이점(latecomer's advantage)이란 말이 있다. 우리가 공자로부터 배울 수 있는 것은 단계를 압축하고 지름길이 무엇인가를 찾는 것이다. 자신의 사명使命을 깨달으면 나이에 상관없이 '지천명知天命'의 단계에 들어갈 수 있다. 60세가 되어서도 천명天命을 깨닫지 못하면 불혹의 문턱에서 머뭇거릴 수밖에 없다. 또 자신의 사명使命을 깨달으면 남의 말이 역겹게 들리지 않아 '이순耳順'의 경지에도 이를 수 있다. 나아가 마음이 내키는 대로 행동해도 법도에 어긋남이 없는 '불유구不踰矩'의 단계로 진입할 수 있을 것이다.

40대가 되면 불청객인 노안老眼이 찾아온다. 멀리 있는 것은 잘 보이는데 가까이 있는 것이 잘 보이질 않는다. 가까이 있는 것을 잘 보려면 돋보기를 끼지 않으면 안 된다. 왜 노안이 찾아오는 것일까. 그것은 아마도 40

대부터는 가까이 있는 것을 너무 세밀하게 보지 말고 멀리 보라는 뜻일 거다. 보여도 못 본 체하라는 의미다. 젊어서는 나무를 보는 삶이었다면 노안이 온 후부터는 숲을 보는 삶을 살라는 메시지일 것이다.

물론 공자가 설파한 인생 가이드라인 6단계는 한 번 도달했다고 해서 졸업하는 불변의 개념은 아니다. 보통 사람들은 굴러떨어지는 돌을 반복해서 언덕 위로 밀어 올려야 하는 '시지프스의 신화'처럼 하루에도 끊임없이 6단계를 오르내리는 가변적인 개념으로 이해할 필요가 있다.

사람마다 자기가 처한 상황에 따라 중요도가 달라질 테니까. 나름대로 우선순위를 정해보면 『논어』를 읽는 새로운 맛을 느낄 수 있으리라.

부자동

공자의 고향인 산동성山東省 곡부曲阜 니구산尼丘山 아래에 있는 동굴 '부자동夫子洞'. 공자가 태어난 곳이라는 전설이 깃든 곳이다. 공자는 3살 때 아버지를 여의고 십대 후반(또는 20대 초반)에 어머니를 여의었다.

강영우(1944~2012)

한국계 최초로 미국 백악관 차관보 직급까지 오른 인물. 강영우 박사는 13세 때 아버지를 여의고 이듬해 축구공에 눈을 맞아 시력을 잃었다. 같은 해 어머니까지 세상을 떠나며 불우한 청소년기를 겪었지만, 연세대를 졸업한 뒤 1972년 미국 유학길에 올랐다. 그는 피츠버그대에서 교육학으로 한국인 최초의 시각장애인 박사가 되었고, 2001년에는 당시 미국 이민 100년 한인 역사상 최고위직이었던 백악관 국가장애위원회 정책 차관보로 발탁되었다. 강영우 박사는 유엔 세계장애위원회 부의장 등을 역임했다. 대표적인 저서로는 전 세계 7개 국어로 번역되어 출간되었던 자서전『빛은 내 가슴에』가 있으며, 이 책은 드라마와 영화로 제작되기도 했다.

『시지프스의 신화』

시지프스가 신들을 기만한 죄로 커다란 바위를 산꼭대기 위로 밀어 올리는 형벌을 받게 되었는데, 그가 힘겹게 밀어 올린 바위는 정상 근처에 다다르면 속절없이 다시 아래로 굴러떨어지게 되어 있고, 그 결과를 알면서도 끊임없이 이를 반복해야 하는 형벌이 영원히 되풀이된다는 내용이다. 프랑스의 작가 알베르 카뮈는 저서『시지프스의 신화』에서 시지프스를 통해 인간에 대한 철학을 서술했는데, 이에 따르면 시지프스가 이 형벌을 내린 신에게 저항할 수 있는 유일한 방법은 형벌을 즐기는 것뿐이다.

5. 스스로는 70%밖에 채우지 못한다

요즘도 MBTI, 에니어그램, DISC 등 성격 진단 프로그램을 도입하여 인사관리와 조직 활성화의 참고자료로 사용하는 기업들이 늘어나고 있다. 실제로 성격을 알고 직장생활을 하다 보니 서로 간의 이해심이 높아지고 조직의 분위기도 좋아졌다는 평가가 나오고 있다.

『논어』를 읽을 때도 제자들의 성격이나 특성을 알면 더욱 재미있게 접근할 수 있다. 그만큼 성격을 알면 상대방을 이해하는 데 큰 도움이 되기 때문이다. 공자의 제자들은 다양한 특성을 보인다. 『논어』가 다이나믹하게 느껴지는 이유이기도 하다.

이들 중에는 극단적인 성격을 보이는 사람들도 있다. 자장子張은 잘생겼고 성격이 원만하고 적극적인 인물이었다. 당연히 제자들 사이에서 인기가 높았다. 하지만 제자들은 나서기를 좋아하는 그를 가까이는 사귀되 공경하지는 않았다. 반면에 자하子夏는 강직하고 의로우나 소극적이었다. 항상 질문을 잘하는 제자 자공子貢과 스승 공자가 두 사람을 놓고 나누는 대화가 무척 흥미롭다.

> "자장子張과 자하子夏는 누가 더 현명합니까?"
> "자장은 지나치고, 자하는 미치지 못한다."
> "그렇다면 자장이 낫다는 것입니까?"
> 이에 대해 공자는 역시 공자다운 결론을 내린다.

> 과유불급過猶不及
> 지나침은 미치지 못한 것과 같다.
>
> 『논어』「선진先進」

'과유불급過猶不及'은 우리에게 너무나 잘 알려진 말이다. 하지만 이 말의 출처가 『논어』인지를 아는 사람은 많지 않다. 공자는 자장子張의 지나친 성격이나 자하子夏의 소극적인 성격도 모두 문제가 있다고 평가한다.

여기서 공자는 양극단에 치우침이 없는 '중용中庸'의 중요성을 강조한다.

2008년도에 세계 경제를 강타한 미국발 금융위기를 분석하는 기사를 보면 세계 금융의 심장부인 월가 사람들의 도덕성이 도마 위에 올랐다. 최고의 연봉으로 전성시대를 구가하던 금융 엘리트들의 끝없는 탐욕이 오늘의 위기를 불러와 미국뿐만 아니라 세계의 경제를 요동치게 하고 있다. 미국의 규제 없는 자유주의를 악용하여 지나치게 자율을 누리다가 화를 자초했다고 한다. 탐욕이 일을 그르쳤다는 것이다.

우리의 삶 속에서는 아무래도 미치지 못한 경우보다는 지나친 쪽의 발생 빈도수가 많은 것 같다. 일을 그르치는 경우 대부분이 탐욕에서 나온다. 미국의 금융시장도 내로라하는 엘리트들이 잘못해서 이 지경이 되었다는 평가로 인해 '똑똑한 바보들'이란 비난과 혹평을 받고 있다. 이들이 도덕성을 가지고 금융상품을 공정하게 관리했더라면 위기는 없었을 것이다. 그러나 실적에 급급하여 불확실한 금융상품을 양산하는 바람에 위기를 증폭시켰다는 이야기다. 새삼 탐욕이 얼마나 무서운가를 실감하게 된다.

탐욕을 억누르는 수단을 말할 때 인용되는 도구로 '계영배戒盈杯'란 술잔이 있다. 이 잔은 과음을 경계하기 위해 70%가 차면 새어나가도록 설계되었다. 넘치면 곧 아무것도 없는 것과 같다는 메시지다. 인간의 무한한 욕심을 경계하여 자기의 분수에 맞는 삶을 살 것을 가르쳐 주는 그릇이다. 이 잔은 원래 고대 중국에서 과욕을 경계하기 위해 하늘에 정성을 들이며 비밀리에 만들어졌다고 한다. 공자도 이 잔을 항상 곁에 두어 과욕과 지나침을 경계했다고 전해진다.

2008년 초 삼성그룹에서 농심으로 자리를 옮긴 손욱 회장은 '혁신 경영 전도사' '한국의 잭 웰치'로 불린다. 손 회장이 사무실 책상 옆에 이 술잔을 두어 그 의미를 음미하고 있다고 해서 화제다. 그는 농심이 미국의 GE처럼 100년 넘게 장수하면서 세계적인 기업으로 도약하기 위해서는 겸손함이 필요하다고 역설한다.

"계영배는 술잔이 가득 차면 저절로 모두 비우고, 70%만 채웠을 때 제 기능을 하는 잔입니다. 더 채우려고 해도 도저히 채울 수 없는 신비의 잔이지요. 회사는 스스로는 70%밖에 채울 수 없다는 위기의식이 있어야 합니다. 나머지 30%는 고객이 채워주는 겁니다. 겸손해질 수밖에 없지요. '시장 앞에 겸손해야 한다'라는 게 일등 회사가 혁신하는 가장 빠른 길입니다."

우리는 넘쳐나는 지식과 정보 속에서 끊임없는 유혹을 받으며 하루하루를 살아가고 있다. 지나침과 부족함 모두를 경계할 줄 아는 지혜를 공자가 제시한 '과유불급(過猶不及: 지나침은 미치지 못한 것과 같다)'에서 찾아보자.

자공(B.C.520~B.C.456)

공자의 제자. 위나라 출신으로 공자보다 31살 연하였다. 안회, 자로 등과 함께 공자의 수제자로 꼽힐 정도로 공자가 아꼈다. 언변이 탁월했으며, 정치적 수완도 뛰어나 노나라와 위나라의 재상을 지냈다. 또한, 장사와 사업에도 비범한 능력을 갖추고 있었기 때문에 엄청나게 돈을 많이 벌었고, 이 자금으로 공자와 공자 학단을 경제적으로 적극 지원했다. 또한 여러 나라의 제후들을 만나며 교섭하는 자리에 자주 스승 공자를 모시고 다녔고, 그들에게 막대한 자금을 빌려주는 대가로 공자의 가르침을 받아들이도록 권했다. 이 때문에 사마천도 『사기史記』에서 "공자가 천하에 알려진 것도 자공의 도움 덕"이라고 평했을 정도이다.

계영배

계영배戒盈杯는 넘침을 경계하는 잔이다. 과음을 경계하기 위해 만든 잔으로, 절주배節酒杯라고도 한다. 술잔의 이름은 '넘침을 경계하는 잔'이라는 뜻이며, 잔의 70% 이상 술을 채우면 모두 밑으로 흘러내려 인간의 끝없는 욕심을 경계해야 한다는 상징적인 의미도 지닌다. 과욕을 경계하기 위해 하늘에 정성을 들이며 비밀리에 만들어졌던 '의기儀器'에서 유래되었다고 한다.

6. 잘못을 고치는 것을 망설이지 말라

성공한 사람들은 어떤 특성이 있을까. "좋은 습관을 지닌 사람들"이라고 한마디로 말할 수 있다. 자기 계발과 리더십 관련 책들도 따지고 보면 좋은 습관과 관계있다. 『이기는 습관』 『성공하는 기업의 8가지 습관』 『독서 습관』도 결국 성공 요인을 좋은 습관에서 찾고 있다. "동서고금을 막론하고 성공의 비결은 좋은 습관에 달려있음"을 알 수 있다.

좋은 습관을 지녔다는 것은 나쁜 습관을 많이 고쳤다는 뜻이기도 하다. 인간은 성장하면서 크고 작은 습관을 형성하게 된다. 좋은 습관도 있고 나쁜 습관도 있다. 이 세상에 완벽한 사람은 없다. 강점이 약점이 되고 약점이 강점이 되기도 한다. 그래서 끊임없이 부족한 부분을 갈고닦으면서 수련해야 한다. 공자는 덕을 쌓아 스스로 강해지는 '수덕자강修德自强'을 외치고 있다.

過則勿憚改

과즉물탄개

『논어論語』「학이學而」

과실이 있으면 그 과실을 고치는 데 망설여서는 안 된다.

어렸을 적엔 부모님이나 선생님이 옆에서 허물을 지적해 주었다. 하지만 성인이 되고 나이가 들면 진정한 충고를 받을 기회가 많지 않다. 그래서 나이 들수록 허물을 고치기는 점점 어려워진다. 오죽하면 상대방과 원수가 되고 싶으면 자주 충고하라는 말까지 나왔겠는가. 남들이 자신에게 하는 비판이나 지적을 겸손하게 받아들이고 즉시 고칠 수만 있다면 성공은 보증수표나 다름없다. 물론 존경받고 훌륭한 인물이 되는 것도 당연하다.

허물을 고치려면 지속해서 노력해야 한다. 처음에는 존경받다가 나중에 추락하는 사람들이 얼마나 많은가. 인간은 성취욕이 높아지면 교만도 함께 높아진다. 사람은 남에게는 엄격하고 자신에게는 관대한 속성을 지니고 있다. 그러므로 자신을 견제할 수 있는 시스템을 구축해 놓을 필요가 있다.

일본 총리로서 1960년대에 일본이 잘 살 수 있다는 꿈을 실현하여 전후 최고의 리더로 꼽히는 이케다 하야토(池田勇人: 1899~1965) 전 총리는 지도자로서 성공하려면 세 사람의 친구가 필요하다고 말한다. 한 사람은 높은 경지의 종교인, 한 사람은 경륜 있는 언론인, 마지막 한 사람은 고명한 의사를 꼽았다. 그가 이런 지혜를 공짜로 얻은 것은 아니다. 장관 시절에 혹독한 시련을 겪고 난 후 터득한 비결이다. 호탕한 성격의 그는 술을 좋아했고 속내를 직설적으로 표현해 정치인으로서 위기의 순간들을 맞았다. 1950년 당시 불황 탓으로 중소기업인들이 잇따라 자살하는 사건에 대해 "업자들이 도산해 자살해도 안 된 일이지만 어쩔 수 없다"라고 말해 소동이 한바탕 일어났다. 또 "가난하면 보리밥을 먹어라."라는 말을 거침없이 쏟아내 결국 1952년에 2차 대전 이후 최초로 의회에서 탄핵받아 장관직에서 쫓겨나는 수모를 당했다.

이러한 시련은 그에게 지혜와 겸손을 가르쳐 주었다. 정치인에게 있어 말이 얼마나 중요한지를 체험한 그는 세 명의 친구를 멘토로 삼아 가까이 함으로써 장관에서 물러난 지 7년 만에 총리로 재기할 수 있었다. 총리가 되자마자 관용과 인내의 기치를 내걸고 반대 세력들을 햇볕정책으로 포용해 나갔다.

그러면 세 부류의 친구들이 어떤 영향을 주었을까. 존경받는 종교인은 번잡한 세상사에서 한 걸음 물러나 세상을 관조하고 사심 없이 일 처리를 할 수 있는 마음을 얻게 해주었다. 경륜 있는 언론인을 통해서는 형식적인 관청 보고와는 달리 가공되지 않은 여론을 듣고 기민한 대응이 가능했다. 그리고 좋은 의사를 통해 건강 상태를 빈틈없이 점검할 수 있었다. 이처럼 세 친구가 허물을 진단하고 감싸주면서 총리를 보좌했기에 적절한 시점에서 물러나 일본에서 존경받는 인물로 역사에 남을 수 있었다고 한다. 그는 장관 시절에는 자기 마음 내키는 대로 했으나 총리가 되어서는 세 친구의 솔직한 이야기를 귀담아들으면서 "과즉물탄개(過則勿憚改: 허물이 있으면 고치기를 꺼리지 않는다)"의 철학을 실천했기에 역사에 남는 정치인이 될 수 있었다.

이케다 하야토 총리처럼 좋은 친구가 있다면 축복받은 인생이다. 하지만 이런 훌륭한 친구들을 멀리서 찾거나 인위적으로 만들지 않아도 우리 주위에는 '과즉물탄개'의 자세만 갖추어져 있으면 충고해 줄 사람은 많이 있다.

우선 배우자야말로 가장 훌륭한 조언자 역할을 할 수 있다. 특히 아내는 사심 없이 직언할 수 있기에 아내의 비판에 귀를 기울이지 않으면 안 된다. 1980년대 유명한 개그맨이었던 배추 머리 김병조 씨는 개그를 공식적으로 발표하기 전에 먼저 아내에게 검증받았다고 한다. 아내가 좋다고 하면 자신감을 품고 발표했기 때문에 유행어 제조기라는 별명을 얻으며 인기 개그맨이 될 수 있었다. 배우자를 파트너로 생각하고 배우자의 말을 경청하는 사람은 '과즉물탄개'를 실천하는 사람이다.

직장의 동료나 선후배 역시 좋은 습관을 갖는데 훌륭한 협력자가 될 수 있다. 세계적 기업인 GE를 이끌었던 잭 웰치(Jack Welch: 1935~2020, 제너럴 일렉트릭 CEO 겸 회장) 전 회장은 부하직원들과 난상토론(爛商討論: 여러 사람이 모여서 충분히 의논함)을 벌이는 것으로 유명했다. 그는 계급장을 떼고 허심탄회한 토론을 유도함으로써 항상 최선의 결정을 내릴 수 있었다. 웰치 회장과 함께 한국의 GE를 경영했던 강석진 전 회장은 GE의 최대 강점을 토론 문화에서 찾았다. 그는 "웰치 회장은 자신과 반대의견을 가진 사람들을 오히려 중용했기 때문에 능력 있는 사람들을 발탁함으로써 초일류기업으로 우뚝 설 수 있었다"라고 평가한다. 미국의 경쟁력은 GE와 같은 토론 문화에서 나온다고 해도 과언이 아니다.

일을 시작하기 전에 열린 마음을 가지고 토론을 하면 생각의 허물을 알고 고칠 수가 있다. 또 일을 마친 후에 평가를 냉철하게 하면 잘하고 못한 점을 분명하게 깨달을 수 있다. 이렇게 생각하면 직장의 상사와 부하 그리고 동료가 얼마나 좋은 파트너가 되는지 모른다.

최근 들어 건강에 관심이 높아지면서 많은 사람이 종합병원에서 정기 검진을 받는다. 의사의 진단이 나왔을 때 의사의 말을 지키지 않으면 큰일나는 줄로 알고 의사의 처방대로 따르기 위해 눈물겨운 노력을 하는 사람들을 본다. 예를 들면 술을 그렇게 좋아하던 사람도 의사가 위험하다고 경고하니까 금주하는 사람들이 많이 있다. 이처럼 육체적으로 부족한 부분에 대해서는 보완하기 위해 처절한 노력을 쏟는다. 그렇다면 이제 정신적인 허물에 대해서도 어떤지 스스로 진단하고 처방을 내려 보면 어떨까.

『논어論語』의 한 구절 한 구절은 자기 잘못과 허물을 찾아 스스로 개선하는 데 충실한 도우미 역할을 하고 있다. 자기 자신이 스스로 허물을 고칠 수 있다면 스스로 고치는 게 가장 바람직하다. 그것이 어렵다면 주위에 진솔하게 부족한 점을 지적해 달라고 부탁하는 용기를 가져보자. 인간은 합리적인 존재이기에 진실한 마음으로 다가가지 않으면 솔직한 답을 주지 않는다. 진정성을 담아 주위에서 조언해 줄 사람을 찾아보자. 그 대상은 부모, 선생님, 선배, 후배, 친구, 배우자 누구든 상관없다.

자신의 단점까지도 사랑을 가지고 지적해 줄 수 있도록 인생의 코치인 멘토가 있어야 한다. 진정한 용기는 잘못이 있을 때 시인하고 즉시 고치는 데 있음을 잊지 말자. 어떤 형태로든 '과즉물탄개(過則勿憚改: 허물이 있으면 고치기를 꺼리지 않는다)'의 태도가 습관화될 때 참된 성공과 성숙한 인품이 뭉게구름처럼 피어날 것이다.

이케다 하야토(1899~1965)

일본의 경제관료 출신 정치인. 제58~60대 내각총리대신을 역임했다. 내각총리대신 재임 중 소득 배증 정책을 시행하여 일본 경제 부흥기와 고도 경제성장의 기초를 다졌으며, 후임 내각총리대신인 라이벌 사토 에이사쿠와 함께 자민당의 최전성기를 연 내각총리대신이었다.

잭 웰치(1935~2020)

미국의 기업인이다. 1981년부터 2001년까지 미국의 제조업체인 제너럴 일렉트릭사의 회장직과 최고경영자직을 역임하였다. 잭 웰치는 1980년과 90년대에 미국의 정리해고 열풍을 불러일으킨 인물로 유명하다. 그의 경영 기법은 대규모 정리해고를 통한 자본력 구조조정과 기업의 인수 합병 (mergers and acquisitions) 및 국제화 추진에 있다. "세계 1위 또는 2위가 될 수 없는 사업에서는 철수한다"라는 경영 방식으로 제너럴 일렉트릭을 이끌어 나갔다.

7. 어려울 때 찾아오는 사람이 진짜다

"질풍에 억센 풀을 알 수 있고, 난세에 충신을 알 수 있다." 사람의 됨됨이를 평가할 때 자주 인용되는 말이다. 강한 바람을 만나면 약한 풀은 쓰러지지만, 억센 풀은 쓰러지지 않는다. 충신도 평화 시에는 구분이 되지 않는다. 난세를 당해 보면 충신인지 아닌지가 판명된다. 공자는 변화무쌍한 고난의 삶을 살면서 많은 부류의 사람을 만났다. 시류에 따라 바람 부는 대로 사는 사람이 있는가 하면 원칙과 철학을 가지고 사는 사람도 있었다. 제자 중에도 공자에게 가끔 얼굴을 내미는 사람이 있었다. 반면에

14년 동안 천하를 떠돌아다닐 때 동고동락하면서 운명을 같이한 제자도 있었다. 공자가 사람에 대해 평가한 내용을 살펴보자.

> 歲寒然後 知松柏之後凋也
> 세한연후 지송백지후조야
>
> 『논어』「자한子罕」

> 날씨가 차가워진 뒤에야 소나무와 잣나무 잎이 늦게 시든다는 것을 알 수 있다.

여름에 잎이 무성할 때는 낙엽수들도 함께 푸르러서 소나무와 잣나무의 진가는 드러나지 않는다. 그러나 겨울이 다가와 날씨가 추워지면 활엽수는 낙엽이 되어 떨어지지만, 소나무와 잣나무는 그 푸른 잎을 자랑한다. 사람도 인생의 겨울인 고난을 겪어 보면 그 인품을 알 수 있다. 고난 앞에 속수무책으로 무너지는 사람이 있는가 하면 고난을 통해 성숙한 인생으로 성장하기도 한다. 고난 없이 진정한 성숙을 기대하기는 어렵다. 인간관계도 마찬가지다. 잘 나갈 때보다는 어려울 때 찾아오는 사람의 인간성이 더욱 돋보인다.

"세한연후歲寒然後 지송백지후조야知松柏之後凋也"란 구절이 유명하게 된 이유는 추사秋史 김정희(金正喜: 1786~1856) 선생이 이 내용을 주제로 「세한도歲寒圖」라는 그림을 그렸기 때문이다. 추사 김정희는 명문 집안에서 태어나 어려서부터 외국 문물을 자주 접하여 견문을 넓혔고 서예와 그림에도 탁월한 재능을 보였다. 벼슬길도 순탄하여 병조참판까지 올랐다. 하지만 승승장구하던 김정희는 당파싸움의 희생양이 되어 1840년 제주도로 귀양살이를 떠나는 신세가 되고 말았다. 당시 그의 나이가 55세였으니 인생의 황혼길에 들어선 시기였다. 그는 9년 동안 귀양살이를 하면서 추사체(秋史體: 조선시대의 문신 · 서화가 추사 김정희가 완성한 글씨체)를 완성하는 등 비록 몸은 늙어가지만, 예술혼은 더욱 빛나는 완숙의 시기를 거친다.

귀양살이하는 동안은 죄인 신세이니 그를 가까이하는 사람들은 불이익을 받으므로 멀리서 찾아오는 것은 쉬운 일이 아니었다. 그런데 그의 제자인 이상적(李尙迪: 1803~1865)은 통역관으로서 중국에 갔다 올 때마다 귀한 책자를 구해 전해 주곤 했다. 잊지 않고 찾아오는 제자를 높이 평가하고 고마운 마음을 전하기 위해 세한도歲寒圖를 그려 주었다. 국보로 지정된 세한도에 대한 전문가의 그림 해설을 들어보자.

"이 그림은 귀양살이 5년째인 1844년 제주도에서 그린 것으로 그림의 끝부분에는 추사 자신이 직접 쓴 글이 있다. 이 글에서는 사제간의 의리를 잊지 않고 북경으로부터 귀한 책들을 구해다 준 제자 이상적의 인품을 소나무와 잣나무에 비유하며 답례로 그려 준 것임을 밝히고 있다.

한 채의 집을 중심으로 좌우에 소나무와 잣나무가 대칭을 이루고 있으며, 주위를 텅 빈 여백으로 처리하여 극도의 절제와 간략함을 보여주고 있다. 오른쪽 위에는 세한도라는 제목과 함께 '우선시상(藕船是賞: 이상적이여, 이 그림을 감상하시라)' '완당阮堂'이라 적고 도장을 찍어 놓았다. 거칠고 메마른 붓질을 통하여 한 채의 집과 고목이 풍기는 스산한 분위기가 추운 겨울의 분위기를 맑고 청절하게 표현하고 있다.

마른 붓질과 묵의 농담, 간결한 구성 등은 지조 높은 작가의 내면세계를 보여주고 있다. 인위적인 기술과 허식적인 기교주의에 반발하여 극도의 절제와 생략을 통해 문인화의 특징을 엿볼 수 있는 조선 후기 대표적인 문인화로 평가되고 있다."

"세한연후歲寒然後 지송백지후조야知松柏之後凋也"는 우리 인생의 한 단면을 잘 표현해 주고 있다. 높은 자리에 있거나 잘 나갈 때는 사람의 진가를 알기가 쉽지 않다. 곤경에 처해 보면 그 본심을 알 수 있는 것이다.

어느 중소기업 사장이 부도를 한 번 당했다가 재기에 성공했다. 그는 회사에서 부도가 난 후 재기하는 과정에서 인생 공부를 톡톡히 하게 되었다고 회고한다. "부도를 맞아 보니 인간의 모습이 적나라하게 나타나더라. 회사를 살려보겠다고 동분서주하며 헌신하는 직원들을 보며 용기를 얻었다. 반면에 이제 회사는 끝났다며 막말을 하는 사람도 있어서 마음이 아팠다. 착하고 성실한 직원들의 선한 눈망울을 외면할 수 없어서 이를 악물고 재기에 성공하겠다고 결심하게 되었다. 부도를 통해 인생의 깊이를 체험했다."

인생을 살면서 고난苦難이 없으면 좋겠지만 고난은 누구에게나 찾아온다. 정도의 차이가 있을 뿐 사람마다 고난의 보따리를 가슴 속 깊이 품고 있어서 보이지 않을 뿐이다. 인생이 살 만한 가치가 있는 이유는 고난 중에도 소나무와 잣나무처럼 용기와 격려를 잊지 않고 찾아오는 사람이 있는 까닭이다. 오늘날과 같은 불확실성의 시대에 공자가 던진 "세한연후 지송백지후조야(歲寒然後 知松柏之後凋也: 날씨가 차가워진 뒤에야 소나무와 잣나무 잎이 늦게 시든다는 것을 알 수 있다. : 어려운 상황에 이르러서야 누가 진정한 절개를 지녔는지를 알 수 있다는 뜻)"는 더욱 가슴을 파고드는 명언이 아닐 수 없다.

김정희(1786~1856)

조선 후기 북학파의 실학자. 본관은 경주, 호는 추사秋史 · 완당阮堂이다. 조선의 실학과 청의 학풍을 융화시켜 경학 · 금석학 · 불교학 등 다방면에 걸친 학문체계를 수립한 문인으로 서예에도 능하여 추사체를 창안했다. 그림에서는 문인화풍을 강조하여 조선 말기 화단에 큰 영향을 미쳤다. 문인화론을 바탕으로 뛰어난 시서화 작품을 다수 남겼고 불교에 대한 이해도 높았다. 11년 동안 제주도와 함경도 북청에서 유배 생활을 했다. 그는 영조 · 정조 시기 실학의 학풍을 바탕에 두고 청대 학풍의 정수를 혼융시켜 다방면에 걸친 학문체계를 수립했다.

세한도

조선 헌종 때 제주도에 유배 중이던 추사 김정희가 그린 그림으로, 국보로 지정되었다. 김정희의 대표작. 조선 말기를 풍미했던 김정희의 문인화 이념의 최고 정수를 보여주는 작품으로, 제자인 역관 이상적李尙迪의 변함없는 의리를 날씨가 추워진 뒤 제일 늦게 낙엽 지는 소나무와 잣나무의 지조에 비유하여 1844년 제주도 유배지에서 답례로 그려 준 것이다. 그림 끝에 작화 경위를 담은 작가 자신의 발문과 청대 16 명사들의 찬시가 적혀 있다. 그림 자체는 단색조의 수묵과 마른 붓질의 필획만으로 이루어졌으며, 소재와 구도도 지극히 간략하게 다루어졌다. 이는 문인화의 특징으로 작가의 농축된 내면세계의 문기와 서화 일치의 극치를 보여준다.

3장

발전을 위한 자기성찰

1. 내 삶의 리더가 되는 세 가지 방법

子曰: 學而時習之不亦說乎 有朋自遠方來不亦樂乎 人不知而不慍不亦君子乎
자왈: 학이시습지불역열호 유붕자원방래불역락호 인부지이불온불역군자호

『논어』「학이學而」

공자께서 말씀하셨다.

"배우고 때때로 익히니 기쁘지 아니한가. 친구가 먼 곳에서 오니 즐겁지 아니한가. 남이 알아주지 않아도 서운해 하지 아니하니 군자가 아니겠는가."

가끔 리더라는 틀에 넣어 자신을 돌아볼 때가 있다. 나는 리더인가 팔로워인가? 타인을 이끌지는 못했어도 '나 하나' 스스로 책임질 수 있는 사람이었는가? 스스로 목표를 세우고 시간 관리를 하면서 원했던 목표를 이루길 반복했는가? 목표를 꾸준하게 실천할 수 있는 용기를 가진 사람이었는가? 자신의 질문에 거리낌 없는 사람이 되기란 쉬운 일이 아니지만, 그렇게 되고자 어떤 노력을 해왔는지를 자문해 보는 시간이 가끔 필요하다.

'학습學習'은 즐거운 일이든 즐겁지 않은 일이든, 리더가 되는 조건임에

틀림이 없다. 사람들을 이끄는 리더가 되기 위해서도 필요한 일이지만, 셀프 리더가 되기 위해서라도 학습의 과정은 필수이다.

배우지 않고 군자君子가 된 경우가 없고, 학습 과정을 거치지 않고 리더가 되는 경우는 없다. 먼저 스스로 설 줄 아는 사람이라야 타인을 이끌 수 있기 때문이다.

배경 약한 사람이 일어설 수 있는 최고의 방법 역시 학습이다. 성장의 기쁨을 주는 학습은 행복한 삶을 만들어 가는 튼튼한 뿌리와도 같다.

리더의 두 번째 조건은 함께하는 사람들과의 '관계'이다. 리더는 누군가의 앞에 서는 사람이다. 뜻을 모아 한 방향으로 이끄는 사람이 리더이다. 사람들과의 갈등 해결이 리더의 가장 큰 역할이다. 갈등이 해결되지 않고는 단 한 발짝도 나갈 수 없기 때문이다. 아니라고 하는 사람을 설득해 낼 수 있는 사람이 바로 리더이다.

사람은 사람들과 함께할 때 진짜 즐거움이 시작된다. 뜻을 같이하는 사람들이라면 더욱 행복한 일이 된다. 사람들과 함께하는 게 늘 즐거운 일은 아니지만, 늘 즐거운 일로 만들어내는 사람이 리더이다. 가정이나 조직이나 모두 마찬가지이다. 사람들을 모이게 만드는 힘을 가진 사람이 바로 리더이다.

또한 보통 사람은 상대가 인정해 주기를 바라고 있다. 자신은 좀처럼 타인을 인정하지 않으면서 타인으로부터는 별것 아닌 걸 가지고도 칭찬받고 싶어 한다.

팔뚝에 작은 완장이라도 하나 차게 되면 그 마음은 더 커진다. 우쭐해지는 마음에 아주 사소한 것에도 마음이 상하게 된다. 그러니 리더로 남들 앞에 섰음에도 무시한다거나 혹여 비난까지 한다면, 서운한 마음과 괘

씸한 마음이 들지 않을 리더가 얼마나 될까?

그러므로 공자는 '리더다운 리더의 주도성'을 강조하고 있다. 타인이 알아주든 말든 자신과 조직의 목표를 위해 흔들림이 없어야 한다. 남들이 알아주지 않더라도 노여워하거나 서운해 하지 않는 건강한 마음을 가지고 있어야 한다.

일희일비(一喜一悲: 한편으로는 기쁘고 또 한편으로는 슬프다)하지 않고 흔들림 없이 사람을 품어 주는 그런 사람이 바로 리더이다.

또한 매일 반복되는 삶이 너무나 일상적이기도 하지만 사실은 매우 특별한 일이다. 결혼도 쉬운 일이 아니지만 가정생활은 더욱 쉬운 일이 아니라는 걸 살아 보면 알게 된다. 그러므로 일상생활에서도 다양한 리더십이 필요하다.

누군가의 자식에서 누군가의 부모가 된다는 건 만만한 일이 아니다. 20, 30년을 다르게 살아온 남녀가 가족이 된다는 것도 기적 같은 일이다. 아이를 낳아 성인으로 기르기까지 들어가는 그 쉼 없는 노력을 발휘하는 건 기적 같은 일이며, 건강한 가족으로 구성된 건강한 가정을 만들어 가는 일 역시 기적 같은 일이다.

'셀프 리더십'은 나 혼자만 잘하면 되는 일이지만 '가정 리더십'은 나 혼자만 잘해서 되는 일이 아니다. 세상에 어려운 게 부부관계, 세상에 복잡한 게 부모와 자식 관계이다.

'조직 리더십'의 기본 역시 사람들 간의 문제 해결에 있다. 나와 상사, 나와 부하, 나와 동료, 나와 고객 혹은 나와 업무, 나와 시간, 나와 직업, 나와 미래가 그렇다.

사람과의 문제, 업무와의 문제는 모두 리더십의 문제이다. 상사에게 받는 마음의 상처와 갈등, 아랫사람에게 받는 감정의 상처, 고객에게 받는 스트레스는 리더들이 풀어야 할 피할 수 없는 과제들이다. 그 과정을 거치면서 조직을 알아 가고 리더로 발전해 간다.

혼자서 잘해 나가는 셀프 리더도 둘 이상 모이면 헤맬 때가 많다. 혼자서 일 잘하는 방법과 둘이 있을 때 일 잘하는 방법은 많이 다르기 때문이다. 퇴근할 때까지 단 일분일초도 사람과 일에서 벗어나기 어렵다. 그러니 조직에서는 정교한 리더십이 필요한 것이다.

『논어』「학이學而」편에서는 다양한 리더십의 힌트를 보여준다. 리더로 성장하는 과정을 말한다. 셀프 리더, 조직 리더, 사회 리더, 국가 리더가 되기 위해 거쳐야 하는 단계를 간명하게 설명하고 있다.

나이가 들어도 새로운 학습이 필요하면 시작해야 하며, 사람들과의 관계를 더 살펴 그들과 함께 즐거운 삶을 모색해 보아야 한다. 누군가가 나를 서운하게 한다거나 소외감을 느끼게 한다 해도 연연하지 않고 묵묵히 나의 길을 가는 것이 중요하다.

2. 옛것을 익혀 새로운 것을 안다

子曰: 溫故而知新 可以爲師矣

자왈: 온고이지신 가이위사의

『논어』「위정爲政」

공자께서 말씀하셨다.

"옛것을 익혀 새로운 것을 알게 되면, 스승이 될 수 있을 것이다."

옛것을 익히는 '온고溫故'는 '학습學習'을 말한다. 학습의 시작은 과거로부터 혹은 역사로부터 배우는 것이다.

교과서敎科書 역시 지나간, 과거의 기록이다. 오늘을 만든 어제까지의 지식과 지혜를 익혀(온고溫故), 새로운 무엇을 만들어내는 것을 '지신知新'이라고 한다.

1577년 가을, 황해도 해주로 내려온 율곡栗谷 이이(李珥: 1536~1584) 선생은 학문을 시작하는 이들을 가르치고자 『격몽요결擊蒙要訣』을 편찬하면서 그 이유를 다음과 같이 말했다.

> 한두 학생이 찾아와 학문을 물었는데, 내가 스승이 될 만한 게 없음을 부끄럽게 여기면서도 처음 학문하는 사람들이 방향을 모르고 굳은 의지도 없으면서 그냥 배우겠다고 한다면 피차에 도움 될 것이 없고, 도리어 남의 조롱만 사게 될까 걱정스러웠다. 그래서 간략하게 책 한 권을 써서 마음을 세우고, 몸을 경계하고, 부모를 봉양하고, 남을 접대하는 방법을 대략 서술하여 『격몽요결擊蒙要訣』이라 이름하였다. 학생들로 하여 이것을 읽고서 마음을 씻고 즉시 공부에 착수하게 하고자 한다. 나 역시 오랫동안 구습에 얽매여 괴로워하던 차에 이것으로 자신을 경계하고 반성하고자 한다.

『격몽요결擊蒙要訣』 첫 장인 「입지장立志章」에 밝힌 대로 뜻을 세우는 중요성은 아무리 강조해도 지나치지 않다. 이 책은 덕행과 지식의 함양을 위한 초등과정의 교재로 근세에 이르기까지 여러 번 간행되었을 뿐만 아니라, 초학자들에게 널리 읽혔다. 이 책은 저술 직후부터 조선시대 초학자는 물론, 사림士林에서 읽혀야 할 책으로 널리 유포되었으며, 인조 때는 전국 향교에 이 책을 내려서 교재로 삼게 하였다.

『격몽요결擊蒙要訣』은 글공부로서의 학문을 넘어 인간이 추구해야 할 '훌륭한 인간'이 되기 위한 학문의 요결이다. 한국의 전통적 도덕의식이 『격몽요결』에서 많은 영향을 받았다고 볼 수 있다.

당시 율곡 이이는 동인과 서인의 붕당 갈등, 개혁에 미적지근한 선조(宣祖: 조선의 제14대 국왕, 재위 1567~1608) 등에 실망해 스스로 관직에서 사임하고, 불리면 출사해서 입바른 소리 하다가 또 낙향하는 것을 반복하고 있었다. 이후 황해도 해주에 기거하며 후학 양성에 열중하게 되는데, 후학들이 학문의 시작에서 몽매함에 빠지지 말라는 뜻으로 『격몽요결擊蒙要訣』을 직접 저술했다. 관직 생활의 경험을 바탕으로 후학들이 세상을 살아가는 데 있어서 어리석고 안일한 생각을 가질 것을 우려한 것과 옛것을 익혀 새로운 것을 알아 가도록 했다.

'온고이지신 가이위사의(溫故而知新 可以爲師矣)'는 "옛것을 익혀서 새로운 것을 알면 스승이 될 만하다"라는 의미다. '온고지신溫故知新'이란 과거의 지식과 경험을 배워서 현재의 문제를 해결하고 새로운 것을 알게 된다는 의미다. 이것은 지금도 매우 유용한 학습 방법이다.

공자가 말한 "옛것을 익힌다"라는 의미는 옛 지식을 머리로만 이해하는 것을 말하는 것이 아니다. 만약 이해하기만 하고 현실에서 실천하고 적용하지 않으면 그것은 죽은 지식이 되고 만다. 그래서 지식을 머리로 이해하고 현실에 적용해 직접 실천하면서 자신의 것으로 만들어야 한다. 그렇게 해야 응용력이 생기며, 거기에 새로운 지식을 합하면 창조의 단계까지 나아갈 수 있다.

역사적으로 위대한 업적을 남긴 사람들은 옛사람들의 업적을 연구하고 자신의 것으로 만든 다음, 새로운 이론이나 논리로 자신만의 업적을 만들어낸 사람들이다. 뉴턴Sir Isaac Newton(1643~1727, 17~18세기 영국의 물리학자. 만유인력의 법칙을 발견했다)은 "내가 멀리 보았다면 그것은 거인들의 어깨 위에 올라서 있었기 때문이다"라는 유명한 말을 남겼는데, 이것이 바로 '온고지신溫故知新'이다.

이는 우리 삶의 모든 분야에도 해당한다. 어떤 일을 할 때 과거의 흐름을 토대로 새로운 패러다임을 읽고 준비해야 성공 확률이 높아진다. 국제 외교 관계도 과거의 역사를 분석해 위기와 기회를 읽고 전개해야 나라를 안정시키고 국가의 미래를 밝힐 수 있다.

『논어』는 우리가 삶을 어떻게 살아야 하는지, 또 사회에서 일어나는 여러 가지 문제들을 어떻게 해결할 수 있는지에 대한 실마리를 던져주고 좀 더 나은 선택을 향해 나아가도록 이끌어주는 '거인의 어깨'라 할 수 있다. 공자의 가르침은 2500여 년 전 옛 말씀이지만 그 안에는 지금도 유효한 삶의 지혜가 가득하다.

『논어』「술이述而」편에 따르면 공자는 제자들에게 네 가지를 가르쳤다. '문文' '행行' '충忠' '신信'이 그것으로 문文은 역대 문헌, 행行은 사회적 실천, 충忠은 도덕 수양, 신信은 행위규범을 말한다. 또 『논어』「선진先進」편에 따르면, 네 가지 과科로 분류할 수 있는데 덕행, 화술과 변론, 정사, 문헌이다. 그래서 우리는 『논어』를 읽음으로써 정치, 도덕, 삶의 가치관, 인간관계, 교육 등에 관한 지식과 지혜를 얻을 수 있다.

그러나 한 가지 중요한 사실이 있다. 아무리 좋은 말도 고개만 끄덕이고 실천으로 연결하지 않으면 쓸모가 없는 것처럼 『논어』에서 배운 내용을 현실에서 실천하지 않으면 의미가 없다. 하지만 머리로 알고 이해해도 실제로 행동으로 옮기는 것은 절대 쉽지 않은 일이다. 그래서 끊임없이 공부하고 새겨서 실천으로 연결하는 자세가 필요하다.

추사秋史 김정희(金正喜: 1786~1856, 조선 후기의 정치가, 실학자 · 역사학자 · 금석학자 · 서예가 · 화가이다)는 "가슴속에 만 권의 책이 들어 있어야 그것이 흘러넘쳐서 그림과 글씨가 된다"라고 했다. 창조는 좋은 지식이 섞이고 융합되어 새롭게 만들어지는 결과물이다. 오랜 시간과 많은 사람의 평가를 거쳐 살아남은 지식은 마르지 않는 창조의 샘이다.

이이(1536~1584)

율곡栗谷 이이李珥는 조선의 유학자, 관료, 역사상 최고의 천재로 손꼽히는 인물 중 하나이다. 퇴계 이황(李滉: 1502~1571)과 함께 조선을 대표하는 유학자이다. 오랫동안 유학자의 면모만 부각되어 왔지만, 정치인으로서도 영향력이 컸다. 1583년 병조판서가 되어 선조에게 시무육조와 십만양병설 등 개혁안을 올렸다. 학문연구와 후진 양성에도 힘썼으며 주자학의 핵심을 간추린 『성학집요(聖學輯要: 1575년에 저술한 제왕학 교습서)』 등 많은 저술을 남겼다.

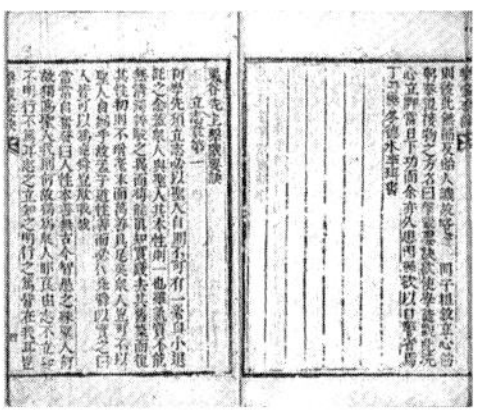

『격몽요결』

조선 전기 문신 · 학자 이이李珥가 일반 학도들에게 도학의 입문을 지시하기 위해서 1577년(선조 10년)에 간행한 유학 입문서이다. '격몽요결擊蒙要訣'이란 '어리석음을 쳐내는 방법'이라는 뜻으로, 학문에 입문하는 사람들에게 '내 어리석음을 스스로 버리되 학문의 중요함을 새기며 배우도록 하라'라는 율곡의 의도이다. 원본은 강원도 강릉시 오죽헌시립박물관에 보관되어 있으며, 보물 제602호로 지정되었다.

선조(1552~1608)

조선 제14대 왕. 선조(宣祖, 1552~1608, 재위: 1567~1608)는 조선시대 왕 가운데 고종과 함께 무능한 왕으로 알려졌다. 그가 왕위에 있는 동안 정여립 사건과 임진왜란(壬辰倭亂: 임진왜란은 1592년(선조 25)부터 1598년까지 2차에 걸쳐서 우리나라에 침입한 일본과의 싸움)이 발발했고, 이후 조선 사회는 무너져 내렸다.

뉴턴Sir Isaac Newton(1643~1727)

17~18세기 영국의 물리학자. 만유인력의 법칙을 발견하고, 반사망원경을 최초로 발명했다. 케임브리지대학 재학 시절에 데카르트의 기계적 철학, 피에르 가생디가 부활시킨 원자론, 로버트 보일의 책을 통한 화학적 지식, 헨리 모어의 허미티시즘 전통을 접했다. 1687년 만유인력의 원리를 처음으로 밝혀 세계적인 인물이 되었다. 뉴턴은 17세기 과학혁명의 상징적인 인물이다. 광학 · 역학 · 수학 분야에서 뛰어난 업적을 남겼고 1687년에 출판된 『자연철학의 수학적 원리』는 근대과학에서 가장 중요한 책으로 꼽힌다. 뉴턴의 역학적 자연관은 18세기 계몽사상의 발전에 큰 영향을 끼쳤다.

3. 아는 것과 모르는 것을 구분해야 할 때

子曰: 由誨女知之乎 知之為知之 不知為不知 是知也

자왈: 유회여지지호 지지위지지 부지위부지 시지야

『논어』「위정爲政」

공자께서 말씀하셨다.

유야! 너에게 안다는 것이 무엇인지 알려주마.

"아는 것을 안다고 하고, 모르는 것을 모른다고 하는 것이 진정 아는 것이다."

공자의 제자인 자로(子路: B.C.542~B.C.480)는 『논어』에서 약방의 감초와 같은 역할을 한다. 자로는 우직하고 저돌적이고 용기가 있었다. 때로는 좌충우돌하면서 스승에게 야단맞는 장면이 『논어』를 읽는 재미를 더해 주기도 한다. 만약 자로가 없었다면 『논어』의 재미는 뚝 떨어졌을지도 모른다. 자로는 공자보다 9세 연하로서 제자 중에서 최고 연장자의 위치에 있었다. 원래 건달이었던 자로는 공자를 만나 공부하는 사람으로 인생이 변화되었다. 또 자로는 과격하고 고집스러웠으며 잘난 체하는 성격이었다. 그래서 공자가 자로에게 진정으로 아는 것이 무엇인지를 가르쳐 준다.

知之爲知之 不知爲不知 是知也
지지위지지 부지위부지 시지야

"아는 것은 안다 하고, 모르는 것은 모른다고 하는 것이 바로 아는 것이다."

공자는 제자들에게 천편일률적인 교육을 하지 않았다. 제자들의 성격과 수준을 고려하여 맞춤식 교육을 제공했다. 자로는 용기가 있었으나 나서기를 좋아했다. 그래서 대충 알면서도 자신 있게 아는 척하는 경우가 많았다. 아는 척하다 보니 억지로 우기는 경우도 있었다. 선무당이 사람을 잡듯이 잘못하면 일을 그르칠 소지가 많아 보였기에 공자는 아는 것과 모르는 것을 구분할 줄 아는 것이 진정한 앎이라고 가르쳐 준다.

공자는 자로를 야단치면서 함부로 대하는 느낌을 주지만 끔찍이 사랑하기도 했다. 자로가 위나라에서 벼슬을 하던 중 내란이 일어나 전사했을 때 공자가 "내게 자로가 있은 뒤로부터는 나에 대한 나쁜 소리가 귀에 들리지 않았다"라며 무척 슬퍼했다. 불같은 성격의 자로는 스승을 비난하는 소리를 조금도 용서하지 않았다.

아는 것에 대한 공자의 가르침은 오늘날에도 설득력 있게 다가온다. 자신에 대한 솔직함이 지식의 근본이다. 그러나 솔직한 게 어디 쉬운 일인가. 오죽하면 소크라테스(Socrates: B.C.470~B.C.399)도 "너 자신을 알라"라고 했겠는가. 그만큼 자신을 안다는 것이 어려운 일이기 때문이다.

자신의 몸값을 아는 경우도 마찬가지다. 직장생활을 하면서 자신의 위치를 제대로 안다면 능력 있는 사람이 되지 않을 수 없으리라.

몸값은 현재 자신이 받는 급여가 아니다. '현재의 직장을 그만두고 다른 곳에 가면 받을 수 있는 급여'로써 노동시장에서 결정되는 객관적인 가치를 의미한다. 이를 기회 임금(opportunity wage)이라고 부른다. 자신의 기회 임금을 알면 스스로 준비할 수 있으므로 명예퇴직이나 정리해고와 같은 구조조정이 두렵지 않다.

기회 임금이 높은 사람이 직장을 그만두겠다고 하면 서로가 붙잡기 위해서 난리가 난다. 또 외부에서 스카우트하려는 손길이 끊이지 않는다. 하지만 기회 임금이 낮으면 명예퇴직 또는 정리해고의 대상이 되고 만다. 직장을 그만두고도 오라는 곳이 없어서 방황하게 된다.

회사를 떠나고 나서도 재취업이 잘 되는 사람들이 있다. 외국계 기업이나 삼성, LG처럼 대기업에서 활동하던 간부들이다. 이들이 취업이 잘 되는 이유는 간단하다. 치열한 경쟁을 통해 임원이 되었다면 일단 경쟁력을 믿을 수 있기 때문이다. 따라서 그들이 퇴직을 하면 다른 곳에서 기다렸다가 초빙해 가는 경우가 많다.

현재의 직장에 다닐 때 자신의 몸값을 아는 것이 중요하다. 그것을 어떻게 알 수 있는가? 자기 직장에 능력주의가 정착되어 있으면 능력이 있는 것이다. 그렇지 않고 연공서열에 의해 승진이 되는 시스템이라면 몸값은 그만큼 낮을 수밖에 없다. 사람의 능력은 비슷하다. 어떤 시스템에 노출되느냐에 따라 능력이 달라지는 것이다.

지식사회에서는 자신을 아는 것이 더욱 중요하다. 이는 지식근로자의 정의 속에 잘 나타나 있다. 지식은 대학교수나 박사들이 갖고 있는 학문으로서의 지식만 의미하는 것은 아니다. 오히려 우리의 일상생활에 도움을 주고 제품이나 서비스를 창출할 수 있는 것이면 무엇이든 지식에 속한다고 할 수 있다. 따라서 지식근로자는 피터 드러커(Peter Drucker: 1909~2005, 경제학자)가 정의했듯이 "자신의 업무를 끊임없이 개선 · 개발 · 혁신하면서 부가가치를 높여가는 사람"을 말한다. 따라서 지식근로자는 지지위지지(知之爲知之: 아는 것은 안다고 하고), 부지위부지(不知爲不知: 모르는 것은 모른다고 하는 것)를 구분할 줄 아는 사람을 뜻한다.

지식사회에서는 매일 매일 지식과 정보가 홍수처럼 쏟아져 나오고 있다. 현대인은 근본적으로 모르는 것이 많을 수밖에 없는 구조 속에서 살고 있음을 잊어서는 안 된다. 그래서 '지지위지지 부지위부지' 정신은 지식사회를 살아 가는 기본 자세라고 할 수 있다. 또한 모르는 것을 알기 위해서는 공부하고 질문하는 자세가 필요하다.

공자가 말한 '앎에 대한 진리'는 지식사회에서도 여전히 빛나는 교훈이 아닐 수 없다. 지지위지지(知之爲知之: 아는 것은 안다 하고) 부지위부지(不知爲不知: 모르는 것은 모른다고 한다)를 매일 아침 눈을 뜨면 아침을 여는 마음의 풍경소리처럼 읊어보자. 진정한 앎을 향해 다가가는 자신을 발견하지 않겠는가.

자로(B.C.542~B.C.480)

춘추시대 노나라의 정치가이자 무인이다. 공자의 핵심 제자 공문십철의 한 사람. 본명은 중유仲由로, 흔히 알려진 이름인 자로子路는 자字이다. 계로季路라고도 부른다. 지금의 산동성山東省 노국魯國 출신이다. 공자의 여행 동안 고난을 함께하였다. 주로 공자의 호위를 자처하며 시기하는 무리로부터 공자를 여러 번 지켜내기도 했다. 사마천의 『사기』에는 자로에 관해 "성격이 거칠고 용맹스러운 일과 힘쓰는 일을 좋아하고 의지가 강하고 정직하였다"라고 기록되어 있다. 공자는 그의 꾸밈없고 소박한 인품을 칭찬하였으나, 성급하고 거친 성정은 주의케 했다.

소크라테스Socrates(B.C.470~B.C.399)

고대 그리스 아테네의 철학자로 "철학의 아버지"로 칭송된다. 소크라테스의 생애와 사상은 경건하고 윤리적이며 보편성과 객관성을 열망하는 면모가 강하면서도, 신비적, 감성적, 권위적이기보다는 이성적, 비판적, 반성적인 자세와 토대를 추구한 것이었다. 그는 이러한 태도를 타자에게 설교하기보다 자기 자신이 우선 체화하고자 노력했고, "나는 내가 아무것도 모른다는 것을 안다"라는 깨달음을 얻으며 오늘날 말하는 메타인지(meta認知)의 선구자가 되었다. 그 개인의 성격은 소탈하고 친절했으며, 대화에는 해학이 있었다.

피터 드러커Peter Drucker(1909~2005)

오스트리아 출생의 미국인 작가, 경영 컨설턴트, 경영학자, 사회학자, 대학교수. 지식경영의 패러다임을 연 선구자이다. 30권도 넘는 경영서적을 저술한 성실한 저술가이기도 했다. 마케팅이란 개념의 창시자로, 민영화와 마케팅에 대한 화두를 던진 것으로도 매우 유명하다. 그뿐만 아니라 1959년에는 '지식노동자(Knowledge workers)'라는 단어를 만들었다.

4. 마음의 여유를 잊지 않은 삶의 품격

공자는 무관이었던 아버지가 일흔에 가까운 나이에 낳은 늦둥이였다. 세 살이 되던 해 아버지가 돌아가셨으니, 얼굴은 기억조차 나지 않았다. 어머니는 아버지와 정식 혼인을 하지 않았기에 한마디로 공자는 사생아였다.

사마천(司馬遷: B.C.145?~B.C.86?)은 『사기史記』의 「공자세가孔子世家」에서 이들 부모의 관계를 '야합野合'이라고 표현했다. 정상적인 혼인을 통해 맺어진 부부관계가 아님을 의미한다. 당연히 아버지가 돌아가신 후 아무런 유산도 받지 못해 집안 형편은 어려웠다. 엎친 데 덮친 격으로 어머니까지 눈이 멀게 되자 공자는 온갖 비천한 일을 마다하지 않으며 생계를 책임졌다.

공자는 힘든 환경 속에서 거칠게 살면서 한 가지 목표를 갖게 되었다. 입신양명(立身揚名: 출세하여 세상에 이름을 떨침)의 뜻을 세우고 학문에 매진한 것이다. 공자가 말한 입신양명은 "자기 몸을 바르게 세우고 바른 도를 행하여 이름을 후세에 드날림으로써 부모님을 드러나게 해드리는" 효孝의 마지막을 일컫는다.

공자의 삶은 불우했다. 처절하게 가난했던 그는 어릴 적부터 세상의 온갖 일을 경험하면서 정신적으로 더욱 성숙했다. 학문을 통해서 깨달음을 얻고는 도덕정치道德政治를 실현해 세상을 바꾸고자 했다. 학교에 다니지 못했고 스승도 없었지만 스스로 학문에 정진해 30세에 마침내 뜻을 세우고 후학을 양성하기 시작했다. 바라던 벼슬자리에 올라 도덕 정치의 실현이 눈앞에 다가오는 듯했다.

하지만 세상일은 그의 뜻대로 되지 않았다. 노魯나라를 위해서 정치적으로 기여했음에도 중임되지 못한 그는 14년간 세상을 주유하면서 자신의 이상 정치를 펼칠 곳을 찾아다녔지만 끝내 뜻을 이루지 못했다.

그러나 공자는 의연했다. 심지어 목숨이 위태로운 적도 있었지만 조급해 하지 않았으며 태연자약한 태도를 유지했다. 위衛나라의 영공靈公을 떠나서 송宋나라로 갔으나, 그곳에서 살해의 위협을 당해 진나라로 향했을 때다. 양식이 다 떨어지고 제자들은 병이 들어 일어날 수조차 없었다. 상황이 이러하니 성격 급한 자로子路가 스승에게 대들었다. "군자도 곤란해질 때가 있습니까?" 이때 공자는 여유 있게 대답했다. "군자君子는 곤란해도 마음을 견고하게 지키나 소인小人은 곤란하면 무슨 짓이든 다한다."

공자는 비록 정치적으로 크게 출세하지는 못했지만, 최선을 다해 후학을 양성하며 뜻을 펼쳐나갔다. 예순 살에는 순리대로 받아들이고, 일흔 살에는 하고 싶은 대로 해도 법도에 어긋나지 않았다. 공자는 제자들에게 "다른 사람이 자신을 알아주지 않는 것을 걱정하지 말고, 내가 다른 사람을 알지 못하는 것을 걱정해야 한다."라고 당부했다. 세상의 도리에 맞춰 살면서 제자들에게 자신이 염원하는 도덕 정치를 설파하는 삶을 소명으로 받아들인 것이다.

『논어』「술이述而」편에서는 제자들이 평소 공자의 모습을 다음과 같이 표현하고 있다.

> 子之燕居 申申如也 夭夭如也.
>
> 자지연거 신신여야 요요여야.
>
> 『논어』「술이述而」

> 공자께서 집에 한가로이 계실 때는 느긋하셨고 평화로우셨다.

거구의 공자가 홀로 조용히 정자에 앉아서 저 멀리 산을 바라보는 모습이 눈에 선하다. 마음에 여유가 있고 유유자적하면서 평화로웠던 공자는 세상에 초연했다.

하지만 그의 삶은 유년기부터 굴곡졌고 말년에는 큰 상심을 겪었다. 아들이 죽고, 이어서 가장 아끼던 제자 안회顔回도 잃었다. 듬직한 제자이면서 친구 같았던 자로(子路: B.C.542~B.C.480)는 위나라의 내분에 휘말려서 처참하게 살해당했다. 인생의 황혼기에 또다시 큰 슬픔을 겪은 공자의 마음은 어땠을까?

공자의 이런 성품은 『논어』 「술이述而」편에도 등장한다. "공자는 온순하고 인자하면서도 엄숙했고, 위엄이 있으면서도 사납지 않았으며, 예의 바르면서도 편안했다"라고 한다. 즉 전형적인 외유내강(外柔內剛: 겉으로는 부드럽고 순하게 보이지만 속마음은 실제로 단단하고 강하다는 뜻)의 모습이었다. 물론 그도 도가 아닌 것에 대해서는 질책하고 화를 낼 때도 있었지만, 부와 명예를 탐하지 않고 도를 닦는 모습은 아름다웠다.

이런 그에게도 쓴소리한 학자가 있었다. 공자가 30대에 가르침을 얻기 위해서 노자(老子: ?~?)를 찾아간 적이 있었다. 노자는 공자의 사상인 인仁과 예禮가 자연의 법칙에 어긋나는 인위적인 것이라면서 "당신은 교만과 욕망, 위선적인 표정과 끝없는 야심을 버려야 합니다."라고 일갈했다. 공자는 자신이 추구하는 이상과는 다른 길을 가는 노자의 말도 경청했다. 그러면서 여전히 사람은 인仁으로 대하고, 예禮를 가르쳐서 교화해야 한다는 믿음을 갖고 정진했다.

공자처럼 파란만장한 삶을 산 학자도 흔치 않다. 하지만 그처럼 온화하고 엄숙한 삶의 자세를 잃지 않으면서 자신의 소명을 위해 정진한 사람도 없다. 남에게 인정받지 못하더라도 노력을 멈추지 않는 삶의 자세와 처절한 상심 속에서도 자비와 사랑을 잃지 않는 그의 정신은 세월을 뛰어넘어 큰 울림을 준다.

사마천(B.C.145?~B.C.86?)

전한 시대의 역사가이며 『사기史記』의 저자이다. 무제의 태사령이 되어 『사기史記』를 집필하였고 B.C.97년 『사기史記』를 완성하였다. 중국 최고의 역사가로 칭송된다.

『사기史記』

사마천에 의해 한漢나라 무제 때 쓰인 역사서이다. 사마천은 『사기史記』 저술의 동기를 '가문의 전통인 사관의 소명의식에 따라 『춘추春秋』를 계승하고 아울러 궁형의 치욕에 발분하여 입신양명으로 대효를 이루기 위한 것'으로, 저술의 목표는 '인간과 하늘의 관계를 구명하고 고금古今의 변화에 통관하여 일가의 주장을 이루려는 것'으로 각각 설명하는데, 전체적 구성과 서술에 이 입장이 잘 견지되었다.

노자(?~?)

초楚나라 고현(苦縣, 지금의 하남성) 출생. 춘추시대 말기 주周나라에서 장서실藏書室을 관리하던 수장실사守藏室史를 하였다. 공자가 젊었을 때 낙양으로 노자를 찾아가 예禮에 관한 가르침을 받았다는 이야기도 전해진다. 주나라의 쇠퇴를 한탄하고 은둔할 것을 결심해 서방西方으로 떠나는 도중에 관문지기의 요청으로 상하 2편의 책을 써 주었다고 한다. 이것을 『노자』라고 하며 『도덕경道德經』이라고도 하는데, 도가道家 사상의 효시로 일컬어진다. 노자는 『도덕경』을 저술하여 도道의 개념을 정의하고, '허정虛靜'과 '무위無爲' 사상을 설파했다.

5. 성공이 가까워질수록 겸손을 붙잡아라

"벼는 익을수록 고개를 숙인다." 어렸을 적부터 귀가 아프게 들었던 말이다. 하지만 막상 실천하기란 쉽지 않다. 내가 어렵거나 힘들 때는 당연히 고개를 숙이고 살지만 사정이 나아질수록 점차 고개를 들게 된다. 주변에서 나의 부와 명예를 칭송하며 용비어천가를 부르면 빳빳한 고개는 좀처럼 굽혀지지 않는다. 그만큼 겸손은 유지하기가 힘들다.

유명세에 사람들이 불나방처럼 내 곁으로 모이면 착각을 하기 쉽다. 이 모든 부와 명예가 온전히 나의 노력으로 이룬 것이니 마음껏 누려도 좋다고 생각한다. 주변에서 달콤한 말을 하면 더욱 그렇다. "정말로 대단하신 통찰력입니다." "어떻게 하면 그렇게 성공할 수 있을까요? 배우고 싶습니다." 처음에는 이런 과한 칭찬에 거부감이 들지만 점차 익숙해지면 생각과 태도도 바뀐다. 감사한 마음은 잊고 자신을 과신하며 모든 성공은 나의 실력에서 비롯된 것이라는 착각에 빠져든다.

그러나 화려한 무대의 조명이 꺼지면 어떻게 될까? 텅 빈 객석을 바라보며 무대 위에 홀로 서 있다면 이내 스포트라이트를 받던 그 순간이 그리워질 것이다. 남들의 부러움을 사는 부와 명예로 갖은 칭송을 받다가 나락으로 떨어지는 사람 중에는 주변 사람들을 원망하는 경우도 있다. 그들이 나를 이렇게 만들었다고 생각하고, 다시 한번 부와 명예를 쟁취해서 코를 납작하게 만들겠다고 으르렁댄다.

반면 진정 도를 깨우치거나 덕을 실천하는 사람들은 이렇게 살지 않는다. 늘 자신의 부족함을 알고 상대방이 누구든지 겸손한 마음을 유지한다. 항상 배우려 하고 자신보다 뛰어난 사람이 어디에든 있다고 생각한다. 그들에게 돈과 명예는 인생의 목적이 아니라 자신의 가치를 실현하기 위한 수단일 뿐이다.

이런 덕德을 지닌 사람은 항상 주변에 그를 따르는 사람이 있다. 그만큼 정신적 · 물질적으로 많이 베풀기 때문이다. 덕이 있는 사람들은 늘 서로 좋은 에너지를 주고받으며 마치 물처럼 끊임없이 흐르고 멈추지 않는다.

구독자가 수십만 명에 이르는 유튜브 채널을 운영 중인 피트니스 강사는 본인이 유명해지면서 광고 제안과 함께 콘텐츠를 유료화하자는 제안을 받았다는 것이다. 하지만 그녀는 몇 달을 고민하다가 끝내 전부 거절했다고 했다. 자신이 추구하는 가치에 맞지 않았기 때문이었다. 물론 자신은 돈을 벌고 싶고, 앞으로 방향성이 맞는 광고라면 할 계획이라고 덧붙이며, 다음과 같은 말을 했다.

"돈에도 성격이 있습니다."

돈을 많이 벌고는 싶지만 내가 추구하는 가치를 버리면서까지 돈에 목매지 않겠다는 의미다. 이런 결단을 내리기는 쉽지 않다. 자본주의 사회에서 노동의 가치는 얼마나 많은 돈을 버느냐로 판단되기도 한다. 하지만 그녀는 남들과는 달리 자신만의 가치를 고수했다.

자신이 유명해지고 돈을 벌게 된 건 유튜브 채널이 지닌 진정성이 구독자들에게 좋은 영향력을 미쳤다는 걸 알기 때문이다. 그녀는 덕을 갖춘 사람이 타인을 강화시킬 수 있음을 몸소 보여주었다.

"가난하면서 원망하지 않기는 어렵지만, 부유하면서 교만하지 않기는 쉽다."라는 공자의 말처럼 가난한 사람은 세상을 원망하기가 쉽고, 부자는 이미 많은 것을 소유하고 있어서 겸손하기가 쉽다. 그런데 정말로 그럴 수 있을까? 어느 날 갑자기 부와 명예가 찾아온다면 감사한 마음으로 교만을 억누를 수 있을까?

그렇기 때문에 우리는 늘 깨어 있어야 한다. 내가 이 자리까지 온 것은 나 혼자만의 노력이 아니었음을 상기하며 살아야 한다. 선배, 동료, 후배, 스승, 가족, 친척, 친구 등 나를 둘러싼 모든 사람의 덕분이라는 생각을 잊어서는 안 된다. 그러면 주변에 마주치는 어느 누구도 함부로 대할 수 없다.

지금 나의 곁에 있는 사람들을 찬찬히 살펴보자. 나는 이들을 얼마나 소중하게 대하고 있는가? 혹여 나의 지위를 핑계 삼아 그들 위에서 군림하려 드는 건 아닌가? 겉으로는 겸손한 척하지만, 속으로는 얕잡아 보고 있지는 않은가?

공자는 『논어』 「위령공衛靈公」편에서 군자에게 필요한 네 가지 덕목을 이야기했다. 그것은 "의로움, 예, 겸손, 믿음"이다. 의로움을 근본으로 하고 예로써 행하고, 겸손하게 그 마음을 나타내고, 믿음으로써 그것을 이룬다는 것이다. 이 가운데 '겸손함'의 덕목이 빠진다면 나머지 세 가지를 이루더라도 빛이 바랠 것이다. 그만큼 '겸손함'은 중요한 미덕이다.

늘 겸손한 마음을 갖는다는 것은 쉽지 않다. 부와 명예가 높아질수록 더욱 그렇다. 하지만 세상을 원망하는 마음을 버리는 것보다 교만하지 않은 것이 쉽다고 했으니 지금 내가 가진 것에 감사하고 겸손함을 잃지 않도록 해야겠다.

6. 덕을 베푸는 자가 진정한 승자다

이상적이고 정의로운 사회는 선한 사람들이 인정받고 잘 사는 세상이다. 올바른 사고방식을 갖고 의롭게 살면서 어려운 사람들을 돕는 덕德을 갖춘 사람들이 제대로 대접받는 사회 말이다.

주변을 한번 둘러보자. 하다못해 직장의 후배들은 밥 잘 사주는 선배를 더 따르게 마련이다. 남에게 베풀기 좋아하고 자신이 가진 것을 기꺼이 나누어주는 이들은 어디서나 사람이 따른다.

반면 잘 나누지 않는 인색한 사람도 있다. 자신이 가진 것을 잘 내놓으려 하지 않고 오직 자신의 성공에만 골몰한다. 당연히 그 방법도 잘 알고 있는데 이들은 주로 상사에게 잘 보이는 법에만 능통하다. 상사의 아바타가 되어서 그들의 기쁨과 슬픔을 같이 느끼고 실적을 내기 위해 아랫사람들을 철저하게 이용한다.

한편 삶에서 덕을 갖추고 실천하기도 힘들지만, 사회생활을 하면서 덕을 인정받기란 더 어렵다. 회사는 업무 능력과 함께 보여주는 능력이 중요한 조직이기 때문에 내가 덕을 갖추고 있다고 하더라도 그것을 보여주기 힘들다. 또는 행하더라도 자신의 공이 되지 않을 수 있다.

덕을 베푸는 사람들은 업무를 잘 진행하기 위해서 양쪽을 조율하는 역할을 곧잘 한다. 불평을 들어주고 토닥이면서 설득한다. 하지만 그렇게 해서 일이 잘 처리되고 나면 음지에서 고생한 사람의 공적은 잘 나타나지 않는다.

모든 것을 숫자로 표현해야 하는 세상인데 공교롭게도 덕은 숫자로 표현할 수 없다. 고과 평가를 위해서 실적을 입력하는 곳에도 '일 처리를 매끄럽게 하려고 중재했다.' '사람들의 불평을 잘 들어주고 힘든 사람을 위로했다'와 같은 항목은 없다. 주로 업무 처리 능력, 리더십, 창의성, 독창성 등에 대해서 평가할 뿐이다. 그런데 조직이 매끄럽게 돌아가기 위해서는 중간에 '감정노동'을 하는 사람이 필요하다.

『린치핀』의 저자 세스 고딘Seth Godin 또한 감정노동의 중요성을 강조했다. 인공지능이나 로봇이 대신할 수 없는 것이기 때문이다. 그는 이 책에서 커피숍 체인점에서 일하는 데이비드라는 남자에 대해 이야기했다. 그의 태도에 놀랐기 때문이다. 그는 6년 내내 손님들을 친절하게 대하고 세심하게 신경 썼다. 커피숍 주인은 따로 있는데도 말이다. 그의 성실함에 감탄한 고딘이 그에게 질문했다.

"데이비드 씨, 어떻게 그렇게 한결같은 마음으로 일할 수 있나요?"

"저는 축복을 위해서 일합니다."

데이비드는 자신의 인생을 주도적으로 살아가고 있었다. 누군가에게는 커피숍에서 손님을 응대하는 일이 상당히 피곤하고 짜증 나는 일일 것이다. 매일 반복되는 일을 성실히 수행하는 것뿐 아니라 불평하는 고객도 친절히 응대해야 하기 때문이다. 하지만 그는 그런 일들에 짜증을 내지 않았다. 자기 일이 선물이고 축복이라고 믿었기에 고객들과 교감하고 소통하는 것에서 행복을 느꼈다.

만약 내가 이 커피숍의 주인인데 두 명의 직원 중 단 한 명만 남겨야 한다면 누구를 선택하겠는가? 커피를 매뉴얼에 따라서 잘 만드는 직원일까? 아니면 데이비드처럼 덕을 갖추고 손님과 진심으로 공감하며 소통하는 직원일까?

공자가 당시 위정자들에게 덕치德治를 강조하며 "덕德으로써 정치를 하는 것은 북극성이 제자리에 머물러 있어도, 다른 별들이 북극성을 둘러싸고 돌고 있는 것과 같다."(『논어』「위정爲政」)라고 말했다.

북극성이 제자리에 가만히 있어도 모든 별이 주위를 맴도는 것처럼 군주가 덕德으로 다스리면 힘으로 압력을 가하지 않아도 백성들이 감화받아 저절로 따른다는 의미다. 즉 덕이 가장 빛날 뿐만 아니라 중심이라는 의미다. 덕치德治를 실천하는 군주는 절대 외롭지 않다. 절로 따르는 신하와 백성이 있기 때문이다.

'덕德'을 구체적으로 표현하는 것이 바로 '예禮'다. 마음속으로만 덕을 갖고 있으면 상대방이 알 수 없으므로 표현해야 한다. 커피숍 직원 데이비드처럼 남을 위하는 덕德의 마음을 예禮라는 방식으로 실천해서 보여주는 것이다. 덕이 없는 예는 겉치레에 불과하다.

위정자도 마찬가지다. "덕으로 백성을 다스린다면 법을 어길 때는, 백성이 부끄러움을 안다(『논어』「위정爲政」)"라고 했다. 반면 엄격한 법으로만 다스리면 백성은 형벌을 면할 방법만 궁리한다. 왕을 두려워하고 피하려고 하고, 서로를 의심한다. 그렇게 되면 왕은 홀로 남은 북극성처럼 외로워진다.

그러나 안타깝게도 당시 위정자들은 공자의 이러한 덕치주의德治主義 주장을 받아들이지 않았다. 정치에 인품은 그다지 필요 없다고 생각한 것이다. 그보다는 강력한 병사, 뛰어난 병법가兵法家, 풍부한 식량이 우선이라고 봤다. 그러한 패권주의를 통해서 강대국이 약소국을 침범하고 병합하는 역사는 반복되었다. 하지만 그로 인해 남은 것은 무엇인가? 백성들의 아픔과 고통뿐이었고 영원할 것 같은 제국도 결국 사라지고 말았다. 빛나는 북극성도 떨어졌다.

공자는 제나라의 경공에 대해서 이런 이야기를 했다.

"제齊나라 경공景公은 말 4,000필을 소유하고 있었지만, 그가 죽던 날 백성 중 그 누구도 그의 덕을 칭송하지 않았다."(『논어』「계씨季氏」)

제경공(齊景公: ?~B.C.490)은 재상 안영(晏嬰: B.C.578~B.C.500) 덕분에 나

름대로 치세를 펼쳤으나 사치와 향락을 즐겼던 인물이었다. 대단한 부와 권세를 쥐었지만, 덕을 갖추지 못했던 경공의 죽음을 애도하는 백성은 없었다. 반면에 '두 임금을 섬길 수는 없다'라며 충절을 지킨 백이伯夷와 숙제叔齊는 수양산首陽山에서 고사리를 캐다 굶어 죽었지만, 사람들은 후세까지 그들을 칭송하고 기렸다. 이렇듯 덕은 부와 권세가 가닿을 수 없는 최상의 경지다.

세스 고딘Seth Godin(1960~)

세계에서 가장 영향력 있는 마케팅 전략가. 스탠퍼드 경영대학원에서 MBA 과정을 마치고, 다양한 글로벌 기업의 CEO를 역임했다. 온라인 마케팅 기업 요요다인 설립 이후 온라인 다이렉트 마케팅 방법을 창안해 수백 개의 기업을 지도했다. 야후의 마케팅 담당 부사장, 온라인 커뮤니티 서비스 스퀴두의 CEO로 활약했다. 2013년 다이렉트 마케팅 협회 명예의 전당에, 2018년 미국 마케팅 협회 명예의 전당에 헌액되었다. 30여 년간 마케팅의 개념을 새롭게 정의하고, 시대를 앞서가는 혁신적인 마케팅 기법을 제시한 결과였다. 그는 수많은 기업인이 생각하고 행동하는 방식에 변화를 몰고 왔다.

『린치핀』:

세계적 마케팅 전략가 세스 고딘의 대표작이다. 마케팅 전략가이자 30여 년간 마케팅의 최전선에서 혁명을 이끌어온 세스 고딘은 15년 전 『린치핀』을 출간하며, 대체 불가능한 인재의 중요성을 역설했다. 결코 부품처럼 갈아 끼울 수 없는 존재, 세상을 이끄는 유일무이한 존재, 변화를 만들고 가치를 창조하는 존재가 바로 '린치핀'이다. 린치핀은 태어나는 것이 아니라 만들어진다. 오로지 린치핀이 되기로 선택하는 사람만이 변화를 만들 수 있다. 이 책의 목표는 우리가 왜 린치핀이 되기로 선택해야 하는지 일깨워주는 것이다.

제경공(?~B.C.490)

제나라의 제26대 군주. 즉위 초기에는 권신들이 전횡을 일삼고 유력 세력끼리 내전이 일어 서로 죽고 죽이는 등 매우 어지러웠으나 이후에 어느 정도 문제를 해결하고 국력을 신장시켜 중후반기에는 제환공齊桓公의 패업을 상당 부분 회복한다. 다만 이는 명신 안영晏嬰에게 의지한 바였기에 안영이 죽은 뒤에는 다시 나라가 혼란해진다.

안영(B.C.578~B.C.500)

안자晏子라고도 한다. 춘추시대(春秋時代, B.C.770~B.C.403) 제齊나라의 대부大夫로 정치가이자 사상가, 외교가이다. 제나라 영공靈公, 장공莊公, 경공景公 등 삼대三代에 걸쳐 40여 년 동안 군주를 보좌했다. 저서로 『안자춘추晏子春秋』가 있다.

백이와 숙제

백이와 숙제는 본래는 은殷나라 고죽국(孤竹國: 하북성河北省 부근)의 왕자이었는데, 아버지가 죽은 뒤 서로 후계자가 되기를 사양하다가 끝내 두 사람 모두 나라를 떠났다. 그 무렵 주나라 무왕武王이 은나라의 주왕紂王을 토멸하여 주 왕조를 세우자, 두 사람은 무왕의 행위가 인의仁義에 위배하는 것이라 하여 주나라의 곡식을 먹기를 거부하고, 수양산에 들어가 몸을 숨기고 고사리를 캐어 먹고 지내다가 굶어 죽었다. 유가儒家에서는 이들을 청절지사淸節之士로 크게 높였다.

7. 사람답게 산다는 것

춘추시대(春秋時代: B.C.770~B.C.403)에는 인재를 등용할 때 과거科擧 시험을 거치지 않고 추천을 받아 선발했다. 그렇기에 명망 있는 사람의 추천은 출세의 보증수표나 다름없었다.

당시 위정자들은 공자에게 제자들의 자질에 관해서 자주 물었다. 스승의 마음 같아서는 당연히 좋은 말을 해주는 것이 도리이나, 공자는 자신이 느낀 바를 가감 없이 이야기했다. 노나라의 대부 맹무백이 공자의 제자 자로(子路: B.C.542~B.C.480), 염유(冉儒: B.C.501~?), 자화(子華: B.C.509~?)에 대해서 질문했다. 먼저 "자로가 인仁합니까?"라고 성품을 묻자, 공자는 "모르겠습니다."라는 의외의 답변을 했다.

염유에 대해서도 마찬가지였다. "모르겠습니다." 자화에 대해서도 역시 같은 답변이었다. 대신 자기 제자가 지닌 능력은 인정했다. 우선 자로에 관해서는 제후국에서 세금을 관리할 만하고, 염유는 경대부(높은 대부) 집안에서 우두머리 직책을 할 수 있고, 자화는 빈객을 접대하면서 이야기를 나눌 수 있는 정도라고 했다.

이처럼 공자가 제자들의 성품에 대해서 다소 박하게 평가한 이유는 무엇일까? 그만큼 인의 경지에 제대로 도달한다는 것은 어렵기 때문이다. 오죽하면 그가 후계자라고 생각한 안회(顔回: B.C.514~B.C.483)에 대해서도 '단 석 달 동안' 인을 어기지 않았을 뿐이라고 했을까.

그만큼 인을 꾸준히 실천하기란 쉽지 않다. 아무리 학문을 닦고 사색을 해도 자기도 모르게 안 좋은 습관이 나온다. 힘든 것을 멀리하고 편하고 쉬운 것을 찾아가는 것이 인간의 본능이기 때문이다.

예를 들어 충서(忠恕: 자기에게 충실하여 정성을 다하며, 그러한 자세로 다른 사람을 용서함)의 중요성을 깨닫고 상대방에게 진심을 다하며(충忠), 그 사람의 입장(서恕)에서 이해하려고 결심했다고 하자. 최선을 다해 공감하다가도 어느 순간 나도 모르게 지치고, 악마와 천사가 나의 어깨 위에서 속삭인다. '왜 나만 노력해야 하지? 저 사람은 나에게 해주는 것이 없는데?'라는 마음이 들끓는다. 그러다가 또 '아니야. 생각해 보면 고마운 것도 있었지. 계산하지 말고 해보자'라며 마음을 다잡기도 한다. 하지만 머릿속으로는 아무리 좋은 일이라고 생각해도 내 본능이 그것을 거부할 수 있다. 그러면서 현실과 타협하고 자신을 정당화한다.

이처럼 좋은 마음으로 꾸준히 선행을 하기란 쉽지 않다. 한 번 정도 착한 일을 하는 것은 누구나 할 수 있다. 하지만 반복하여 지속해서 선행善行을 하기란 매우 어려운 일이다. 그럴 때는 내가 추구하는 가치를 다시 한 번 상기시켜야 한다. "나는 왜 인을 행하려고 하는가?" "굳이 내가 행하지 않아도 세상은 잘 돌아갈 텐데 꼭 내가 해야 하는 이유는 무엇일까?" "나에게 인仁은 도대체 어떤 의미인가?" 스스로에게 이런 질문을 해야 다시 마음을 다잡을 수 있다.

공자가 제자들에게 끊임없이 인仁의 중요성을 강조한 것도 이와 같은 이유에서다. 한 번의 가르침만으로는 금방 잊어버리고 실천하기 어렵기 때문이다. 공자는 때로는 부드럽게, 때로는 엄하게 인을 강조했다.

"마을이 인한 것은 아름다운 일이다." "인하지 못한 사람은 오랫동안 검소함과 즐거움에 머물지 못한다." "인에 뜻을 두고 있으면 악함이 없다." "군자君子가 인을 버리고 어찌 이름을 떨치겠는가?"(『논어』「이인里仁」)

공자가 이처럼 인仁을 지속해서 강조한 것은 아름다운 세상을 만들기 위함이었다. "인仁은 사람 인人과 둘 이二로 이루어져 있다." 두 명의 사람, 즉 사람 간의 관계를 뜻하기도 한다. 내가 인하지 않으면 상대방도 마찬가지다. 내가 무례하게 굴면 상대방도 나를 그렇게 대할 것이다. 반면 내가 진심과 정성을 다해서 공손하게 대한다면 상대방도 화답할 것이다. 적어도 인격을 갖춘 사람이라면 말이다.

내가 최선을 다해 인을 추구했는데 그에 대한 대가를 바로 못 받는다고 실망할 필요는 없다. 덕德이 있는 곳에 사람이 모이듯 나와 함께할 선인善人들은 나타나게 마련이다. 또한 인과 함께하면 나의 마음이 편하다. 이익을 추구하는 사람은 늘 초조하고 성급하다. 남을 원망하고 스스로 탐욕을 주체하지 못한다. 아무리 돈을 벌어도 감사한 마음을 갖지 못하고 질투심을 불태우니 행복할 수가 없다.

인을 통해서 올바른 인간관계를 추구하고 나를 수행하면서 행복을 찾아야 한다. 증자(曾子: B.C.505~B.C.435, 춘추시대의 유학자. 공자의 도道를 계승하였다.)는 매일 자신을 세 번 반성하면서 도를 닦았다. 안회顔回는 하루에 밥 한 그릇과 물 한 표주박을 마시면서 끊임없이 극기복례(克己復禮: 자신의 욕심을 버리고 사람이 본래 지녀야 할 예의와 법도를 따르는 마음으로 되돌아감)의 정신으로 인의 경지에 오르고자 했다. "예禮가 아니면 보지 말고, 듣지 말고, 말하지 말고, 실행하지 말라."라는 스승의 말을 고지식할 정도로 지켰다. 그만큼 인의 경지는 높기만 하다. 각고의 노력과 자기반성 없이는 이를 수 없다.

하지만 평범한 일상 속에서 최소한의 도리(道理. 마땅히 행해야 할 바른길)를 행하며 사는 것은 중요하다. 부모이자 자식으로서, 형제자매로서, 직장의 상사이자 동료로서 내가 지켜야 할 최소한의 도리가 무엇인지 깨닫고 그것을 삶의 태도로 다져나가야 한다.

염유(B.C.501~?)

노魯나라 사람으로 공자의 제자. 공문칠십이현孔門七十二賢 중 한 사람이다. 『사기』「중니-제자열전」에는 공자보다 50세 어렸다고 한다. 현자로서 공자의 사당에 배향되었다.

자화(B.C.509~?)

공자의 제자. 노나라 사람. 성은 공서公西 이름은 적赤. 자화는 그의 자임. 그래서 공서화公西華라고도 불림. 외교를 잘했다.

안회(B.C.514~B.C.483)

안회는 공자가 가장 아끼는 수제자로 32세에 죽는다. 그가 죽자, 공자가 자신을 잃을 정도로 울어 다른 제자들의 빈축을 샀다. 안회는 평생을 가난하게 살면서도 학문을 좋아하고 도道를 실천한 인물이다. 공자와 안회 관련 에피소드가 제일 많을 정도로 안회는 공자 제자 3천 명 중 넘버원이었다. 공자와 친척관계라는 설도 있다. 공자의 제자들 가운데는 학자 · 정치가 · 웅변가로서 뛰어난 사람이 많았으나, 안회는 덕德의 실천에서 가장 뛰어났다고 한다.

4장

흔들리는 삶을
굳건히 세우는 길

1. 지금 당장 할 수 있는 일을 하라

季路問事鬼神 子曰 未能事人 焉能事鬼, 曰 敢問死 曰 未知生 焉知死

계로문사귀신 자왈 미능사인 언능사귀, 왈 감문사 왈 미지생 언지사

『논어』「선진先進」

계로가 귀신 섬기는 일을 물었을 때
공자께서 "아직 사람도 제대로 섬기지 못하면서,
어찌 귀신을 섬길 수 있단 말인가?"라고 말씀하셨습니다.
계로가 다시 묻기를 "감히 죽음에 관하여 묻겠습니다"라고 하자
공자께서 "삶도 잘 알지 못하는데 어찌 죽음을 알겠는가?"라고 하셨습니다.

살면서 가끔 위와 비슷한 질문을 한다. 마음이 약해질 때나 마음이 흔들릴 때면 더욱 그렇다.

"선생님, 귀신이 정말 있습니까? 있다면 그 귀신을 어떻게 모셔야 제가 복을 받을 수 있을까요? 세상이 뒤숭숭하니 믿을 수도 없고, 믿지 않을 수도 없는 것 같습니다. 궁금합니다, 알려주세요. 선생님, 사람이 죽으면 어디로 가는 것입니까? 죽음은 시작인가요, 아니면 아주 영영 끝인가요?"

계로(季路: B.C.542~B.C.480, 공자의 제자로 흔히 자로子路라고 불린다)의 질문에 공자의 대답은 간결하다. 귀신의 유무보다 더 긴급한 것이 살아 있는 지금 우리의 삶이니, 당장 긴급하지도 분명하지도 않은 문제를 가지고 시간을 낭비하지 말고 현재의 삶에 더 집중하고 노력하는 게 낫다는 말이다.

살아 있는 오늘의 삶도 잘 모르겠는데 죽은 이후의 일들이 뭐 그리 급하냐는 것이다. 그렇다고 공자가 귀신이나 죽음의 문제를 부정하지는 않았다. 그것들은 그 나름대로 중요한 문제라는 것을 알고 있으나, 그보다 더 긴급한 삶의 문제가 있다는 것이다.

가끔은 지금까지 어떻게 살아왔는가를 되돌아보게 됩니다. 내가 내일을 선택할 용기가 있었던가, 지금까지의 일들이 정말 내가 선택하고 내 의지대로 해 온 것인지를 생각해 보게 된다. 보이지 않는 신념으로 내가 살아가는 건 아닌지, 보이지 않는 시스템에 의해 내가 조종당하고 있지는 않은지 점검해 보게 된다.

당연하게 받아들였던 일을 다시 한번 생각해 본다는 것에는 두 가지 의미가 있다.

당연한 일이 아닌데도 지금까지 당연하게 여겼다면 지금이 바로 변화할 시기라는 것이며, 당연한 일을 당연하게 하고 있었다면 행복한 인생을 확인하는 셈이 된다.

확실하지 않은 일에 관심을 가지다 보면 미궁으로 빠질 때가 종종 있다. 분명하지 않은 일에 관심을 가지다 보면 한쪽으로 치우칠 때가 있다. 사람들은 대개 보고 싶은 것만 보고 듣고 싶은 것만 듣는다. 눈을 뜨고도 제대로 못 보고 귀를 열고도 제대로 듣지 못한다. 내가 스스로 확인하지 않은 사항은 더욱 그렇다.

고위 공직자가 한 말이니 맞겠지, 고위 책임자가 한 말이니 틀리지 않겠지, 신문 기자가 본인 이름을 걸고 기사를 썼으니 맞겠지, 내 마음에 드는 유튜버가 말했으니 틀림없겠지, 목사님 말씀이니, 스님 말씀이니, 전문가 말이니…. 그런데 그게 정말 맞을까?

사실과 다른 게 많을 수도 있다. 시간이 지나면서 거짓으로 밝혀진 가치 없는 일을, 당시에는 왜 그리도 관심과 집중으로 흥분하고 열을 냈는지 알 수가 없다. 더 황당한 건 그런 시간을 왜 보냈어야만 했는지다. 내게는 아무런 도움도 가치도 남기지 못했던 일에 왜 그리 열중했는지 아쉬움이 클 때가 많다.

하루의 일상 또한 다양한 정보 속에 구속된다. 미리 등록해 둔 관심 분야의 정보가 이메일 서비스를 통해 아침마다 도착한다. SNS를 통한 메시지 역시 정보의 탈을 쓰고 쉼 없이 찾아온다. 스마트폰을 열면 제목조차 읽기 귀찮은 스팸 메시지들이 기다리고 있다.

매일 반복되는 회원들 간의 지나친 관심과 형식적인 격려, 지나친 자랑과 은근한 홍보, 시도 때도 없이 읽어야만 하는 짜증이 일상이 되기도 한다. SNS에 동참하지 않으면 시대에 뒤떨어지는 듯한 느낌에 회원가입을 하고 열심히 댓글을 달았지만, 어느 틈에 족쇄가 되어 일상을 갉아먹고 있다.

이럴 때는 현재에 집중하는 용기가 필요하다. 노력으로 풀 수 있는 과제에 집중해야 한다. 내가 해결할 수 없는 문제는 덮어 두고 내가 해결할 수 있는 문제에 더 열중하는 게 효과적이다. 많은 것을 다 갖는 건 누구나 어렵다. 사람의 힘으로 풀 수 없는 문제는 남겨 두는 것도 전략이다.

현재에 집중하려면 방해 요소를 제거해야 한다. 누군가를 만나 감정이 많이 상한다면, 가능한 한 그 만남의 기회를 줄여야 한다. 그가 아니더라도 우리가 만나야 할 사람은 너무도 많다. SNS에 너무 많은 시간이 낭비된다면 SNS를 줄여야 한다. 계정을 삭제하거나 사용하는 시간을 정해야 한다. 소통이 득이 아니라 짐이 된다면, 그 짐을 줄여야 한다.

현재에 집중하려면 지금 집중하는 과제가 있어야 한다. 집중은 용기이다. 한 가지에 집중하면 나머지 아흔아홉 가지는 자동으로 정리된다. 지금 집중하는 게 없으면 SNS에 집중하거나 귀찮게 찾아오는 사람들에게 집중하게 될 수도 있다. 만약 이렇게 된다면, 일 같지도 않은 일에 집중하게 되고 관여하지 말아야 할 일에 관여하게 된다. 그러니 "목표가 용기이며 목표가 집중이다."

2. 간절함과 두려움으로 공부한다

> 子曰 學如不及 猶恐失之
> 자왈 학여불급 유공실지
>
> 『논어』「태백泰伯」

> 공자께서 말씀하셨다.
> "학문은 마치 미치지 못할 것 같은 갈급한 마음으로 배움에 임해야 하며, 배운 것을 잃어버릴까, 두려워하듯 배움에 임해야 한다."

2500년 전 공자의 학습법은 치열했다. 공자는 공부에 임하는 자세를 두 가지로 요약했다. 하나는 아무리 열심히 해도 미치지 못할 것 같은 갈급한 마음 자세이며, 다른 하나는 한 번 배운 지식은 절대로 잃어버려선 안 된다는 마음가짐이다.

공자의 제자 자공(子貢: B.C.520~B.C.456: 공자의 제자)은 실천하는 방법으로 '절차탁마切磋琢磨'를 들었다. 옥반지를 만들 때 톱으로 돌을 자르고, 자른 돌을 줄로 갈고, 반지 모형을 만들고자 정으로 쪼고, 모래 종이로 윤이 나게 문지르면서 갈고닦으라는 '절차탁마切磋琢磨'의 방식으로 공부해야 한다고 했다.

이같이 간절한 마음과 두려운 마음으로 공부에 임해야 한다고 공자는 말한다. 단 1점 때문에 불합격했다면, 1점은 그저 1점이 아니다. 100점과도 같은 1점이다. 그만큼 갈급한 심정으로 학습에 임해야 한다는 것이다.

A 씨는 항상 주위 사람들에게 "간절히 원하면 이뤄진다"라고 말하곤 했다. 직장에서는 후배나 부하 사원들에게, 집안에서는 아이들에게 시도 때도 없이 이 말을 남발했다. 누군가 찾아와 조언을 구할 때면 '간절함'이 레퍼토리가 되었다.

그런데 정작 A 씨 자신은 간절하게 일을 해본 적이 별로 없다. 간절하게 해보지도 못한 채 그저 입으로만 잘난 체를 밥 먹듯이 말한 것이다. 어떤 책을 봐도 간절하게 하면 된다고 했기 때문에, A 씨는 그렇게 될 것으로 믿고 자신 있게 목소리를 높였던 것 같다.

그 무책임한 말을 듣고서 간절함을 가지고 일하는 후배나 부하 사원은 없었다. 그들이 바보가 아닌 이상 모를 리가 없다. 앞에서는 선배의 말을 잘 듣는 시늉을 했겠지만, 돌아서 바로 '너나 잘하지'라고 했을 것이다. 아마 그들도 후배들에게 '간절함' 타령을 했을지도 모른다.

사람들은 늘 정답만 말한다. 선배도 상사도 방송도 책에서도 언제나 바른 소리만 늘어놓는다. 그래서 세상엔 바른 소리가 넘쳐난다. 사건만 터졌다 하면 교수나 전문가가 등장하여 바른 소리만 한다. 다리가 무너지고, 아파트가 넘어져도, 대형 화재에 수재가 나도, TV 화면에는 뛰어난 전문가가 넘쳐난다. 바른 소리를 해대는 데도 사고는 매년 넘쳐난다.

그러나 나이가 들면 '간절함'이 안으로 파고들 때가 있다. 간절한 인생을 살고 싶다는 욕심이 생겨난다. 남들이야 어떻게 인생을 살아가든, 시간이 더 가기 전에 간절함을 가지고 뜨거운 삶의 시간을 보내고 싶은 마음이 들기 시작한다. 행동이 아닌 말로 살아온 지난 시간이 적지 않은 부담이 되지만, 그래도 지금이 아니면 더 이상의 기회가 없을 것 같은 두려움이 들기도 한다.

정말 부러운 것 중 하나가 인생을 열정적으로 보낸 사람들의 모습이다. 10년, 20년 아주 오랜 시간 동안 한 가지 일에 몰두한 결과, 의미 있는 성과를 만들어 가는 사람들의 이야기에는 늘 부러움을 느낀다. 오십에 시작했건 육십에 시작했건 자신만의 영역을 구축해 가는 아름다운 삶의 모습은, 그 시작점이 중요한 게 아니라 오랫동안 변함없이 열정을 다했다는 데 있다.

삼십, 사십에 그 일을 시작할 수 있으면 너무 행복하겠지만, 불행히도 우리 주변에 그런 행운을 잡는 사람들은 그리 많지 않다. 아니 삼십, 사십이 생각지도 못했던 삶의 역경이기에 오십, 육십에 이르러 열정적인 삶이 더 가치 있게 다가오는 것인지도 모른다. 사람들은 가끔 이런 이야기를 한다.

"나도 열정을 불살라 가며 미친 듯이 일을 좀 해 봤으면 좋겠어. 하지만 그런 일이 없다는 게 문제야."

그들이 말하는 이유는 거의 비슷하다. 매달 받는 월급 때문에 열정을 불사르는 일을 할 수 없다고 한다. 당장 필요한 수입을 위해, 진행하는 아르바이트 때문에, 열정을 불사르는 일을 할 수 없다고 한다. 딸린 식구 때문에, 열정을 불사르는 일을 할 수 없다고 한다.

혼자 살면 혼자 살기 때문에, 삼십이면 아직 서른밖에 되지 않았기 때문에, 사십이면 지금 해결해야 할 일이 한두 개가 아니라서, 오십이면 당장 풀어야 할 현실적인 숙제를 하기에도 급급해서, 육십이면 이제 너무 늦어서, 칠십이면 미래를 희망할 수 없어서 열정을 불사르는 일을 시작하지 못한다.

그러나 중년이 되면 남들에게 그토록 강조했던 간절함을 이제는 본인 스스로가 가져야 할 때이다. 방법은 두 가지다.

하나는 현재의 일에 간절함을 더하는 것이다. 다른 하나는 간절히 하고 싶은 일을 찾는 것이다.

현재의 일에 간절함을 더할 수만 있다면, 더 이상 바랄 바가 없는 최상의 조건이다. "간절함은 열정을 만드는 연료이기 때문이다." 의무감으로 하는 일은 간절함과 거리가 멀다. 그러니 현재의 일에 의미를 부여하는 작업을 모색해 봐야 한다.

일에 의미를 더하는 건 시들어 가는 꽃에 물을 주는 것과도 같다. 꽃이 시들어 가는 건, 꽃이 아름답지 않아서가 아니라 물이 부족하기 때문이다. 직업이나 일이 의미가 없어서 간절하지 않은 게 아니라, 의미 부여를 충분히 하지 않아서일 가능성이 높다. 비록 의무감으로 하는 일이라 해도 의미 없는 일은 없다. 본인만 그렇게 생각하고 있을 공산이 크다.

마음처럼 쉽지는 않지만, 간절히 하고 싶은 일을 찾는 방법도 가능하다. 직업이나 경력을 바꾼다는 게 큰 결심이 필요하기는 하지만, 도전해 볼 만한 일이기도 하다. 절차탁마(切磋琢磨: 옥이나 뿔 따위를 갈고 닦아서 빛을 낸다는 뜻으로, 학문이나 도덕, 기예 등을 열심히 배우고 익혀 수련함을 비유적으로 이르는 말)의 정신을 끌어낼 수 있는 간절한 일이라면 용기 내 도전해야 한다. 한 번 더 열정을 불살라 가며 일하고 싶다면, 현재의 일에 간절함을 더하든가 간절히 하고 싶은 일을 찾아 도전해야 한다. 용기가 필요한 일이다.

자공(B.C.520~B.C.456)

공자의 제자. 본명은 단목사端木賜. 자공은 자字이다. 위나라 출신으로 공자보다 31살 연하다. 안회, 자로 등과 함께 공자의 수제자로 꼽힐 정도로 공자가 아꼈다. 언변이 탁월했으며, 정치적 수완도 뛰어나 노나라와 위나라의 재상을 지냈다. 또한, 장사와 사업에도 비범한 능력을 지니고 있었기 때문에 엄청나게 돈을 많이 벌었고, 이 자금으로 공자와 공자 학단을 경제적으로 적극 지원했다. 또한 여러 나라의 제후들을 만나며 교섭하는 자리에 자주 스승 공자를 모시고 다녔고, 그들에게 막대한 자금을 빌려주는 대가로 공자의 가르침을 받아들이도록 권했다. 이 때문에 사마천司馬遷도 『사기史記』에서 "공자가 천하에 알려진 것도 자공의 도움 덕"이라고 평했을 정도이다.

3. 생각만 하고 배우지 않으면 위태롭다

子曰: 學而不思則罔, 思而不學則殆

자왈: 학이불사즉망, 사이불학즉태

『논어』「위정爲政」

공자께서 말씀하셨다.

배우기만 하고 생각하지 않으면 얻음이 없고,

생각만 하고 배우지 않으면 위태롭게 된다.

우리에게 필요한 지식은 두 가지이다. 하나는 '일반 지식', 다른 하나는 '전문 지식'이다. 학교에서 배우는 지식은 일반지식에 가깝다. 넓고 얕은 지식으로 일반 상식과 크게 다를 바 없다. 직장이나 일터에서 사용할 수 있는 지식은 전문 지식이다. 넓이보다 깊이가 있는 지식으로 돈이 되는 지식이다.

교육 역시 두 가지로 나눌 수 있다. 하나는 새롭거나 필요한 지식을 알려주는 것, 다른 하나는 이미 가지고 있는 역량이나 잠재력을 끄집어내는 것이다. 학생을 대상으로 하는 학교 교육과 직장인 혹은 성인들을 대상으로 하는 성인 교육은 다르다. 폭넓고 다양한 지식을 지속해서 공급하는 학교 교육과 새로운 지식의 공급보다는 경험으로 축적된 개인의 잠재 역량을 계발시키는 성인 교육은 방법이 다르다. 그러니 10대의 학습법과 중년의 학습법은 달라야 하는 게 당연하다.

"직장에서 퇴직한 지 얼마 안 된 50대가 자영 사업을 시작하는 건 곧 상장 폐기될 기업의 주식을 사는 것과 같다"라는 타이틀로 방송했던 투자 전문 유튜버가 있다. 그는 퇴직 후 급한 마음에 프랜차이즈나 자영업을 시작하기보다 그간의 전문성을 살려 전문 직종의 자격증 예컨대 주택관리사, 전기설비사, 전문요양사, 감정평가사, 요리사 등의 자격증을 취득하는 게 훨씬 더 효과적이라는 의견을 제시했다. 50대는 50대에 맞는 방식이 있다는 것이다.

10대에 하는 공부는 의무에 가깝지만 50대에 하는 공부는 용기가 필요하다. 그간 자신의 직업을 통해 굳어진 고정관념을 허무는 용기가 필요하다. 사람이 직업을 선택하지만 10년, 20년이 지나면서 직업이 사람을 만들고 일이 인생을 결정한다.

양털처럼 부드러웠던 사람이 고슴도치 털처럼 뻣뻣해지는 것도 그와 수십 년을 함께한 직업과 일 때문이다. 기계 공학을 전공한 수치에 밝은 사람도, 영업 업무를 수십 년 하고 나면 수학 · 과학의 치밀함은 사라지고 사람 냄새가 물씬 풍기게 된다.

50대의 공부엔 용기가 필요하다. 지금까지와는 전혀 다른 인생을 살아가게 될 확률이 높기 때문이다. 망설임과 어색함과 부자연스러운 감정이 공부와 함께 찾아오겠지만 이번 생에 꼭 한 번은 해보고 싶은 그것을 잡을 용기가 필요하다. 용기 있는 자가 미인을 얻고, 용기 있는 자가 행복한 인생을 만들 수 있다는 말이 있다.

불편함 속에서도 풀어내야 할 숙제처럼 50대의 공부는 전문성을 높이는 성인 학습이 주가 되어야 한다. 생각 없이 공부해서는 안 된다. 단 한 권의 책을 읽더라도 일관성이 있어야 한다. 어떤 목적을 위한 공부이며 독서인지를 분명하게 정해야 한다. 어떤 분야의 전문성이 왜 필요한지를 꼭 알아야 한다. 인생 후반전은 그것에 의해 결정될 수 있기 때문이다.

미래 방향과 목표를 정함에 있어 현재 모습을 고려할 필요는 없다. 비록 지금 아무것도 내세울 게 없는 평균 이하의 상황이라 해도 상관없다. 성공하면 지금의 초라함이 더없이 좋은 감동 스토리가 될 것이기 때문이다. 분명한 목적을 달성하기 위해 어떤 전문 지식이 필요한가, 그것만 정확하게 뽑아낸다면 50대의 공부는 이미 반 이상 선결된다.

A 씨는 오십에 인생 후반전 목표를 강의로 잡았다. 그간 강의와는 별 상관이 없는 일을 해 왔었기에 전문 강사에 대한 구체적인 지식이 없다시피 했다. 강사가 되려면 무엇을 준비하고 어떤 역량을 키워야 하는지에 관한 그 어떤 정보도 없었지만, 강의하는 인생 후반을 꿈꿨다.

조금 무모하지만 결심하고 나니 현실적인 문제들이 고개를 들었다. 강사가 되면 무엇이 좋은가? 정말 강사가 되고 싶은가? 먹고 살 정도의 수입은 가능할까? 내가 강의한다고 하면 그동안 나를 알았던 사람들이 뭐라고 할까?

불안함과 가능성이 공존하면서 한동안 혼란스러웠지만, 인생 후반에 내가 오랫동안 할 수 있는 일로 강의를 해보자고 결정했다. 목표가 생기면 조준은 누구나 가능하다. 안정된 마음으로 조준을 연습하면 정조준도 가능하게 된다.

목표를 정하면 바로 준비 단계로 들어가야 한다. 목표를 정해 놓고 실천하지 않는 건 목표를 정한 게 아니다. 옹골차게 시작하지 못하고 하루이틀 계속 지연하면 실현할 가능성이 기하급수적으로 떨어진다. 말로는 목표를 정했다 해도 사실이 아니다. 그렇게 엉거주춤 시간을 보내면서 목표를 달성한 사람은 세상 어디에도 없다. 배움 없이 고민만 하면서 특별한 결과를 바라고 있다면 오만에 불과하다.

A 씨가 인생 후반의 목표를 '강의'에 두겠다고 결정하니 해야 할 일이 하나둘이 아니었다. 강의 주제가 시원치 않았고, 남들 앞에 서는 강사로서 번듯한 학력이 부족했다. 그때까지 전자 공학 학사라는 학력이 부족하다고 느낀 적은 없었지만, 강사로서 전자 공학 학사는 밖으로 드러내 놓기엔 왠지 자신감이 떨어졌다.

그래서 장기적인 포석으로 석박사라는 목표를 잡았고, 바로 전공과 학교를 알아봤다. 학위를 받기까지 얼마나 걸릴지는 모르지만 일단 시작하면 끝은 분명 정해질 것이라 믿고 결심했다.

시작하는 용기를 낼 수 있다면, 무모하게 보일 수도 있지만 내 인생을 살겠다는 용기를 낼 수 있다면, 지금까지의 경력과 다소 다를지라도 해보고 싶은 걸 해보겠다는 용기를 가질 수 있다면, 오십은 분명 또 하나의 기회이다.

오십은 새로운 걸 시작하기에 좋은 나이이다. 생각 없이 배우면 그 끝이 허망하게 되고(학이불사즉망學而不思則罔), 배우지 않고 고민만 하고 있으면 인생이 위태롭게 된다(사이불학즉태思而不學則殆)는 공자의 명언처럼 중년과 오십은 공부다운 공부, 내 인생의 공부를 시작하기에 최적의 시기라 할 수 있다.

4. 열정적이지 않은 사람은 방전된 배터리와 같다

> 葉公問孔子於子路 子路不對,
> 섭공문공자어자로 자로불대
> 子曰: 女奚不曰 其為人也 發憤忘食 樂以忘憂 不知老之將至云爾
> 자왈: 여해불왈 기위인야 발분망식 낙이망우 부지로지장지운이
>
> 『논어』「술이述而」

> 섭공이 자로에게 공자에 관하여 물었는데 자로가 대답하지 않았다.
> 이에 공자께서 말씀하셨다.
> "너는 왜 나에 대하여 분발하면 밥 먹기를 잊고, 즐거움에 걱정을 잊으며, 늙음이 닥쳐오고 있다는 것조차 알지 못하는 그런 사람이라고 말하지 않았느냐?"

공자께서 50대 후반, 노魯나라를 떠나 천하를 주유할 때 초楚나라의 변

방인 섭 지방을 지나고 있었다. 섭 지방의 수장인 섭공葉公이 자로子路에게 공자에 관해 은근히 물었다.

아마도 섭공은 공자에 관해 평판 조회를 하고 있었던 모양이다. 이에 자로는 어떤 연유에서였는지 바로 대답하지 않았다. 이 사실을 나중에 들은 공자가 자로에게 말했다.

"우리 스승은 배움에 분발하면 밥 먹는 것도 잊을 정도로 몰입하고, 그 몰입의 즐거움에 일상의 근심 걱정까지 잊으며, 세월 가는 것과 늙음이 다가오고 있는 것조차 알지 못하는 사람이라고 왜 말하지 않았느냐?"

관심 두는 일은 시작했다 하면 끝장을 보는 열정적인 군자라 말해줬으면 더 좋았을 거라는 아쉬움이 남는 공자의 반응이었다. 섭공의 도움으로 향후 초나라에서의 정치를 꿈꿨는지도 모른다. 결국 섭공의 큰 도움은 없었으나, 이러한 공자의 말을 통해 공자의 열정적인 삶의 단면을 볼 수 있다. 공부에 몰두하다 밥때를 놓치기는 부지기수요, 학문으로 원하는 바를 얻으면 그 즐거움으로 다른 걱정은 모두 사라지고, 노년의 쇠약해지는 건강 위협조차 느끼지 못했다는 공자의 자술이다. 학문의 열정, 일의 열정, 어떤 것에 몰입하여 열정적으로 살아간 공자의 모습을 볼 수 있다.

어느 교회에서 강론 중이던 신부님이 신도들에게 질문을 하나 했다.

"지옥 가고 싶은 분 있으시면 손들어 보세요."

아무도 손을 들지 않았다. 그러나 이번엔 "그럼 천당 가고 싶은 분 손 들어보세요"라고 하자 손을 들지 않은 사람이 단 한 명도 없었다. 바로 "그럼, 지금 바로 천당 가고 싶은 분 손 들어보세요"라고 하니, 아무도 손을 들지 않았다.

"그러니 지금 여기가 천당보다 낫습니다. 지금 여기서 잘 살아야 합니다."

도스토옙스키(1821~1881)는 『죄와 벌』에서 사형 집행 한 시간 전, 사형수의 간절한 마음을 다음과 같이 묘사했다.

> 만일 어느 높은 절벽 위나 그렇지 않으면 겨우 두 발로 서 있을 정도로 비좁은 장소에서 절벽과 바다와 영원한 어둠과 영원한 고독과 영원한 폭풍에 갇힌 채 살아야 한대도, 사방 한 자밖에 되지 않는 장소에 평생토록 천 년이든 만 년이든 영원히 서 있어야만 한 대도, 지금 죽는 것보다는 사는 편이 그래도 낫다는 거야. 살고 싶다. 살고 싶단 말이야. 어떤 식으로 살더라도 살고 싶다. 이보다 더한 진실이 어디 있겠는가.

미국 NBC의 인기 프로인 〈아메리카 갓 탤런트〉 무대에 오른 어느 마른 체구의 가녀린 여인은 노래를 부르기 전 인터뷰에서 자신을 이렇게 소개했다.

> 이 노래는 서른 살 내 생명의 마지막 해에 관한 이야기입니다. 저는 폐와 간 그리고 척수로 전이된 암과 싸움을 하고 있습니다. 저는 생존 확률이 2퍼센트입니다. 그런데 2퍼센트는 0퍼센트가 아닙니다. 저에게 2퍼센트는 대단한 것입니다. 저는 사람들이 그것이 얼마나 놀라운 것인지를 알았으면 좋겠습니다.

그녀가 무대에서 부른 노래의 제목은 〈It is okay〉였다. 괜찮아, 괜찮아, 괜찮아. 노래가 끝난 뒤 심사위원들은 감동의 눈시울을 붉혔다. 이날 제인 마르크제프스키는 '골든 버저'를 얻어 준결승에 진출하며 생방송 출연권까지 획득했다.

공자의 시간이나 우리의 시간이나 소중하지 않은 시간은 없다. 2500년 전의 공자의 시간도 소중하고 지금 우리 모두의 시간도 소중하다.

사형 집행 한 시간 전 사형수의 시간이나 2퍼센트의 생존 확률을 가진 제인 마르크제프스키의 시간이나 공자의 시간이나 지금 우리의 시간이나 소중하기는 마찬가지이다. 천당보다 나은 이곳에서의 시간은 우리 모두에게 매우 소중하다.

그런데 누구에게는 시간이 그렇게도 간절하고, 누구에게는 시간이 그렇게도 무덤덤하게 느껴지는 이유는 무엇일까? 누구에게는 일분일초가 그토록 소중하고 누구에게는 한 달 1년이 아무렇지도 않은 이유는 어디에 있는 것일까?

우리는 어떤 일을 해야 밥때도 잊을 정도의 열정을 가지게 될까? 어떤 일을 선택해야 근심 걱정도 잊은 채 일의 즐거움으로 가득 채울 수 있을까? 어떤 일을 해야 시간 가는 줄도 모르고 늙어가는 것조차 느낄 수 없는 경지에 다다를 수 있을까?

나폴레온 힐Napoleon Hill(1883~1970)은 그의 명저 『성공의 법칙The Law of Success』에서 그 이유를 "열정"에서 찾았다.

> 열정이란 어떤 일을 하고 싶게 만드는 마음가짐을 말한다. 열정은 행동을 일으키는 원동력으로 사람과 열정과의 관계는 증기기관차와 증기와의 관계와 같다. 열정이 없는 사람은 방전된 배터리와 같다.

사람들 대부분은 열정적으로 살고 싶어 한다. 다만 환경과 조건이 따라주지 않기 때문에 머뭇거리고 있을 뿐이라고 생각한다. 언젠가 기회가 오면 멋지고 뜨겁게 살아 보리라 생각한다.

왜 아니겠나? 단 한 번뿐인 삶인데, 단 한 번뿐인 인생인데, 단 한 번뿐인 지구별 여행인데 누군들 한번 멋지고 열정적으로 살고 싶지 않겠나? 평생 남들에게 박수만 쳐주며 살고 싶겠는가?

하지만 아무리 기다려도 그 좋은 환경과 기회는 오지 않을 수도 있다. 기회는 만들지 않으면 찾아오지 않는다.

무작정 기다리는 건 답이 아니다. 우리가 풀어야 할 가장 큰 숙제가 바로 그것이다. 시간을 마음대로 계획하고 사용할 수 있게 되면 우리는 용기를 가져야 한다.

우리가 공자처럼 될 수는 없지만, 용기를 가져야 한다. 방전된 배터리를 충전해야 한다. 언제부턴가 잊고 있던 '열정'의 배터리를 채워야 한다.

도스토옙스키(1821~1881)

러시아제국의 소설가. 도스토옙스키는 톨스토이와 함께 19세기 러시아 문학을 대표하는 세계적인 소설가이다. 세계 문학사에서도 손꼽히는 위대한 소설가 중 한 명이다. 1821년 10월 30일 모스크바 빈민 병원 의사의 둘째 아들로 태어났다. 페테르부르크 공병학교를 졸업했지만, 문학의 길을 택한 뒤, 첫 작품 『가난한 사람들』(1846)로 당시 러시아 문단의 총아가 되었다. 이후 그의 작품 세계에서 이정표가 된 『지하로부터의 수기』(1864)를 발표했다. 이어, 병과 가난에 시달리면서도 『죄와 벌』(1866), 『백치』(1868), 『카라마조프가의 형제들』(1880) 등 심리적, 철학적, 윤리적, 종교적 문제의식으로 점철된 걸작들을 남겼다.

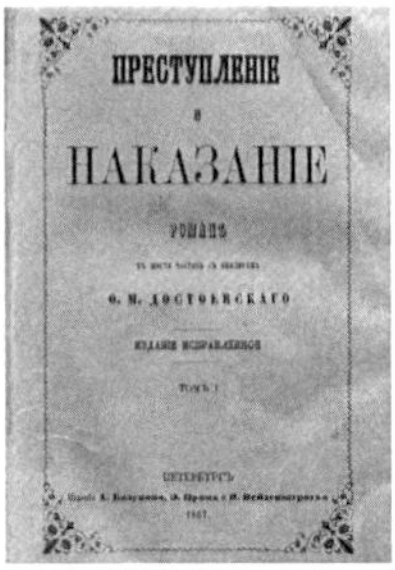

『죄와 벌』

러시아의 대문호 표도르 도스토옙스키가 1866년에 발표한 장편소설. 명실상부 도스토옙스키의 대표작이자, 러시아 문학을 대표하는 작품 중 하나이다. 『죄와 벌』은 인간의 가장 깊은 곳에 숨겨진 심리를 낱낱이 파헤친다. 이 소설은 도스토옙스키 본인이 작가로서의 성숙기에 정점을 찍을 수 있게 했고, 그 후 후대 작가들에게 커다란 영감을 주었다.

나폴레온 힐(Napoleon Hill, 1883~1970)

미국의 세계적인 성공학 연구자이다. 어느 잡지사의 기자로 취직하게 되어, 마침내 당대 세계 최고의 부자인 앤드루 카네기를 만나게 된다. 앤드루 카네기의 유지를 받들어 1908년부터 1928년까지 20년에 걸쳐서, 앤드루 카네기가 건네준 명단 507명을 직접 인터뷰와 조사를 하면서 성공의 원리를 정리했다. 이렇게 하여, 성공학 역사의 위대한 걸작인 『성공의 법칙The Law of Success(1928)』을 완성하였고, 이후 일반인들을 위한 다이제스트 판으로 정리한 『생각하라 그리고 부자가 되어라Think and Grow Rich(1937)』는 성공학의 명작으로 지금까지 2천만 부 이상이 팔렸다고 한다. 이후 억만장자인 클레멘스 스톤 회장을 만나면서, 오늘날의 PMA 프로그램을 완성하게 된다. 이것은 현재 나폴레온 힐 재단에서 많은 사람들의 인생을 성공으로 이끄는 프로그램으로 보급되고 있다.

5. 효의 시작은 내 정신과 몸을 건강하게 하는 것이다

孟武伯 問孝 子曰 父母 唯其疾之憂

맹무백 문효 자왈 부모 유기질지우

『논어』「위정爲政」

맹무백이 효에 관해 묻자, 공자가 말했다.

"부모는 오직 자식이 병이 날까, 걱정하십니다."

노나라의 대부인 맹무백이 '효孝'에 관해 묻자, 공자는 정신적으로 신체적으로 건강하게 잘 삶으로써 부모에게 걱정을 끼치지 않는 것이 '효孝'라고 말하고 있다.

세상에서 나를 가장 사랑하는 사람은 부모님이다. 자식을 위해서라면 자신이 먹고 싶고, 입고 싶은 것도 참고, 자식에게 베푸는 것이 부모의 마음이다. 또 부모는 자식이 아프면 자신이 대신 아프고 싶은 마음이 들고, 자식이 아픈 것을 보면 자식이 느끼는 고통보다 더한 마음의 고통을 느끼게 된다. 그래서 큰 성공을 거두는 것도 효이겠지만, 그보다 더 큰 효도는 정신과 신체가 건강하게 삶을 잘 살아가는 것이다.

조선의 대학자 율곡栗谷 이이(李珥: 1536~1584)가 저술한 『격몽요결(擊蒙要訣: 어린이에게 뜻을 세워 부모를 봉양하고 남을 대접할 줄 알며, 독서의 방향을 교육하기 위해 이이가 1577년에 저술했다)』에는 우리가 부모님이 물려주신 신체를 소중히 여겨야 하는 이유가 분명하게 서술되어 있다.

"무릇 부모에게 당연히 효도해야 한다는 것을 모르는 사람이 없음에도 효도하는 자가 정말로 드문 것은 부모의 은혜를 깊이 알지 못하기 때문이다. 『시경詩經』에 이르지 않았던가. '아버지 나를 낳으시고 어머니 나를 기르시니, 그 은덕恩德을 갚고자 하나 하늘 같아 끝이 없다.' 자식이 생명을 받을 때 본성과 목숨, 혈육이 모두 부모가 남겨 주신 것이다. 숨을 쉬어 호흡하고 기맥이 서로 통하니 이 몸은 나의 사유물이 아니고 바로 부모께서 남겨 주신 기운이다. 그래서 『시경詩經』에 '슬프고 슬프다. 부모님이여! 나를 낳으시느라 수고로우셨도다'라고 하였으니, 부모의 은혜가 어떠한가. 어찌 감히 스스로 그 몸을 소유하고서도 부모에게 효도를 다 하지 않을 수 있겠는가? 사람이 항상 이 마음을 지닐 수 있다면 저절로 부모를 향한 정성이 생길 것이다."

이처럼 부모님이 물려주신 신체를 잘 관리하여 건강하게 잘 살면서 부모의 은혜를 잊지 않는 마음을 가져야 한다. 특히 사회가 각박해지면서 정신적으로 건강하지 못한 사람이 늘어나고 있다. 그런 사람들은 사회에 해를 끼치는 것에 앞서 부모님께 큰 슬픔을 안겨드린다는 점에서 '불효不孝'가 아닐 수 없다.

그래서 신체적인 건강도 매우 중요하지만, 건강한 정신을 갖고 나쁜 길로 빠지거나 나쁜 짓을 저지르지 않고 올바르게 살아가는 것도 부모님께 걱정을 끼치지 않는 길이다. 또한 자기 신체와 정신이 튼튼해야 부모님께 '효도孝道'를 제대로 할 수 있는 법이다.

『시경』

고대 중국의 시가를 모아 엮은 유교 경전. 춘추시대의 민요를 중심으로 하여 모은, 중국에서 가장 오래된 시집詩集으로 오경五經의 하나이다. 본래는 3,000여 편이었다고 전하나 공자에 의해 305편으로 간추려졌다. 사마천의 『사기史記』에 의하면 공자가 311편을 가려냈다 하나 이 중 여섯 편은 제목만 전한다.

6. 인간관계의 시작점은 부모와의 관계다

有子曰 其爲人也孝弟 而好犯上者 鮮矣 不好犯上 而好作亂者 未之有也
유자왈 기위인야효제 이호범상자 선의 불호범상 이호작란자 미지유야
君子 務本 本立而道生。孝弟也者 其爲仁之本與
군자 무본 본립이도생 효제야자 기위인지본여

『논어』「학이學而」

유자가 말했다. "그 사람됨이 부모에게 효도하고 어른을 공경하면서 윗사람을 해치기를 좋아하는 사람은 드물고, 윗사람을 해치기를 좋아하지 않으면서 분란을 일으키기를 좋아하는 사람은 없다. 군자는 근본에 힘쓰니, 근본이 서야, 도가 생겨난다. 효와 공경은 인을 행하는 근본이다."

유자(有子: B.C.518~B.C.458)는 공자의 제자로 노나라 사람이며, 이름은 약若, 자字는 자유子有다. 공자보다 서른세 살이 적었다. 유자는 예禮의 문제에 대해 밝았는데, 『논어』에도 이에 대한 내용이 많다.

사람의 본성은 안에서나 밖에서나 변하지 않는다는 의미로 "안에서 새는 바가지 밖에서도 샌다"라는 말이 있다. 문제아나 범죄자를 보면 부모와의 관계에서 문제가 있는 사람이 많다. 반대로 부모에게 효심이 깊고 윗사람을 공경할 줄 아는 사람은 대부분 밖에 나가서도 사람들에게 예의 바르고 따뜻하게 행동한다. 또 그렇게 사람들과 원만한 관계를 맺고 조화를 중시하는 사람은 조직생활에서도 상사에게 제멋대로 행동하거나 자신의 욕심을 채우기 위해 분란을 조장하지 않는다.

『효경孝經』에서는 "효孝는 모든 행실行實의 근본이다"라고 말했다. 우리는 가정에서부터 몸가짐과 인간관계를 배우고 그것을 바탕으로 학교생활과 사회생활에 적용하며 대인관계를 넓혀나간다. 그래서 부모와 형제는 대인관계의 근본이라 할 수 있다. 부모를 공경하고 형제를 사랑하는 마음이 있어야 그 마음을 확대해 친구들을 사랑하고 타인을 사랑할 수 있다. 그래서 타인을 사랑하는 인仁을 실천하기 위해서는 부모와 형제에 대한 사랑과 정성의 마음, 곧 효孝와 공경恭敬을 실천하는 것이 출발점이 된다.

우리나라는 예로부터 효孝 사상이 사회에 깊이 뿌리내려 부모에게 효도하고 웃어른을 공경하는 예절을 매우 중시했다. 조선시대에는 아동이 배우는 학습서로 『사자소학四字小學』 『동몽선습童蒙先習』 『격몽요결擊蒙要訣』 『명심보감明心寶鑑』 『효경孝經』 등이 있었는데 그 내용 중에는 부모와 웃어른에 대한 예절이 상당 부분을 차지했다. 그래서 '효孝'와 '정情'은 우리나라의 사회적 정서로서 그 뿌리가 깊다.

그런 영향으로 우리나라 사람들은 사회생활을 하면서 만난 사람들을 친형제가 아님에도 형이나 언니, 동생 등으로 호칭을 부르며 친밀한 관계를 맺는다. 그런데 SNS의 발달로 세계화가 추세가 되고 문화 패러다임이 크게 변화하면서 신세대들은 개인주의적 성향이 짙어지고 있다. 이로 인해 구세대와 신세대 간의 불통의 문제가 심각한 사회현상으로 떠오르고 있다. '꼰대'나 '틀딱' 등은 노인을 지칭하는 신조어로 소통이 안 되는 '불통의 아이콘'을 의미한다.

꼰대 문화가 생긴 이유는 우리나라 정서인 '효孝와 정情'이라는 문화와 서구에서 영향을 받은 '개인주의'가 공존하면서도 부딪치기 때문일 것이다.

구세대의 성향은 연장자를 어른 대접해 주는 것이 당연하다고 생각한다. 하지만 신세대, 예를 들면 MZ 세대는 개인주의 성향이 강하기에 연장자라는 이유로 대접을 해주어야 한다는 정서를 이해하지 못한다. 그런데 꼰대로 불리는 사람들을 보면 자기보다 나이가 어린 사람에게 예의 없게 행동하고 함부로 대하는 경우가 많다.

군군신신부부자자(君君臣臣父父子子: 임금은 임금다워야 하고 신하는 신하다워야 하며 아비는 아비다워야 하고 자식은 자식다워야 한다. 즉 임금은 임금답게 나라를 편안히 하고, 신하는 신하답게 올바른 정책을 내놓으며, 아버지는 아버지답게 모범을 보이고, 아들은 아들로서 책임을 다한다)에서 알 수 있는 것처럼 관계는 일방적인 것이 아니라 쌍방적인 것이다. 윗사람이 어른 대접을 받기 위해서는 어른답게 행동해야 한다. 윗사람들은 권위적인 태도를 버리고 열린 마음으로 아랫사람들과 소통하고, 아랫사람들은 윗사람들의 말을 경청하고 존중하는 자세를 가질 때 불통이 해소되고 소통의 길이 열릴 것이다.

유자(B.C.518~B.C.458)

공자의 제자로 노魯나라 사람이다. 『맹자孟子』「등문공 상滕文公上」에 전하는 바에 따르면, 유자가 공자와 여러모로 행실을 따라 닮았기에 공자의 사후 자하子夏, 자장子張, 자유子游 등이 공자 대신 유자(유약有若)를 모시려고 했지만, 자여子輿가 이를 비판했다고 한다. 한편, 『사기史記』에도 비슷한 이야기가 있는데 다른 제자가 생전의 공자 언행에 대해 유자에게 질문했지만, 유자가 대답을 못하여 공자를 대신할 수 없었다고 전한다.

『효경』

13경의 하나로, 효의 원칙과 규범을 수록한 유교 경전. 『효경孝經』은 효孝의 근본적인 해석에서부터 실천에 이르기까지 주제별로 심도 있게 다룬 책으로 민간의 아동에서부터 군왕에 이르기까지 모든 사람의 필독서였다. 내용은 먼저 효도의 근본적 의의를 말한 다음, 천자로부터 백성에 이르는 각 계층이 실천할 수 있는 효도의 방법을 기록하고 있다.

『사자소학』

『사자소학四字小學』은 저자 미상이며, 내용은 인간의 윤리 도덕에 입각하여 주자朱子의 『소학』과 기타 경전 중에서 아동들이 알기 쉬운 내용만을 뽑아서 만든 책이다. 『사자소학』은 인간의 윤리 도덕을 강조하여 아동들의 정서 함양과 우리 전통문화의 뿌리를 이해시키는 데 도움이 된다는 측면에서, 근대의 서당 교육과정 중 『천자문』을 떼고 난 다음, 『명심보감明心寶鑑』이나 『동몽선습童蒙先習』을 배우기 전의 과정에 학습되었다고 추정된다.

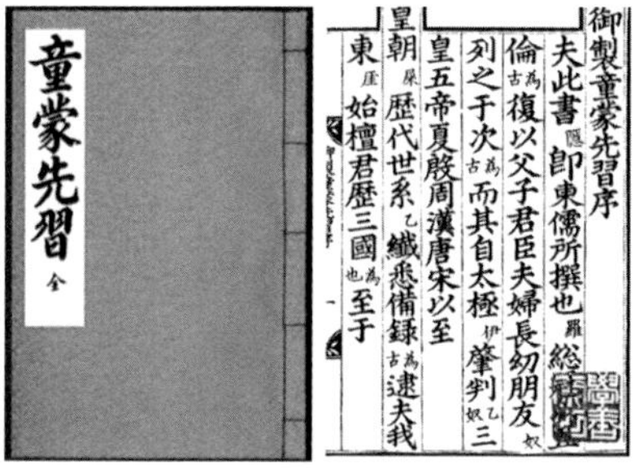

『동몽선습』

조선 중기 유학자인 박세무朴世茂 · 민제인閔齊仁이 1543년 초학 아동들을 위하여 지은 책. 초학 아동들이 『천자문』 다음 단계에서 반드시 학습하였던 대표적인 아동 교재였다. 아울러 민간에서뿐만 아니라, 현종 대 이후 왕실에서 왕세자의 교육용으로도 활용되었다. 내용은 크게 유학의 핵심 윤리인 오륜五倫에 관한 부분과 한국 · 중국의 역사에 관한 서술, 양 부분으로 구성되어 있다. 총론에서는 오륜은 하늘이 인간에게 부여한 가장 기본적인 도덕적 품성이라는 사실과 함께, 오륜의 근원은 '효행(孝行: 부모를 효성으로 잘 섬기는 행실)'이라는 사실을 강조하고 있다.

『명심보감』

아동 학습서이다. 이 책은 원래 원말명초元末明初 시기에 이루어져 명明나라 1393년에 처음 간행되었다. 중국을 넘어 한반도 · 일본 · 베트남 등지에 널리 퍼졌다. 『명심보감明心寶鑑』이란 뜻은 '마음을 밝혀 주는 보배로운 거울'로, 착하고 바르고 지혜로운 마음을 심어주는 것을 목적으로 한 고전서다. 조선왕조 때 서당에서는 천자문 다음으로 배우게 되는 교양서로 『천자문』을 모두 배우거나 익히게 되면 바로 『명심보감』으로 넘어가 『명심보감』의 구절과 명언 등을 익히고 배웠다. 현재에는 기초 한문교육, 도덕 교육용으로 읽히고 있다.

7. 삶의 결과가 달라지는 배움의 4가지 자세

孔子曰 生而知之者 上也 學而知之者 次也
공자왈 생이지지자 상야 학이지지자 차야
困而學之 又其次也 困而不學 民斯爲下矣
곤이학지 우기차야 곤이불학 민사위하의

『논어』「계씨季氏」

공자가 말했다. "태어나면서부터 아는 사람은 가장 높고, 배워서 아는 사람은 그다음이며, 어려움을 겪으면서 배우는 사람은 또 그다음이며, 어려움을 겪고도 배우지 않는 사람은 백성 가운데 가장 하등이다."

'생이지지生而知之'란 태어나면서부터 아는 사람을 말하며 보통 성인을 말하는데, 성인도 수양을 통해 깨달음을 얻는 것을 보면 나면서부터 아는 것은 사실 현실적으로는 불가능하다.

'학이지지學而知之'는 열심히 배워서 알게 되는 사람으로 배움을 좋아하여 능동적으로 배우는 사람들이다. 공자도 여기에 속한다. 『논어』「공야장公冶長」편을 보면 공자는 자신이 배우기를 매우 좋아하는 사람이라고 밝히고 있다. "열 가구 정도의 작은 마을에도 반드시 나처럼 충실하고 신실한 사람이 있겠지만, 나만큼 배우기를 좋아하는 사람은 없을 것이다."

'곤이학지困而學之'는 어려움과 좌절을 통해 배우고 필요에 따라 배우는 사람들이다. 그래도 경험을 통해 배우는 것이 있고, 필요한 것을 찾아서 배운다는 점에서 바람직하다.

'곤이불학困而不學'은 어려움과 좌절을 겪어도 배우는 것이 없으며 배우려는 의지가 없는 사람이다. 그래서 공자는 가장 하등이라고 말했다. 만약 이렇게 되면 삶에서 발전은 기대하기 어렵다. 배우지 않으면 생각의 변화를 기대하기 어렵고, 문제 해결 능력도 갖출 수 없어 현실에 안주하거나 처한 상황을 원망만 할 뿐이다.

공자는 배움의 자세를 이처럼 네 등급으로 나누었다.

태어나면서부터 아는 것은 불가능하므로 가장 바람직한 자세는 배움을 좋아해 배우려는 의지가 강한 것이다. 공자는 배우는 것을 좋아해 끊임없이 배우고 실천해 인류의 스승이 될 수 있었다. 공자의 제자 안회顔回도 여기에 속했다. 『논어』「옹야雍也」편을 보면 공자는 안회를 제자 중 유일하게 배우기를 좋아하는 제자로 인정했다. 애공이 물었다. "제자 중 누가 배우기를 좋아합니까?" 그러자 공자가 대답했다. "안회顔回라는 제자가 배우기를 좋아했습니다. 그는 노여움을 남에게 옮기지 않았고, 같은 잘못을 두 번 하지 않았는데, 불행히도 일찍 죽었습니다. 지금은 그런 사람이 없어서 배우기를 좋아하는 사람이 있다는 말을 들어보지 못했습니다."

어려움과 좌절을 통해 배우고, 필요에 따라 배우는 자세는 배움을 좋아하고 배움에 능동적인 자세보다는 아래 등급이지만 배우려는 자세를 갖고 있으므로 결과적으로는 배우는 것이 있다는 점에서 바람직하다. 아마 우리 대부분은 여기에 속할 것이다. 우리는 책을 읽고 공부를 하면서 배우기도 하지만, 경험과 사람을 통해서도 많은 것을 배우고 알게 된다. 그래서 배우려는 의지와 자세가 있다면 살면서 많은 것을 배우고 알아 갈 수 있다.

가장 문제는 어려움과 좌절을 겪어도 배우는 것이 없으며 배우려는 의지가 없는 자세다. 위에서 공자가 안회를 평가할 때 같은 잘못을 두 번 하지 않았다고 했는데, 그것은 잘못을 저지른 경험을 통해 배우고 고치려는 의지가 있었기 때문에 가능한 것이다. 그러나 실패를 경험하고도 좌절만 하고 그것을 극복하기 위해 아무런 노력도 하지 않으면 그 자리에 평생 머물게 된다. 또 잘못을 저지르고도 깨닫지 못하고 변화하지 않으면 계속 같은 잘못을 반복하게 된다.

안주하는 자세도 결국은 여기에 속한다. 끊임없이 배우고 노력하지 않으면 변화하는 추세를 따라잡을 수 없으며 자신의 변화와 발전은 없기에 결국은 도태될 수밖에 없다. '배움'은 우리를 계속 나아가게 하는 힘이다. 우리가 삶에서 어떠한 배움의 자세를 갖느냐에 따라서 우리의 삶은 확연히 달라진다.

5장

덕이 있는 사람은 외롭지 않다

1. 예가 아니면 보거나 듣거나 말하거나 행하지도 말라

子曰 非禮勿視, 非禮勿聽, 非禮勿言, 非禮勿動

자왈: 비례물시, 비례물청, 비례물언, 비례물동

『논어』「안연顔淵」

공자께서 말씀하셨다.

"예가 아니면 보지 말고, 예가 아니면 듣지 말고,

예가 아니면 말하지 말고, 예가 아니면 행하지 말라."

무릇 지도자는 타의 모범이 되어야 하는데, 만약 지도자가 예禮에 어긋나는 일에 관심을 두고, 예禮에 어긋나는 일에 귀를 기울이고, 예禮에 어긋나는 일에 대해 언급하고, 예禮에 어긋나는 일에 행동으로 반응하면, 아랫사람들은 특별한 비판 없이 따라 할 수밖에 없다.

취하지 말아야 할 것은 아무리 욕심이 나도 쳐다보지도 말아야 하고, 솔깃한 유혹을 받아도 절대로 들으려 하지 말아야 한다. 누구에게라도 예禮가 아니면 제안하지 말아야 하고, 행동에 옮겨서는 더더구나 안 된다. 아무리 커다란 이권이 눈앞에 어른거려도 법과 윤리에 맞지 않으면 근처에도 가서는 안 된다.

흔히 기업에는 여간 청렴하지 않으면 자칫 오해를 살 수 있는 부서들이 있다. 외부의 거래처를 상대해야 하는 구매부서나 외주부서들이 대표적인데, 이런 부서에 근무하는 이들은 특히나 남의 오해를 받을 만한 일을 해서는 안 된다.

오얏나무 아래에서는 갓을 고쳐 쓰지 아니하고, 오이밭 옆에서는 신을 고쳐 신지 아니한다고 하지 않았던가? 이런 교훈을 마음속에 새기고 있으면 별도의 노력을 하지 않아도 오늘날 기업의 최대 목표라고 하는 '윤리경영'이나 '투명경영'을 얼마든지 달성할 수 있을 것이다.

기업이 국가 경제에서 차지하는 비중은 예전에 비해 엄청나게 커졌지만, 이러한 기업을 바라보는 국민의 시선은 따갑기에 그지없다. 왜 그럴까? 무엇보다 이윤을 내기 위해 윤리적인 부분을 소홀히 처리하는 기업이 많기 때문이다. 오늘날 대부분의 기업에서는 윤리경영을 강조하고 있는데, 이는 사실상 구호에 그치는 경우가 많다. 사회 분위기상 형식적으로 흉내만 내는 것이다.

이렇듯 예禮를 행하는 데 소홀한 기업이 과연 얼마나 갈 수 있을까? 예禮를 버리고 단기적인 이익에만 집착하는 기업은 결국 오래 가지 못한다. 국민의 신뢰를 잃어버린다는 것은 곧 소비자의 구매력을 저하시킨다는 것과 같은 의미이다. 윤리경영을 말로만 외치며 예禮를 멀리하는 기업은 천천히 자신의 무덤을 파고 있는 것과 같다.

이러한 생각이 지나치게 이상적이라고 이야기할 수도 있다. 하지만 실제 상황을 보면 전혀 그렇지 않다. 경제 위기 속에서 다른 펀드들이 바닥을 치고 있는 상황에서도 윤리경영을 강조해 온 이른바 '착한 기업'에 투자하는 사회책임투자펀드들이 비교적 높은 수익률을 올리며 선전하고 있다는 조사 결과가 심심찮게 등장한다. 결국 장기적으로 보면 원칙을 지키는 기업, 예禮를 지키는 자가 승리하는 법이다.

정말 사리사욕을 버리고 예禮로 돌아가려고 노력하면, '성공한 CEO'가 되기보다는 '성공한 기업의 CEO'가 될 수 있다. 이러한 교훈을 뒷받침하는 흥미로운 움직임이 미국에서 뒤늦게 일어나고 있다고 한다. 경영대를 졸업하는 학생들에게도 의대생들이 졸업할 때 실시하는 '히포크라테스 선서'를 하게 하자는 제안인데, 하버드 경영대학원 교수들의 아이디어라고 한다. 그 내용을 소개하면 다음과 같다.

경영자를 위한 히포크라테스 선서

1. 경영의 목적 – "나의 목적은 내가 맡은 회사가 사회를 위해 창출하는 가치를 높임으로써 공공의 이익을 위해 봉사하게 하는 것입니다."
2. 이기심 자제 – "나는 사적인 이익이 내가 경영을 위탁받은 회사의 이익을 절대 해치지 않게 할 것을 서약합니다."
3. 불편부당(不偏不黨: 공정함) 추구– "나는 나의 인종과 성별, 성적 취향, 종교, 국적, 정치 성향, 사회적 지위 등이 내가 내리는 결정에 영향을 미치지 않게 하겠습니다."

경영대 졸업생에게 시키자는 히포크라테스 선서를 모든 비즈니스맨들의 극기복례-선서克己復禮宣誓로 만들면 어떨까? '나'보다 다른 사람과의 '조화調和'를 중시하는 예로 돌아가기 위해 말이다. 탐욕을 버리고 솔선하는 자세, 희생하는 자세, 봉사하는 자세로 돌아간다면, 결국 이익은 내게 돌아온다는 간단한 진리를 사람들은 너무 쉽게 잊는다. 아마도 빨리빨리

지름길만 찾는 조급증 때문일 것이다. 조금 더 긴 호흡으로 멀리 내다볼 줄 아는 사람이라면, 느린 걸음으로 예에 맞는 행동을 하는 것이 궁극의 승리 비법이라는 사실을 누구보다 잘 알고 있을 것이다.

히포크라테스(B.C.460~B.C.370)

고대 그리스 시기 활동했던 의사. 당시까지만 해도 종교적 신비주의의 일환으로 다루어졌던 의술을 학문적 개념으로 분리하는 시도를 했다는 점에서 서양에서 의학의 아버지(Father of Medicine)로 불리고 있으며, 그의 이름을 따 오늘날에도 전 세계 의과대학의 졸업식에서 시행되는 히포크라테스 선서로도 유명하다. 다만, 현재 낭송되고 있는 선서문은 히포크라테스가 선서한 원문이 아니라 1948년 스위스 제네바에서 열린 제22차 세계의사회 개정 선언문이다. 기존의 선서 내용은 고대 그리스시대의 관점에서 작성한 글이다 보니 현대의 도덕 윤리나 사회 요소와는 어긋날 수 있는 부분이 있기 때문이다.

2. 자기를 극복하여 예로 돌아감이 인이다

子曰: 克己復禮 爲仁 一日 克己復禮 天下歸仁焉

자왈: 극기복례위인, 일일극기복례, 천하귀인언

『논어』「안연顔淵」

공자께서 말씀하셨다.

"나를 극복하여 예로 돌아가는 것이 인이다. 하루하루 나를 이겨 예로 돌아가면 천하가 모두 인으로 돌아갈 것이다."

먼저 내 욕심을 생각하면 주위의 다른 사람을 무시하게 되어 결국 자연의 순리를 그르치는 삶을 살아가게 된다. 즉, 다른 사람과의 조화를 깨뜨리게 된다는 것이 공자의 평소 생각이었다. 그렇다면 회사에서 나를 극복하고 예禮로 돌아간다는 것은 어떤 의미일까?

기업이야 어떻게 되든 자신의 이익과 실적을 위해 업무를 수행한다면 이는 곧 예를 벗어난 것이다. 최고경영자가 임기 중에 자기 업적을 억지로 부풀리려는 마음이 있다면 그것 역시 예禮를 벗어난 것이다.

이전에 전 세계적인 경제 위기를 불러온 미국 금융기업들의 모습을 보면, 이것이 어떤 의미인지 금세 짐작할 수 있다. 단적인 예를 살펴보자. 주가가 폭락하고 리먼 브라더스(Lehman Brothers Holdings, Inc) 파산(2008년) 이후 수십 개 금융사가 줄도산하고 있는 상황에서도, 미국 월가의 금융사 CEO들은 엄청난 연봉과 상여금을 챙기는 어처구니없는 상황을 연출하고 있었다. 심지어 기업회생절차를 밟고 있는 어떤 기업의 CEO가 외국에서 호화판 이사회를 열었다는 보도가 나오기도 했다. 이것은 예禮에서 벗어난 정도가 아니라 아예 예를 나 몰라라 하는 행태다.

1997년 말 우리나라는 사상 초유의 외환위기를 맞아 국가적으로는 물론, 온 국민이 고통을 당하며 지독한 난리를 겪은 바 있다. 잘 나가던 굴지의 대기업이 몰락했고, 중소 상인들을 비롯한 서민들은 일자리를 잃어 당장 생계유지가 어려운 극단적인 상황에 빠지기도 했다.

당시 미국의 경제전문가나 투자기관에서는 한국의 투명하지 못한 회계처리로 인해 외국인들이 한국에 투자할 때 많은 애로사항이 있다고 지적하면서, 우리나라 기업의 불투명한 회계처리를 외환위기의 원인 중 한 가지로 꼽기도 했다. 당시 많은 한국인은 우리나라 기업의 회계처리가 그 정도까지 불투명했었나 하는 자괴감에 빠져, 쥐구멍이라도 있으면 찾아 들어가고 싶을 정도로 심한 수치심에 떨었다.

그러나 얼마 지나지 않아 미국의 유수한 기업들이 분식회계를 통해 엄청난 부정을 저지르는 사건이 터졌다. 우리나라 기업보다 더 큰 화를 불러온 미국 기업의 회계부정 사건을 지켜보는 심정은 착잡하기에 그지없었다. 통쾌하기도 하고, 오십보백보라는 생각도 들었다.

그런 와중에 그 기업의 CEO 연봉이나 상여금이 천문학적 수준이었다는 보도가 흘러나왔다. 그야말로 코미디요, 완벽한 '비례(非禮: 예의가 아님. 또는 예의에서 어긋남)'가 아닐 수 없었다. 회사가 쓰러져가는 상황에도 제 욕심만 차리는 그들의 모습을 보면, 그 회사가 왜 무너질 수밖에 없었는지 일일이 따져보지 않아도 능히 짐작할 수 있다.

인간이란 완전한 존재가 아니기에 간혹 욕심을 이기지 못하고 예禮에 어긋나는 행동을 할 수가 있다. 이때 중요한 것은 자신의 잘못된 행동으로 인해 발생한 문제를 정확히 인지하고, 두 번 다시 같은 잘못을 반복하지 않는 것이다.

공자는 제자 안연(顔淵, 안회顔回)을 칭찬하면서 "배우기를 좋아하고 내가 받은 노여움을 남에게 옮기지 않으며 한번 저지른 잘못을 거듭하지 않는다(好學, 不遷怒, 不二過)"라고 했다. 우리는 이 중에 특히 '한번 저지른 잘못을 거듭하지 않는다'라는 교훈을 좋아한다.

20여 년 전에 겪었던 IMF 위기의 어려움을 모두 잊지는 않았을 것이다. 앞으로 우리는 이 같은 잘못을 거듭하지 말아야 한다. 기업경영은 단기적인 관점에서 시도해서는 안 되며 특히 개인의 사리사욕을 전제하고 경영해서도 안 된다.

오늘날의 기업은 이미 특정 개인의 사유물이 아니라 국가 경제에서 차지하는 비중이 엄청나게 크다. 더 어려운 문제는 지구촌이 이제 문자 그대로 하나의 촌락 즉, 작은 마을과 같이 움직이고 있다는 사실이다.

한 국가의 잘못이 전 세계에 영향을 미치는 시대가 되었다. 이전에 미국에서 불어온 신용위기의 한파가 전 세계를 강타한 사건을 보면 더욱 하루라도 나를 극복하고 '예禮'로 돌아가야 정말 '인仁'한 사회가 된다는 말씀을 다시 생각하게 한다.

1997년 외환위기

한국에서는 단순히 IMF 사태, 1997년 외환위기, IMF 외환위기 등으로 지칭하는 경우가 많지만, 세계적으로는 1997년 아시아 금융위기(1997 Asia Financial Crisis)로 불린다. 이 시기에 한국만 위기를 겪은 게 아니라 아시아 국가들 전반이 큰 금융위기를 겪었다. 1997~98년 당시 IMF에서 돈을 빌린 국가는 한국 이외에도 무려 40여 개국에 달했는데, 이는 2008년 세계 금융위기에 거의 필적하는 수준이다. 1997년 외환위기를 끝으로 기업들의 줄도산이 이어졌다. 민간에서는 대부분의 국민들이 금 모으기 운동에 동참했다. 2000년 12월 4일 김대중 대통령은 외환위기로부터 완전히 벗어났다고 공식 석상에서 발표했다. 이후 2001년 8월 23일 195억 달러를 조기 상환하면서 IMF의 관리 체제가 완전히 종료되었다.

리먼 브라더스Lehman Brothers Holdings

한때 미국의 4대 투자은행이었던 거대 금융그룹. 리먼 브라더스 홀딩스 주식회사는 1850년에 설립된 다각화된 국제 금융 회사였다. 투자은행, 증권과 채권 판매, 연구 및 거래, 투자관리, 사모투자, 프라이빗 뱅킹(PB: 자산관리) 등에 관여하고 있었고 미국 국채 시장의 주 딜러이기도 하다. 세계 본사는 미국 뉴욕시에 자리 잡고 있고, 1850년에 설립된 리먼 브라더스는 미국 동부 시간으로 2008년 9월 15일, 약 6천억 달러($613 billion)에 이르는 부채를 감당하지 못하고 파산 신청을 했다. 회사는 파산 절차가 완료될 때까지 유지된다. 노무라증권과 바클리즈에 분할 인수되면서 해체되었다. (뉴욕 리먼 브라더스)

월가

월가 또는 월 스트리트Wall Street는 뉴욕시 맨해튼 남부에 있는 거리이다. 금융기관이 집중되고 여러 고층빌딩이 임립해 있다. 월가는 브로드웨이 내리막길(Broadway downhill)로부터 금융 행정구 역사 중심지를 통과하여 사우스가까지 이어진다. 월가는 뉴욕 증권거래소의 소재지이며, '월 스트리트'란 명칭은 시간이 지나면서 주변 지역을 지리적으로 일컫는 이름이 되었다. 미국의 '영향력 있는 금융 세력'을 한유적으로 말할 때 '월 스트리트Wall Street'라는 말을 사용하기도 한다.

3. 인과 지혜로움이란 무엇인가

樊遲問仁 子曰 愛人 問知 子曰 知人 樊遲未達 子曰 擧直措諸枉 能使枉者直

번지문인 자왈 애인 문지 자왈 지인 번지미달 자왈 거직조저왕 능사왕자직

樊遲退 見子夏 曰 鄕也吾見於夫子而問知 子曰 擧直錯諸枉 能使枉者直 何謂也

번지퇴 견자하 왈 향야오견어부자이문지 자왈 거직조저왕 능사왕자직 하위야

子夏曰 富哉 言乎 舜有天下 選於衆 擧皐陶 不仁者遠矣. 湯有天下 選於衆 擧伊尹

자하왈 부재 언호 순유천하 선어중 거고요 불인자원의. 탕유천하 선어중 거이윤

不仁者遠矣.

불인자원의.

『논어』「안연顔淵」

번지가 인에 대하여 여쭙자, 공자께서는 "남을 사랑하는 것이다"라고 말씀하셨다.

다시 지혜로움에 대하여 여쭙자, 공자께서는 "남을 알아보는 것이다"라고 말씀하셨다.

번지가 잘 알아듣지 못하자, 공자께서 말씀하셨다.

"정직한 사람을 등용하여 비뚤어진 사람 위에 놓으면, 비뚤어진 사람도 정직하게 만들 수 있다."

번지가 물러 나와, 자하를 보고 말했다.

"조금 전에 내가 선생님을 뵙고 지혜로움에 대하여 여쭈었더니, 선생님께서 '정직한 사람을 등용하여 비뚤어진 사람 위에 놓으면, 비뚤어진 사람도 정직하게 만들 수가 있다'라고 하셨는데, 무슨 뜻일까요?"

자하가 말했다.

"말씀의 뜻이 매우 풍부하도다! 순임금이 천하를 다스릴 적에 여러 사람 중에서 고요皐陶를 골라 등용하자, 인하지 않은 자들은 멀리 사라졌소. 또 은나라의 탕 임금 이 천하를 다스릴 적에는 여러 사람 중에서 이윤伊尹을 골라 등용하자, 인하지 않은 사람은 멀리 사라졌소."

정치든 기업경영이든 성공의 열쇠는 바로 인재 등용에 있다. 인재 등용의 성공 여부는 정직한 사람을 등용하여 기강을 바로잡고, 여러 사람에게 모범이 되게 하는 데 달려있다.

보는 관점에 따라 같은 사람도 다른 평가를 받을 수밖에 없지만, 무엇보다 중요한 것은 많은 사람이 인정할 만한 능력의 사람이 천거되어 중요한 자리에 앉는 것이다. 사회가 혼란할 때는 이러한 기본적인 사실이 더욱 중요하게 작용한다.

대다수의 사람들이 수긍하지 못하는 인재 등용은 커다란 부작용을 낳는다. 조직의 분위기가 흐려지는 것은 물론, 새로이 등용된 사람도 자기 능력을 충분히 펼칠 수 없게 된다.

특히 한 조직의 리더가 새로이 임명될 때는 더 신중해야 한다. 잘못하면 조직의 안정성이 흔들릴 수 있다. 아랫사람들이 겉으로는 리더의 명령에 따르고 열심히 일하는 것처럼 보이지만, 자세히 그 안을 들여다보면 아무런 일의 진전이 없을 정도로 조직의 활력이 떨어지게 된다.

옛날 순舜 임금이나 탕湯 임금은 나라를 새로 세운 임금들이었다. 그들이 바람직한 리더십을 발휘하여 창업 초기 어려운 일들을 해결해 나갈 수 있었던 배경에는 모두가 인정하는 훌륭한 신하를 등용한 것이 큰 힘이 되었다.

기술과 과학이 아무리 발달해도 경영활동은 결국 사람이 하는 것이다.

사람의 마음을 움직일 수 없는 지도자는 결코 만족할 만한 경영 성과를 이루어내기 힘들다는 점을 기억해야 할 것이다.

순임금(?~?)

전설상의 성제聖帝. 요堯임금과 더불어 태평성대를 이룬 성군聖君의 대표적인 임금으로 받들어지고 있다. 그뿐만 아니라 어려움에 안분하며 부귀에 넘치지 아니한 삶을 산 사람이었다.

고요(?~?)

고요皐陶는 공자의 고향으로 알려진 산동성 곡부현에서 태어났다. 고대 삼황오제 시기 전설상의 법관이다. 고요는 요임금, 순임금과 우임금 3대를 모셨으며 순임금에게 고성皐城 땅을 하사받았다. 고요는 소호 금천씨(小昊 金天氏)의 후손이다. 순임금이 우에게 치수를 맡기고 고요는 사士를 맡게 되어 순임금 때 법관이 되었다. 고요는 부임 후 형법과 교칙을 제정하였다. 이때부터 사회가 화합하고 천하가 크게 다스려졌다. 우임금은 다음 제위를 고요에게 선양하려 하였는데 고요가 먼저 세상을 떠났다.

4. 단점만 보지 말고 장점을 살펴라

君子成人之美 不成人之惡 小人 反是

군자성인지미 불성인지악 소인 반시

『논어』「안연顔淵」

군자는 남의 장점은 완성되게 하지만 남의 단점은 실현되지 않게 한다. 그러나 소인은 그 반대다.

군자君子는 끊임없이 자기 수양을 통해 인격을 완성하려는 사람이다. 이를 위해 학문을 닦으면서 자기 자신을 수련하고 연마하여 자기완성을 향해 나아간다. 동시에 타인에게도 모범이 되며 타인의 장점은 더욱 발전시키고 단점은 고치도록 계도하는 임무도 수행하고 있다. 공자는 군자에 대해 이 점을 분명히 요구하고 있다.

인간은 불완전한 존재이기에 누구나 장단점을 가지고 있다. 공자는 군자의 조건으로 먼저 상대방의 장점을 발견하고 그 장점이 꽃피울 수 있도록 적극적으로 도와주기를 요청한다. 군자성인지미(君子成人之美)가 이 뜻이다. 하지만 다른 사람의 장점을 곧바로 찾아내기란 쉬운 일이 아니다. 인간에게는 장점보다는 단점이 먼저 보이기 때문이다. 장점 발견하기 역시 훈련과 노력이 필요하다.

장점을 발견하고 그 장점이 완성되게 하는 가장 좋은 방법이 무엇일까. '칭찬'이 아닐까? 생각한다.

A 씨는 LMI 리더십 프로그램을 진행하면서 "가족과 부하직원에게 1주일 동안 매일 1회 이상 칭찬하기"를 숙제로 내고 있다. 지금까지 이 과정

을 진행할 때마다 반드시 숙제로 내주었으니, 칭찬의 실행 여부에 대해서 상당한 데이터를 가지고 있는 셈이다. 많은 사람의 공통된 고백이 있다.

"칭찬이 이렇게 어려운지 몰랐어요."

"칭찬하는 게 너무 어색하고 쑥스러워요."

칭찬은 공자가 군자의 의무로 강조한 성인지미(成人之美: 남의 장점은 완성되게 하다)의 시작이자 첩경임을 인식하고 칭찬의 생활화를 위한 노력이 필요하다. 하루에 한 번은 칭찬하자는 일일일찬一日一讚 운동을 목표로 정하고 실천해 보는 것도 좋은 실천 방안이 될 수 있다.

다른 사람의 장점을 완성되게 하는 또 하나의 방법이 남에게 감사하는 마음을 갖는 것이다. 『고맙습니다』라는 책을 펴낸 조은시스템의 김승남 회장은 21년 동안 직업군인 생활을 하다가 뒤늦게 늦깎이로 사회에 진출했다. 56세 때 IT 기업인 잡코리아를 창업하여 1천억 원의 가치를 인정받는 회사로 키웠다. 그가 나이와 사회적인 편견을 극복하고 어떻게 성공할 수 있었을까. '감사 철학'을 성공 비결로 제시한다.

"감사는 신이 우리 인간에게만 주신 가장 큰 축복이다. 항상 감사하는 사람은 언제든 성공한다."

그는 보증을 잘못 서는 바람에 엄청난 경제적인 고통을 겪었지만, 그 장본인을 원망하지 않고 "그래도 감사하며 범사에 최선을 다했더니 결국 사업가로 성공할 수 있었다"라고 회고한다. "직원들에 관해서도 항상 감사하는 마음을 갖는다. 직원들이 있기에 사장이 있고 회장이 있는 것이다. 직원들에게 열심히 일해 주어서 고맙다는 생각을 가지니 장점이 유리알처럼 잘 보인다. 감사는 프로의 덕목이자 경쟁력의 바탕"이라며 "감사는 무적無敵의 자신감"이라고 설명한다.

그는 잡코리아를 처분하여 받은 이익금 중 초창기에 기여한 핵심 직원들에게 감사하는 뜻에서 수억 원의 격려금을 지급하여 그들의 마음을 감동시켰다. 현재 경영하고 있는 기업인 조은시스템은 4명의 직원으로 시작했으나 3,000명이 넘는 기업으로 성장했다. 성공 비결은 직원들에 대한 감사하는 마음에서 찾을 수 있다. 그는 감사하는 마음만이 사람의 마음을 얻을 수 있고 직원들의 장점을 발견할 수 있다고 강조한다.

그러면 상대방의 단점은 어떻게 할 것인가. 단점은 보완하고 나쁜 방향으로 진전되지 않도록 하는 것이 군자의 또 다른 의무이다. 공자는 이를 불성인지악(不成人之惡)이라고 했다. 다른 사람의 단점을 지적하기는 쉽다. 그러나 지적받은 사람이 그 단점을 고치기란 쉬운 일이 아니다. 단점은 상대방이 받아들일 준비가 되어있지 않으면 오히려 역효과가 날 수 있기 때문이다. 공자가 군자의 덕목으로 먼저 장점을 발전시키고, 그러고 나서 단점을 보라고 한 이유도 여기에 있을 것이다.

단점을 지적하여 효과가 있으려면 상대방이 호의를 가져야 한다. 장점을 칭찬한 후에 마지막으로 단점을 지적하면 그 단점은 큰 저항 없이 고쳐질 수 있다. 하지만 칭찬 없이 문제점만 장황하게 지적하면 어떻게 되겠는가? 또 상사가 도덕적으로나 능력 면에서 문제가 있을 경우 부하직원들은 어떤 반응을 보일까? 부하직원들은 힘이 부족하므로 변명하거나 속으로 "너나 잘해"라는 불손한 반응을 보일지도 모른다.

공자는 소인小人은 군자와는 반대로 행동한다고 지적한다. 그러니까 소인은 오직 자신만의 이익과 행복을 추구하기 때문에 상대방의 장점을 시기하고 단점만 들추어내어 분란을 일으킨다. 우리는 모두 군자이기를 소망한다. 소인이 되기를 원하는 사람은 아무도 없으리라. 그러나 막상 행동에 있어서는 소인처럼 움직이는 사람이 적지 않다.

공자가 제시한 군자성인지미(君子成人之美)와 불성인지악(不成人之惡)을 잣대로 하여 자신이 군자君子인지 소인小人인지를 한번 평가해 보자. 남을 칭찬하고 애정을 갖고 단점을 지적하는지 그렇지 않고 칭찬은 없이 단점만 지적하지는 않는지 점검해 보자.

김승남(1941~)

1994년, 50대 중반에 임직원 4명과 2,000만 원으로 조은시스템을 창업하고 1996년 잡코리아를 창업한 김승남 회장. 이후 조은시스템, 세이프원, 조은INS, 잡코리아, 조은문화재단 대표 및 회장을 역임하면서 현재 직원 6,500명에 매출 3,500억 원의 아웃소싱기업을 일궜다.

『고맙습니다』

2천 억대의 기업가치를 인정받는 조은시스템, 조은세이프 그리고 잡코리아 창업자 김승남 대표의 인생 이야기이다. 『고맙습니다』는 46세에 처음 익힌 컴퓨터 실력으로 구인 구직 포털사이트 잡코리아를 창업하였고, 직업군인에서 IT 기업 CEO로 변신한 김승남 대표가 어떤 경영철학으로 기업을 경영하였는지가 담겨 있다. 본문은 'Challenge, Dream, Army, Network, Future' 등 5가지 키워드 아래, 아름다운 도전, 지금의 위치에 이르게 한 핵심 밑천인 꿈, 군에서 배운 사랑과 헌신, 도움을 준 좋은 사람들, 앞으로의 미래에 관해 이야기한다. 무엇보다 저자는 책 곳곳에서 눈앞의 이익보다는 먼 미래의 가치에 투자하라고 말한다.

5. 남에게 강요하지 말라

『논어』의 핵심은 '인仁의 실천'이다. 공자는 인에 대해 획일적으로 정의를 내리지 않았다. 대신에 제자들의 질문에 답변하는 형식으로 상황에 따라 여러 각도에서 정의하고 있다. 자공子貢은 공자에게 다양한 질문을 한 제자이다. 자공이 스승에게 "평생 동안 실천할 만한 한마디 말은 무엇인가요?" 하고 묻자, 공자가 대답한다.

己所不欲 勿施於人

기소불욕 물시어인

『논어』「위령공衛靈公」

"자기가 싫어하는 것은 남에게도 하지 않는 것이다."

평생을 간직하고 살아갈 말을 한마디로 했으니, 이야말로 『논어』의 핵심이라 해도 과언이 아닐 것이다. 인仁을 실천하는데 이만한 말은 없을 것이다. 내가 하고 싶지 않은 일을 남에게 강요하지 않는다. 인간에게는 좋아하는 것과 싫어하는 것이 있다. 우리가 사람을 평가할 때 좋은 사람인지 나쁜 사람인지는 상당히 주관적일 수 있다. 자기가 싫어하는 것을 피하고 좋아하는 것을 인정해 주는 사람은 좋은 사람으로 평가하는 경향이 있기 때문이다.

어찌 보면 리더십은 자기가 싫어하는 것을 부하직원들에게 강요하지 않고 자기가 좋아하는 것을 실천하면 된다고 단순하게 정의할 수 있다. 그러면 좋아하고 싫어하는 것을 어떻게 알 수 있을까. 이는 대부분 리더가 하는 말을 통해서 나타난다. '상사와 부하직원 간 직장생활에 회의가 들게 하는 말'에 대해 조사한 결과가 흥미롭다. 부하들은 상사로부터 직접적으로 업무 능력에 대해 무시하는 말을 들었을 때 가장 싫어하는 것으로 나타났다.

"그거 하나도 제대로 할 능력이 안 돼?"
"그것도 몰라? 말이 안 통하네."
"당신이 하는 일이 뭐가 있어?"
"그 따위로 할 거면 회사 때려치워."
"아직 그것도 못 해? 경력이 아깝다, 아까워."

또 상사가 부하들에게 듣기 싫어하는 말도 함께 조사되었다. 상사들은 부하들이 업무에 무관심하거나 무시하는 듯한 말에 가장 속상해하는 것으로 나타났다.
"제가 왜 이걸 해야 하죠?"
"그렇게 하시면 안 됩니다. 요즘엔 그렇게 안 해요."
"그 정도밖에 안 되세요? 실망입니다."
"이제 은퇴하실 때가 된 거 아닙니까?"
"(한심한 듯) 놔두세요. 그냥 제가 하겠습니다."

부부간에도 서로 듣기 싫어하는 말이 있다.
남편이 듣기 싫어하는 말은 자존심을 건드리거나 능력에 관해 의심하는 말을 들었을 때다.
"애들이 아빠 닮아서 하는 짓이 똑같아."
"돈도 제대로 못 벌면서 무슨 말이 그렇게 많아?"
"돈만 제대로 벌어와 봐요. 뭘 못해 주겠어?"
"정말 앞으로 살 일이 걱정되네."
"당신 그래도 회사에서 쫓겨나지 않는 게 신통하네."

아내가 듣기 싫어하는 말은 외모나 친정집 이야기라고 한다.

"또 아파?"

"당신도 아줌마, 다 됐어."

"거울 좀 봐."

"주제 파악하면서 살아."

"당신 집안은 왜 그 모양이야?"

일단 상사든 부하든 이 싫어하는 말만 안 해도 기본점수는 따고 들어간다. 부부간에도 서로가 싫어하는 말만 피해 가도 가정은 행복의 보금자리가 될 수 있다. 공자는 먼저 자기 말과 행동을 돌아보고 남에게 피해를 주지 말라고 권고한다. 남에게 피해를 주지 않으려면 자기 자신을 다스릴 수 있어야 한다. 『논어』는 덕을 닦아서 스스로 강해지는 '수덕자강修德自强'과 자기를 수양함으로써 남을 다스리는 '수기치인修己治人'을 목표로 하고 있다. 그러니까 '수덕修德'과 '수기修己'를 강조하는 이유도 바로 자신을 다스리는 데서 출발해야 함을 말하고 있다. 모든 문제는 자신에게서 비롯되기 때문에 문제도 답도 결국 자신에게 있는 셈이다.

인간은 자유를 열망하는 존재이다. 사실 인류 역사란 자유를 향한 끝없는 전진의 과정이라 해도 과언이 아니다. 하지만 그 자유는 남을 배려하는 토대 위에서 추구되어야 한다. 즉 기소불욕 물시어인(己所不欲 勿施於人), 자신이 싫어하는 바를 남에게 강요하지 않는 데서 출발해야 한다. 자유는 방종(放縱: 아무 거리낌이 없이 제멋대로 함부로 행동함)과 엄격하게 구분되어야 한다. 자유는 각자가 그 책임과 한계를 느낄 때 모두에게 축복이 될 수 있기 때문이다.

시간을 내어 가족이나 부하직원들에게 조용하게 물어보자.

"나에게 가장 서운했던 때가 언제였나요?"

"내가 한 말 중에서 싫어하는 말이 있으면 이야기 좀 해 주세요."

6. 도움 되는 친구, 해가 되는 친구

최인호 씨의 소설 『상도』를 보면 세도가 박종경이 사랑방에 모인 손님들에게 수수께끼를 내는 대목이 있다. "하루에 숭례문을 출입하는 이가 몇이냐?" 상인 임상옥은 "두 사람뿐!'이라고 대답한다. 그리고 그 성은 "이가利家와 해가害家"라고 설명한다. 숭례문을 드나드는 사람이 수없이 많지만, 따지고 보면 '이익이 되는 사람'과 '해로운 사람'으로 나눌 수 있다는 뜻이다.

우리도 인생을 살면서 수많은 사람을 만나지만 결국은 자신에게 도움이 되는 사람과 해로운 사람으로 구분할 수 있다. 성공한 사람이란 바로 이익이 되는 사람들이 많이 있다는 의미이다. 주위에 손해를 끼치는 사람이 많다면 그 인생은 성공하기가 쉽지 않을 것이다. 사람을 평가할 때 여러 기준이 있겠으나, 가장 좋은 판단기준은 그 사람이 어떤 사람들을 사귀는지를 관찰하면 분명해진다. 서양 속담에 "네 친구를 보여 달라. 그러면 나는 너를 평가할 것이다"라는 말이 가슴에 와닿는 이유이기도 하다.

하지만 자신에게 이익이 되든지 손해가 되든지 궁극적으로는 자신의 책임이다. 인간이란 이익이 되는 사람은 자꾸 만나고 싶고 손해가 되는 사람은 피하고 싶은 게 인지상정(人之常情: 사람이면 누구나 가질 수 있는 보통의 마음이나 감정)인 까닭이다. 이런 의미에서 이익이 되는 사람을 만나고 손해가 되는 사람을 피한다면 교우관계에서 성공은 보장된다고 할 수 있다. 여기에 대해 공자가 명쾌한 해답을 제시하고 있다.

> 益者三友 損者三友 友直 友諒 友多聞 益矣.
> 익자삼우 손자삼우 우직 우량 우다문 익의
> 友便辟 友善柔 友便佞 損矣.
> 우편벽 우선유 우편녕 손의.
>
> 『논어』「계씨季氏」

> 유익한 벗이 세 종류 있고 해로운 벗이 세 종류 있다. 정직한 사람을 벗하고, 성실한 사람을 벗하고, 견문이 풍부한 사람을 벗하면 도움이 된다. 편벽된 사람을 벗하고, 부드러운 척하면서도 아첨하는 사람을 벗하고, 말만 그럴듯하게 둘러대는 사람을 벗하면 해가 된다.

유익한 벗, 세 종류를 구체적으로 살펴보자.

첫째는 정직한 사람을 사귀어야 한다는 '우직友直'이다. 우리 사회는 그동안 고도성장을 추구하는 과정에서 정직한 사람이 손해 본다고 생각하는 경향이 있었다. 요령을 피우고 편법을 사용하고 겉을 화려하게 하는 것이 성공하는 것처럼 인식되기도 했다. 하지만 정직正直이란 동서고금을 막론하고 움직일 수 없는 진리이다. 더구나 모든 것이 투명하게 기록되는 디지털 사회에서 정직은 이제 필수가 되었다.

둘째는 성실한 사람을 사귀어야 한다는 '우량友諒'이다. 자기 일을 묵묵히 하는 사람을 소중하게 생각해야 한다. 21세기는 전문가 사회다. 자기 일에 성실하지 않으면 전문가가 될 수 없다. 한 분야에서 전문가가 되었다는 것은 성실하므로 가능했다. 각 분야의 전문가들을 만나보면 세상에 공짜는 없다는 진리를 새삼 깨닫게 된다. 그들의 전문성이 피와 땀과 눈물을 통해 이루어졌음을 알 수 있다.

어느 회사에서는 지난해 연말 송년 모임 때 '비보이(b-boy)'를 초청하여 공연을 보았다고 한다. 정말 연체동물처럼 온몸을 자유자재로 움직이는 모습은 환상적이었다. "인간의 몸이 저토록 유연할 수 있단 말인가?" 하면서 참석자들은 감탄했다. 사회자가 이들에게 하루에 연습을 얼마나 하느냐?"라고 묻자 "매일 1~5시간씩 연습을 한다"라고 답변했다. 청중들은 그 이야기를 듣고 뜨거운 격려의 박수를 보냈다.

셋째는 박식한 사람을 사귀어야 한다는 '우다문友多聞'이다. 지식사회를 살아가려면 '평생학습平生學習'이 요구된다. 이제 공부는 학창 시절에만 해서는 안 된다. 지식의 변화 속도가 하도 빨라 학교에서 배운 지식은 금세 고갈되고 만다. 그러므로 부지런히 배워야 한다. 이전에 인간개발연구원에서 매주 목요일 개최하는 조찬 세미나에 오랫동안 매주 나오는 분이 있었다. 김동철 고문은 "공부하는 게 낙이다. 일주일에 하루 공부를 하면 일주일 분의 양식이 공급된다. 한 주라도 빠지면 허탈함을 느낀다. 학습의 기쁨이 인생을 풍요롭게 할 뿐만 아니라 건강에도 많은 도움이 된다"라고 학습의 효과와 즐거움을 말한다.

그러면 해가 되는 벗은 어떤 사람들일까.

첫째, 편벽된 사람을 사귀면 해가 된다는 '우편벽友便辟'이다. 편견을 가진 사람은 한쪽만 보는 사람들이다. 모든 사물에는 빛과 그림자가 있다. 어느 쪽을 보느냐가 중요하다. 빛만 보는 사람도 문제가 있고 그림자만 보는 사람도 문제가 있는 것이다. 빛과 그림자의 양면을 보는 사람을 가까이 하면 이런 어리석음을 피할 수 있다.

둘째, 부드러운 척하면서 아첨하는 사람을 사귀면 해가 된다는 '우선유

友善柔'이다. 부드러운 것은 참으로 좋은 것이다. 하지만 아첨하는 사람은 경계해야 한다. 인간은 편한 소리를 하는 사람을 선호하기 쉽다. 동서고금의 어느 역사를 보아도 간신奸臣은 존재했다. 이중인격二重人格으로 다가오는 사람을 경계하면 성공하는 인생을 살 수 있다.

셋째, 말만 그럴듯하게 둘러대는 사람을 사귀면 해가 된다는 '우편녕友便佞'이다. 행동이 없이 말이 많은 사람을 경계하는 목소리를 공자는 자주 언급하고 있다. 진심이 담겨 있지 않은 말들은 감동을 자아낼 수 없으므로 말만 번드르르하게 하는 사람들을 경계해야 한다.

우리는 세상을 살면서 판단기준이 필요하다. 현재 가까이 사귀고 있는 사람들을 공자의 판단기준에 따라 구분해 보자. 어떤 사람이 자신에게 도움이 되는가? 또 어떤 사람이 자신에게 해가 되는가?

앞으로 사람을 만날 때도 '익자삼우(益者三友: 유익한 세 종류의 벗)'인지 '손자삼우(損者三友: 손해를 끼칠 세 종류의 벗)'인지를 판단기준으로 삼으면 성공하는 삶이 보장되리라 믿는다.

비보이(B-boy)

브레이크댄스(break dance)를 전문적으로 추는 남성을 일컫는 말이며, 브레이크댄스를 추는 여성은 '비걸(b-girl)'이라고 한다. 비보이(b-boy) 앞에 붙는 'b'는 'break dancing'을 의미한다. 브레이크 댄스는 다른 이름으로 비보잉(b-boying)이라고 불린다. 비보이의 기원은 1970년대 초반 미국 뉴욕의 브롱크스(Bronx) 지역에 거주하던 아프리카계 흑인들과 히스패닉계의 세력 다툼에서 시작되었다. 이들은 서로 상대방 구역으로 몰려가 춤으로 시위하고 했는데, 상대방 기를 죽이려고 온갖 기묘한 동작을 개발하게 되었다. 비보이는 브레이크댄스의 주요 기술을 바탕으로 음악의 비트를 타는 자신만의 춤을 개발하여 완성한다.

7. 겸손하고 어진 사람은 언젠가는 보답받는다

子禽問於子貢曰 "夫子至於是邦也, 必聞其政, 求之與, 抑與之與?"
자금문어자공왈 "부자지어시방야. 필문기정, 구지여, 억여지여?"
子貢曰 "夫子溫, 良, 恭, 儉, 讓以得之, 夫子之求之也, 其諸異乎人之求之與?"
자공왈 "부자온, 량, 공, 검, 양이득지, 부자지구지야, 기제이호인지구지여?"

『논어』「학이學而」

자금이 자공에게 물었다.

"스승님께서는 매번 다른 나라에 가실 때마다 그곳의 정세를 자세하게 들으십니다. 그것은 스승님께서 직접 물으시는 겁니까, 아니면 그들이 스스로 알려주는 것입니까?" 그러자 자공이 대답했다.

"그것은 스승님의 온화함과 상냥함, 공손함, 근검함, 양보심 때문이다. 그래서 각 나라의 군주들이 스스로 스승님께 가르침을 청하는 것이다. 이는 다른 사람들이 정보를 얻는 방법과 확실히 다르지 않은가?"

'덕德'이 밥 먹여주느냐고 말하는 사람들이 있다. 좀 더 실질적인 것이 필요한 사회에서 진부한 도덕관념만 고집하다가는 오히려 손해 볼 수 있다는 얘기다.

그러나 그것은 매우 잘못된 생각이다. 남다른 안목과 능력을 갖춘 사람은 온화함과 겸손함 등의 미덕美德을 처세의 도구로 삼으며 자신의 결점을 메우는 데 사용한다.

『삼국지연의三國志演義』에서 유비(劉備: 161~223)는 조조(曹操: 155~220)에 대한 평가와는 정반대로 어질고 현명한 인물로 묘사되어 있다.

그러나 개인적인 능력 면에서 보면 유비는 무능한 인물이었다. 조조의 승전율이 80퍼센트였다면 유비는 고작 20퍼센트 정도랄까? 그 때문에 순조롭게 자신의 세력을 넓혀간 조조에 비해 유비는 거병한 지 20년 후까지 여전히 떠돌이 생활을 할 수밖에 없었다.

그런데 왜 조조는 자신에게 훨씬 못 미치는 유비를 최대의 라이벌로 꼽았을까? 그것은 바로 유비가 자신의 결점을 메울 수 있는 비밀 병기를 가지고 있었기 때문이다. 그것은 바로 '덕德'이었다.

'삼고초려三顧草廬' 이야기를 모르는 사람은 없을 것이다. 제갈량(諸葛亮: 181~234)을 군사(軍師: 군사적 계략이나 작전을 맡은 사람)로 데려오기 위해 유비는 세 번이나 직접 그의 집을 찾아갔다.

당시 두 사람의 지위 차이는 상당해 비록 패업을 이루는 과정이 순조롭지는 않았지만, 유비는 이미 명망을 떨치고 있었다. 게다가 쉰 가까이 되어가는 유비에 비해 제갈량은 겨우 20대 초반의 이름 없는 선비가 아니었던가?

그러나 유비는 공손한 태도로 제갈량에게 군사軍師가 되어달라고 청했으며, 그의 승낙을 얻은 후에는 거리낌 없이 모든 권한을 넘겨주었다. 그것은 겸손한 마음과 상대방에 대한 믿음이 없고서는 불가능한 일이다.

또한 유비는 제갈량뿐 아니라 모든 부하를 덕德으로 대했다. 조운(趙雲: ?~229)이 위험을 무릅쓰고 적진으로 들어가 유비의 아들 아두를 구해오자, 유비는 보통 사람처럼 기뻐하기는커녕 오히려 화를 내고 호통을 쳤다.

"너 하나 때문에 명장 하나를 잃을 뻔했다!"

이런 그의 행동을 보며 누군들 목숨을 바쳐 충성하지 않을 수 있겠는가?

그러나 유비와는 달리 조조는 인의仁義를 모르는 사람이었다. 동탁의 추격을 피해 친구 집에 잠시 머물렀던 조조는 돼지를 잡아 자신을 대접하려는 부부의 마음을 오해한 나머지 그들을 죽여버렸다.

조조는 '덕德'이 없음은 물론, 언제나 자신만 옳다고 생각했다.

"내가 천하를 저버릴지언정 천하가 나를 버리는 일은 없을 것이다!"

이런 그의 말만 보아도 조조가 얼마나 독단적인지 잘 알 수 있다.

이처럼 조조는 뛰어난 능력의 소유자였지만 덕행만큼은 유비를 따라갈 수 없었기에 유비를 최대의 적수로 꼽았다.

유비가 세상을 떠나기 전, 아들 유선에게 이런 유언을 남겼다.

"어질고 덕德 있는 자만이 사람의 마음을 얻을 수 있다. 네 아비는 덕과 어짊이 모자란 사람이었으니 절대 나와 같아서는 안 된다." 유비는 겸손하게 스스로를 덕이 없다고 얘기했지만, 사실은 그 반대였다. 그는 말년에 자신만의 세력을 구축할 수 있었다. 그것은 자기 능력이라기보다는 수하의 여러 인재가 일구어낸 결과였다. 제갈량과 관우(關羽: ?~219), 장비(張飛: 165~221), 조운(趙雲: ?~229) 등은 유비를 위해 불 속에라도 기꺼이 뛰어들고자 했다. 이렇듯 수많은 인재가 유비에게 목숨까지 바치고자 했던 것은 모두 그가 가진 선량함과 겸손함 때문이었다.

선량함과 겸손함은 도덕 수양의 외적 표현이다. 그것은 사람으로서 갖추어야 할 '미덕美德'이자 처세에 꼭 필요한 무기이기도 하다.

언제나 제멋대로이고 괴팍하며 무엇이든 자기가 다 가져야 직성이 풀리는 사람들이 있다. 하지만 마지막에 그들에게 남는 것은 무엇인가?

이와 반대로 겸손하며 선량하고 근검한 사람들은 마땅히 가져야 할 것이 있으면 굳이 자신이 원하지 않아도 언제나 얻을 수 있었다.

『삼국지연의』

14세기의 소설가 나관중(羅貫中: 1330–1400)이 저술한 역사 소설이다. 세계적으로 유명한 중국의 고전 소설로 동아시아권에서 지금도 많은 사람들이 읽고 있다. 『삼국지연의三國志演義』는 나관중이 진수陳壽의 『삼국지三國志』와 배송지裵松之의 『삼국지주三國志注』를 근거하여 민간 전설을 더하고 자신의 생활 경험을 바탕으로 창작하였다.

조조(155~220)

후한 말 삼국시대 스스로 위왕으로 칭하며 난세의 영웅으로 불린 조조. 한의 관리 집안에서 태어났으며, 잇달아 일어난 봉기를 진압하는 대공을 세우면서 조정을 장악했다. 조조는 황실의 권위를 앞세워 확장하였으며, 스스로 위왕이라 불렀다. 훗날 그의 아들 조비가 한의 황제에게서 제위를 넘겨받았다.

유비(161~223)

가난을 딛고 촉한蜀漢을 일으킨 전한 경제의 후손이다. 소설 삼국지三國志에서 관우關羽, 장비張飛와 의형제를 맺고 제갈량의 도움으로 나라를 세운다. 유비는 한 황실의 후손으로 알려졌으며, 현재의 사천 지역을 중심으로 촉한을 세워 촉한의 첫 황제가 되었다.

제갈량(181~234)

삼국시대 촉나라의 정치가. 자는 공명孔明으로 흔히 제갈공명諸葛孔明이라고도 불린다. 유비의 책사로 탁월한 지략을 이용해 적벽에서 조조의 대군을 크게 물리치고 형수를 차지했다. 221년 촉한이 건국된 후 승상이 되었으며, 유비 사후 여러 차례 위나라 정벌을 시도했으나 모두 실패했다.

삼고초려

중국 삼국 시대, 촉한의 유비가 제갈량을 자기 인재로 쓰기 위해 그 집을 세 번이나 찾아갔다는 데서 유래한다. 인재를 맞아들이기 위하여 참을성 있게 노력함을 말한다.

관우(?~219):

후한 말, 유비 휘하의 삼국지를 대표하는 무장이다. 지금도 역대 왕조를 비롯하여 민간에서도 굉장히 높은 인기와 명성을 자랑하는 인물이다. 그는 무武와 충忠, 의리義理와 재물財物의 화신으로 인지되며 오늘날까지도 중국인들에게 신으로서 숭앙받는다.

장비(165~221)

후한 말과 삼국시대 촉한의 무장. 유비 휘하의 장수. 젊었을 적부터 관우와 함께 유비를 섬겼으며, 주군인 유비를 따라 수십 년간 전쟁터를 전전하며 숱한 전투를 승리로 이끌어 촉한 건국에 이바지했다.

조운(?~229)

조운趙雲은 중국 삼국시대의 장군. 자는 자룡子龍. 강직하고 온화한 성품의 소유자로, 공과 사의 구분이 뚜렷하여, 일 처리가 공정했다. 관우, 제갈량과 함께 공신으로 배향되었을 정도로 후대의 평판까지 실로 훌륭한 인물이다. 군세고 용맹하여 맹장으로서 공훈을 세웠다. 위험을 무릅쓰고 주군에게 충언하거나 목숨을 걸고 주군의 가족을 보호하는 등 충성심도 대단한 장군이다.

6장

목표를 향해 갈 때
힘이 되는 가르침

1. 움직이는 자가 곧 실력자다

子曰: 君子 欲訥於言而敏於行(=訥言敏行)

자왈: 군자 욕눌어언이민어행(=눌언민행)

『논어』「이인 里仁」

"군자는 말은 어눌하게, 행동은 민첩하게 하고자 하는 사람이다."

'생활生活'이라는 사전적인 뜻은 '생계生計를 유지하며 살아간다'라는 의미이다. 그렇다면 직장생활은 무슨 의미일까? 직장에서 생활은 구성원으로서 '활동한다'라는 의미이다. 즉, '일을 한다'라는 의미이다. 직장생활은 가정생활과는 다르게 월급을 받는 행위가 있고, 그 근간이 일을 실행해서 결과를 남기는 것에 있다. 그래서 그 대가로 월급을 받는다. 일은 즉, 실행이다. 일을 잘한다는 것은 실행력(實行力: 생각한 바를 실제로 행하는 능력)이 있다는 말이다.

특히, 우리에게 노출된 비즈니스 상황은 매우 변화무쌍하고 불확실하며 복잡하고 모호하다. 이런 환경에서 조직은 빠른 결정과 실행력이 중요하다. 조직의 존폐와 구성원의 안위를 위태롭게 만들기 때문이다. 그만큼 시대가 빠르게 변하면서 우리에게 실행력은 무엇보다 중요한 역량이 되었다.

이렇게 중요한 역량인 실행력은 이미 2,500여 년 전 공자도 강조했다. 공자는 제자들에게 군자君子의 다양한 모습에 대한 많은 말을 남겼다. 군자는 유교권에서 추구하는 가장 이상적인 인간상이다. 우리가 보통 성인군자聖人君子라는 말을 접할 때 우리와는 별개의 인격을 가진 사람이라고 생각하기 쉽다. 공자도 평생 성인聖人을 한 번 만나기 어렵지만, 군자君子는 기회만 있으면 만날 수 있다고 말했고, 성인聖人이 되는 길은 힘들지만, 군자君子는 노력하면 될 수 있다고 말했다.

공자는 "군자는 말은 어눌하게 하려고 노력하고 행동은 누구보다 민첩하게 하려고 노력하는 사람(『논어』「이인里仁」)"이라고 했다. 일부러 말을 어눌하게 하라는 말은 아니다. 말보다 행동이 중요하다는 의미이다. 이 말의 의미를 되새겨 보면, 화려한 말솜씨, 즉 입으로만 일하는 것이 아닌, 말은 최대한 적게 하고, 일의 실행을 통해 결과를 만드는 데 모든 에너지를 쓰는 것이 공자가 말하는 군자의 모습이다.

조직에서 고성과자(高成果者: 높은 성과를 낸 사람)라고 하는 하이 퍼포머High Performer의 가장 두드러진 특징도 실행력이다. 능동적인 실행력을 바탕으로 다양한 결과를 도출하여 상황에 맞는 솔루션을 만들어낸다. 결국, 직장생활에서는 움직이는 자가 실력자로 인정받는 것이다. 빠른 실행력과 최적의 타이밍을 놓치지 않는 통찰력이 직장생활에서 매우 중요하다. 특히, 리더에게는 더욱 중요한 역량이다.

어린 시절 한학을 공부하신 A 씨의 아버지는 주말마다 자주 먹을 갈고

붓을 잡으셨다. A 씨가 초등학교에 들어갈 무렵 아버지는 가훈家訓을 크게 쓰시고 표구를 하여 집에서 가장 잘 보이는 곳에 걸어 두셨다. 그 당시 A 씨 집의 가훈은 '무언실천(無言實踐: 말없이 실제로 행함)'이었다.

공자는 말보다 행동을 강조하면서 말은 어눌하더라도 행동은 민첩해야 한다고 했지만, A 씨의 아버지는 거기에 의미를 더해 어눌한 말도 하지 말고 오히려 말없이 먼저 실천하는 모습을 보이는 삶을 살아가라는 깊은 뜻을 담으셨다. 말보다 실천하는 자세로 담대함과 도전 정신으로 일과 삶을 전진해 나가는 모습이야말로 오늘날의 군자 모습이 아닐까, 생각한다.

2. 배운 후에는 실천이 따라야 한다

> 子曰: "文, 莫吾猶人也, 躬行君子, 則吾未之有得."
> 자왈 "문, 막오유인야, 궁행군자, 즉오미지유득."
>
> 『논어』「술이述而」

> 공자가 말하기를 "책 속에 있는 배움은 다른 사람과 크게 다르지 않으나, 하지만 나는 그것을 실천하는 군자를 따라갈 수 없다."

예부터 지식인은 '학문'을 익히는 것 못지않게 '도덕적 수양'을 중시했다. 하지만 아무리 훌륭한 학자도 두 가지 모두를 완수하는 것은 쉽지 않다. 그 때문에 입으로만 도를 외치는 속 빈 학자들이 많은 것이다.

한유(韓愈: 768~824)가 관직에 오르기까지의 과정은 순탄치 않았다. 그는 20대에 과거에서 세 번이나 낙방하고 서른이 다 되어서야 겨우 진사에 급제했다. 하지만 진사에 합격했다고 해서 바로 관직을 받는 것은 아니었다. 일정한 시험을 거쳐 합격한 사람만이 관직에 오를 수 있었는데 한유는 이 시험에서도 세 번이나 떨어졌다.

할 수 없이 그는 다른 문인들처럼 권세가들에게 서신을 보내 자신을 알리기로 했다. 두 달 동안 세 사람의 재상에게 서신을 보냈지만 그를 알아봐 주는 사람은 아무도 없었다.

얼마 후 한유는 두 명의 절도사 밑으로 들어갔지만, 그들이 죽자 또다시 의지할 곳을 잃고 말았다.

이렇게 도읍으로 돌아온 그의 눈에 띈 사람은 바로 경조윤京兆尹 이실李實이었다. 한유는 늘 그랬듯이 이실을 찬양하는 내용의 글을 써 보냈다.

> 제가 도읍으로 온 지도 벌써 15년째, 그동안 수많은 조정의 대신들을 보아왔습니다만, 그들은 하나같이 공이 있기를 바라지 않고 허물이 없기만을 바라는 필부에 지나지 않았습니다. 하지만 경은 지극한 충심으로 황제를 보필하시고 마치 집안을 돌보듯 나랏일을 먼저 걱정하십니다.
>
> 올해 큰 가뭄이 들어 100여 일 동안이나 비가 내리지 않았기에 씨조차 뿌리지 못했고, 들판에는 풀 한 포기 자라지 않았습니다. 하지만 그 어느 곳에서도 도둑 떼가 출몰한다는 소리가 들리지 않고 곡식 가격도 오르지 않았으니 이 모두 공의 덕입니다. 공의 관심 덕분에 나쁜 짓을 일삼던 간신배들 역시 소리 없이 자취를 감추었습니다. 공이 없었더라면 어찌 이런 기쁜 일이 있을 수 있겠습니까?
>
> 저는 어려서부터 현인들의 책을 읽고 그들의 가르침을 배우고자 했습니다. 이렇게 수백 년 전의 인물들도 존경해 마지않는 제가 어찌 공을 따르지 않을 수 있겠습니까?

서신 때문이었는지 한유는 마침내 감찰어사監察御使로 임명되어 높은 관직에 오를 수 있었다. 그렇다면 이실은 정말 한유가 말한 것과 같은 인물이었을까? 안타깝게도 전혀 그렇지 않았다. 이실은 간신 중의 간신이었다. 다음은 역사책에 기록된 그에 관한 기록이다.

> 경조윤 이실은 권세만 믿고 오만방자하며 법을 하찮게 여기며 늘 안하무인이었다. 20년간 계속된 가뭄에도 백성에 대한 수탈을 멈추지 않았으며 백성의 고충은 안중에도 없었다.
>
> 당덕종(唐德宗: 742~805)이 민간의 실상을 물으면 '날씨가 가물기는 했으나 씨를 뿌리고 수확하는 데는 아무런 문제가 없습니다'라고 거짓 보고를 올렸는데 이 때문에 세금을 면제받지 못한 백성은 더욱 곤궁해졌고 가세는 기울었으며 보리씨를 팔아 세금을 내야 했다.

도읍에 사는 사람치고 이실의 사람됨을 모르는 자는 하나도 없었다. 그렇다면 한유는 사람을 잘못 본 것일까? 물론 아니다.

감찰어사의 자리에 오른 한유는 즉시 덕종에게 관중 지방의 가뭄과 민간의 상황과 관련해 상소를 올렸다. 그것은 이실의 만행을 알리는 것이나 다름 없었다. 이실에게 아첨의 말이 가득 담긴 글을 쓴 지 채 6개월도 되지 않아 그를 고발하는 내용의 상소를 올린 것이다.

한유는 이실의 사람됨을 누구보다 잘 알고 있었지만, 관직에 오르기 위해 일단 그것을 무시한 것이다. 그 때문에 관직에 오른 후 가장 먼저 자기 잘못을 만회하고자 애썼다.

공자의 겸손한 말은 우리에게 많은 것을 생각하게 한다. 사람을 판단할 때는 그의 학식이나 말, 행동만 볼 것이 아니라 그가 과연 주장하는 바대로 행동하고 실천하는가를 살펴야 한다.

실천하지 않고 그럴싸한 이론만 늘어놓는 사람은 아무 쓸모 없다. 행동이 없다면 그저 그런 책벌레에 지나지 않을 뿐이다.

한유(768~824)

중국 산문의 대가이며 탁월한 시인. 당나라 시절 문인, 유학자, 관료. 벗이었던 유종원과 함께, 당나라 때 활동한 문장가로서 기존에 유행하였던 형식이 복잡하고 유미주의적인 성격을 지닌 산문 문체였던 변려문騈儷文을, 형식이 자유롭고 내용이 알찬 고문古文으로 교체한 당송 팔대가唐宋八大家로 손꼽힌다. 특히 한유는 고문 운동의 선구자로 당나라 이후 산문 형식을 정립하는 데 가장 결정적인 역할을 하였다.

당덕종(742~805)

당나라의 황제(재위, 780-805). 제위를 이은 뒤 처음에는 정치가 청명清明했고, 조용조租庸調 제도를 폐지하고 양세법兩稅法을 실시했다. 즉위한 뒤 중앙재정의 재건을 도모했으며, 번진藩鎭을 억압하려는 정책을 시행했다. 말기에는 국가의 재정난과 지방 세력의 성장, 그리고 환관의 횡포로 인해 뜻을 이루지 못하고 세상을 떠났다. 문벌과 관계없는 인재를 등용하거나 조용조를 폐지하는 등 일부 개혁을 이룬 업적이 있다.

3. 자신의 역량을 엄격하게 판단한다

不患人之不己知 患其不能也

불환인지부기지 환기불능야

『논어』「헌문憲問」

남이 나를 알아주지 못할까, 걱정하지 말고,

자신의 능하지 못함을 걱정해야 한다.

공자는 자신이 제대로 평가받지 못하는 것 같아 불만이 느껴질 때 어떻게 해야 할지를 여러 번 이야기한 바 있다. 이번 공자의 말은 자기 능력이 부족하지는 않은지 먼저 되짚어 보라는 메시지를 담고 있다. 부당하다고 생각하는 평가라도 달갑게 받아들여 감수하고 그 평가를 성장의 발판으로 삼으려고 해보자. 불평한다고 해서 사태가 호전되지는 않는다.

지금 당장 좋은 평가를 받지 못하고 있다고 느끼더라도 너무 신경 쓰지 말고, 그보다는 제대로 인정받지 못하는 원인을 찾아 능력을 향상하는 데 주력해야 한다. 평가는 반드시 뒤따르게 되어 있다.

이는 골프와 비슷한 면이 있다. 골프는 볼을 치는 주체가 자신이므로 설령 나쁜 결과가 나왔다고 해서 남의 탓으로 돌릴 수가 없다. 바람이나 잔디 상태에 원인이 있다고 말하고 싶어도, 모두 같은 조건에서 경기하고 있으니, 핑계를 대기 어렵다. 결국 자신의 역량 부족에서 기인한다고 인정하지 않을 수 없다.

조직 내에서의 평가도 골프와 같다. 비록 억울한 마음이 들 수는 있겠지만, 자기 능력이 부족한 탓도 있다고 인정하고, '다음에 맡게 될 업무에서 만회하겠다'라고 분발하는 것이 가장 현명한 마음가짐이다. 여기서 좌절하면 주변의 평판만 떨어뜨릴 뿐이다.

단, 자신에게는 엄격한 잣대를 적용하더라도 후배 세대와 소통할 때는 주의하도록 하자. '남 탓으로 돌리거나 삐딱하게 생각해선 안 된다.' '인정받지 못하는 건 자기가 무능해서니까 그걸 의식해야 한다.' 같은 말투는 피하는 것이 좋다.

요즘 젊은 세대는 먼저 나서서 "칭찬받으면 더 잘하는 타입이에요" 하고 말할 정도로 비난에 약한 편이다. 너무 엄격하게 대하면 투지가 꺾이는 일이 더 많으니, '더 높은 평가를 받으려면 이러한 약점을 개선하는 게 좋겠다.' 정도의 조언을 칭찬과 함께 건네는 것이 효과적이다.

4. 일의 방향성부터 먼저 점검한다

吾嘗終日不食 終夜不寢 以思 無益 不如學也
오상종일불식 종야불침 이사 무익 불여학야

『논어』「위령공衛靈公」

나는 일찍이 하루 종일 먹지도 않고 밤새 잠도 자지 않고서 계속 생각에 골몰했었지만, 유익함이 없었다. 그 어떤 것도 배우는 것만 같지 못하다.

어리석은 사람일수록 혼자서 생각에 빠져 있다고 느낄 때가 종종 있다. 스스로 생각하는 것 자체는 좋은 일이지만 방향을 잘못 겨누면 아무런 의미가 없기 때문이다. 때로는 그 문제의 해답을 잘 알고 있는 사람에게 재빨리 물어보는 것이 효율적일 수 있다. 공자 역시도 "먹고 마시지도 않고서 하루 종일 생각에 골몰해 봤지만, 아무 소용 없었다"라고 말하고 있으니, 무의미한 고민에 혼자 빠져 있지 않도록 주의해야 한다. 일의 방향성을 먼저 확인해야 한다.

일을 할 때는 상사의 지시에 정확하게 따르는 것이 기본이다. 지시 내용을 제대로 이해하지 못하면 처음부터 방향을 잘못 설정하게 된다. 그러면 "대체 왜 일을 그렇게 처리했지?" 하는 지적을 들을 정도로 완전히 빗나가 버릴 수도 있다. 그런 실수를 하지 않으려면, 우선 상사에게 큰 방향성을 확인하는 것이 중요하다.

이전에는 볼링이 무척 유행했다. 사람들은 흥미를 느끼며 어떻게 해야 볼링을 잘 칠 수 있는지 열심히 찾아보다가, 레인의 표시 지점을 정확히 노리면 대개는 생각한 대로 볼을 던질 수 있다는 것을 배웠다. 일을 하는 것은 볼링에 비유할 수 있다. 목표 지점을 향해 처음에 방향을 제대로 잡으면 대개는 잘해 나갈 수 있다. 그렇기에 지시를 받는 순간, "이러한 방향으로 일을 처리하면 될까요?" 하고 상사에게 먼저 확인하는 것이 좋다.

더 공을 들이는 방법으로, 지시받은 업무를 20퍼센트 정도 진행한 시점에서 "이런 식으로 괜찮을까요?" 하고 상사에게 물어보면 더욱 좋다. 그때 "그게 아니지" 하는 답변이 돌아오는 경우가 의외로 많다. 게다가 완전히 빗나가지는 않았더라도 "여기를 조금 수정해 봐" 하는 조언으로 이어질 가능성이 높다. 20퍼센트 진행 시점에서 자료를 수정하면 남은 80퍼센트에서 잘못될 일은 거의 없어진다.

일을 의뢰할 때도 마찬가지다. 일을 맡길 때 내 의도와 달리 상대가 잘못 생각하는 부분이 의외로 많을 수도 있으므로 "우선 20퍼센트 정도 진행되면, 먼저 보여주세요" 하는 식으로 방향성을 확인한다. 20퍼센트 진행한 시점에서 샘플을 제출하면 방향성 오류에서 벌어지는 근본적인 문제를 상당히 줄일 수 있다.

또 한 가지 중요한 것은, 스스로 생각해 봐도 잘 모르는 일은 경험치가 높은 사람에게 문의해서 배우는 일이다. 며칠이나 끙끙 머리를 싸매고 생각해도 알 수 없던 일도 누군가에게 물어보면 한순간에 해결되는 경우가 많다. 그런 의미에서 자신이 혼자 생각해야 할 일과 다른 사람에게 배워야 할 일을 구별하는 것은 무척 중요하다. 이것이 공자가 말하는 "혼자 생각하기보다는 다른 이에게 물어 배우는 것이 좋다"라는 의미다. '잘하는 사람에게 가르침을 청하라'라는 것은 매우 지혜로운 행동이다.

5. 낙관은 힘이 세다

공자의 제자 사마우司馬牛는 형이 송나라에서 반란을 일으켰다는 소식을 듣고 불안한 마음이 엄습해 왔다. 이 소식을 접한 스승과 제자들이 자신을 어떻게 생각할지 몰라 걱정이 되었다. 아무리 형과 자신은 별개라고 여기면서 마음 편하게 지내고 싶어도 파도처럼 밀려오는 염려와 근심을 떨쳐버릴 수 없었다. 마음도 달랠 겸 스승과 무언가 이야기를 나누며 위로를 얻고 싶은 생각에 여러 가지 질문을 하기 시작했다. 먼저 군자에 관해 물어보았다.

君子不憂不懼

군자불우불구

『논어』「안연顔淵」

"군자는 근심하지 않고 두려워하지 않는다."

사마우는 스승의 직관력에 경탄했다. 자신의 현재 심경을 어떻게 족집게처럼 알고 있는지 경이로울 따름이었다. 그래서 다시 물었다.

"근심하지 않고, 두려워만 하지 않으면 군자라고 말할 수 있습니까?"

공자가 다시 근본적인 대답을 제시한다.

"자기 스스로 돌아보아 거리낌이 없다면 무엇을 근심하고 무엇을 두려워하겠는가?"

공자는 몸가짐을 바르게 하면 근심하거나 두려워할 이유가 없다고 말한다. 결국 근심과 두려움은 자신의 문제라는 진단이다. 공자는 제자의 고민과 심경을 꿰뚫어 보면서 "비록 형이 반란에 연루되었다고는 하나 그 반란이 떳떳한 것이라면 무엇이 문제이겠는가. 또한 반란은 형의 문제이니 그대는 자신을 돌아보면서 자신의 할 바를 다하면 된다"라고 위로와 격려를 보내고 있다. 그러면서 공자는 사람들이 느끼는 걱정이나 두려움은 대부분 자신의 문제에서 생기니만큼 끊임없이 자신을 수양하며 부끄럼 없는 삶을 살기 위해 노력하는 것이 군자의 도리라고 설명한다.

하지만 스승의 위로와 격려도 잠시, 함께 공부하는 동료들을 만나니 다시 걱정과 두려움이 구름처럼 몰려왔다. 무엇보다도 자기 형은 반란 때문에 머지않아 죽게 될 것이라는 불길한 예감이 들었다. 아니 반드시 죽을 것으로 생각했다. 그래서 "사람들은 모두 형제가 있는데 나만이 홀로 있구나"라고 하면서 고아 같은 자신의 처지를 비관하고 있었다. 이를 옆에서 지켜보고 있던 자하(子夏: B.C.507~B.C.420)가 위로의 말을 건넨다.

"죽고 사는 것은 운명에 달려있고 부귀는 하늘에 달려있다고 한다. 군자가 공경함에 잃는 것이 없고, 남에게 공손함에 예절이 있으면 사해(四海: 온 세상) 안의 모두가 형제일진대 군자가 어찌 형제 없음을 걱정하겠는가?"

공자가 제자에게 던진 '불우불구不憂不懼'의 정신은 오늘날 우리에게도 시사하는 바가 크다. 어떻게 '불우불구不憂不懼'의 덕목을 지킬 수 있을까? 이는 공자와 자하가 사마우에게 제시한 답변 속에 그 정답이 있다.

걱정과 두려움이 지배하면 개인이든 조직이든 창의성을 발휘할 수 없다. 걱정과 두려움은 사람을 과거에 갇히게 만들고 미래로 나아가는 것을 가로막는다. 사실 걱정과 두려움의 원천은 과거의 언행으로부터 나온다. 도덕성과 윤리성에 문제가 있다면 걱정과 두려움에서 벗어날 수 없다. 공자가 끊임없이 자기를 다스리며 자기 절제와 자기 연마를 강조하는 이유도 도덕성과 윤리성을 확보하기 위함이다. 자신이 올바르게 섰을 때 걱정과 두려움에서 벗어날 수 있으며 남을 가르치고 편안하게 해줄 수 있다.

걱정과 두려움은 미래에 대한 불확실성에서도 찾아온다. 사마우司馬牛의 고민은 아직 일어나지 않은 미래의 일을 지레짐작하고 자기 기준으로 판단하는 데 있다. 미래에 대한 두려움은 걱정한다고 해서 해결될 문제는 아니다. 동료 자하가 말한 대로 모든 것을 운명과 하늘에 맡기고 오늘 하루 최선을 다하는 데서 정답을 찾아야 한다. 이를 위해 '궁극적 낙관론(窮

極的 樂觀論)'을 가질 필요가 있다. 앞으로 어려움과 우여곡절이야 있겠지만 결과적으로는 잘될 것이라는 믿음이 있어야 한다.

자하(B.C.507~B.C.420)

자하子夏는 공자孔子의 제자로, 공자보다 44살 연하였다. 공문십철孔門十哲의 한 사람이다. 공자가 죽은 뒤에 위나라 문후文侯에게 초빙되어 스승이 되었다. 서하西河에서 강학講學했다. 이극李克과 오기吳起, 전자방田子方, 단간목段干木 등이 모두 그의 문하에서 배웠다.

6. 끈기를 가져라

子曰: "南人有言曰 '人而無恒, 不可以作巫醫' 善夫! 不恒其德, 或承之羞."

자왈: "남인유언왈 '인이무항, 불가이작무의' 선부! 불항기덕, 혹승지수."

子曰: "不占而已矣."

자왈: "부점이이의."

『논어』「자로子路」

공자가 말하기를 "남쪽 사람들은 '끈기가 없는 사람은 무당이나 의원조차 되기 힘들다'라고 말하는데, 그 얼마나 옳은 말이냐! 끈기를 가지고 덕을 쌓지 못하면 수치스러움을 당할 수밖에 없다."

공자가 다시 말했다.

"끈기가 없는 사람은 점치는 것도 쓸모없다는 말이다."

의지는 끈기의 기본이며 포부의 크고 작음을 나누는 기준이 된다. 작은 포부는 작은 목표이며 큰 포부는 큰 목표이다. 그러므로 작은 포부는 작은 일을 이루고 큰 포부는 큰 성공을 이룬다.

제갈량(諸葛亮: 181~234, 삼국시대 촉나라의 정치가)은 "사람의 뜻은 높고 멀어야 한다"라고 말했다. 위대한 군사, 문학가, 정치가, 과학자, 의학자 등이 되겠다는 크고 높은 포부를 가져야 한다는 말이다.

이렇게 위대한 포부나 일생을 함께할 만한 이상을 가져야만 끈기를 가지고 이를 이루기 위해 노력할 수 있다.

동한東漢 원년, 경엄(耿弇: 3~58)이라는 사람이 있었다. 어렸을 때부터 글 읽기를 좋아했던 그는 군사 분야에도 관심이 많았다. 그래서 늘 병사들이 훈련받는 모습을 몰래 훔쳐보면서 꼭 훌륭한 군사가 되리라 결심하였다.

훗날 광무제光武帝 유수(劉秀: B.C.4~A.D.57)가 북방에서 군대를 조직할 때 경엄은 유수를 도와 전쟁에서 많은 공을 세웠고, 이내 동한의 명장으로 이름을 날리게 되었다. 어린 시절의 포부를 이룬 것이다.

어느 날 경엄은 유수에게 사패왕 장보張步를 토벌할 군대의 지휘권을 달라고 간청했다. 당시 이미 12개의 주군을 점령한 장보의 위세는 하늘을 찌를 듯 높았다.

그 때문에 유수로서는 경엄에게 지휘권을 주는 것을 망설일 수밖에 없었다. 하지만 장보의 존재가 위협이 된다는 사실을 익히 알고 있었기에 결국 경엄의 청을 들어주었다.

한편 경엄이 온다는 소식을 접한 장보는 신속하게 병사들을 축하와 임치 일대에 나누어 배치했다. 하지만 경엄은 한 치의 흔들림 없이 용맹하게 공격을 시작해 곧 축하를 손에 넣었다. 그리고 승리의 기세를 몰아 곧

바로 임치를 공격했다. 부하들의 연이은 패배를 본 장보 역시 직접 병사들을 이끌고 임치로 갔다. 이로써 경엄과 장보의 군대는 임치 성 밖에서 만나게 되었다.

경엄은 격전 중에 넓적다리에 화살을 맞았다. 대장이 부상을 입자 군심은 동요되었고 장수들은 하나같이 휴전을 요구했다. 그러자 경엄이 노기를 띤 얼굴로 말했다.

"좁은 길에서 만나 싸우면 용맹한 자가 이긴다고 했다. 이제 승리가 눈앞에 있는데 휴전이라니, 있을 수 없는 일이다!"

그러고는 허리춤에 차고 있던 칼을 꺼내 다리를 관통한 화살을 잘라내고는 적진을 향해 무섭게 돌진해 갔다. 그의 용맹함을 본 병사들 역시 죽기를 각오하고 싸움을 벌인 결과, 경엄의 군대는 싸움에서 승리할 수 있었다.

한편 승전보를 전해 들은 유수는 매우 기뻐하며 직접 임치로 건너가 병사들을 위로했다.

"처음 장군이 내게 장보를 물리칠 계획을 말했을 때, 너무 자신감에 넘쳐 있는 게 아닌가? 걱정했었소. 하지만 이제 보니 뜻이 있는 자는 분명 성공하는가 보오!"

경엄의 이야기에는 굳센 의지를 가진 사람이 자기 뜻을 꺾지 않고 끝까지 노력하면 반드시 성공한다는, 아주 당연하지만 실천하기는 힘든 교훈이 담겨 있다.

서한西漢의 유명한 역사학자요 문학가인 사마천(司馬遷: B.C.145?~B.C.86?, 전한 시대의 역사가) 역시 젊은 시절 아버지의 뜻을 이어받아 『사기史記』를 완성했다.

사마천의 아버지 사마담(司馬談: ?~B.C.110)은 한무제(漢武帝: B.C.156~B.C.87) 때의 태사령太史令이었다. B.C.110년, 무제가 태산泰山에서 봉선(封禪: 천신과 지신에게 지내는 제사)의 대전을 지내게 되었는데 태사령인 사마담은 마땅히 황제를 수행해야 했지만, 당시 사마담은 제외당했다.

결국 사마담은 화병으로 쓰러졌고, 며칠 후 사마천이 바깥일을 마치고 집으로 돌아갔을 때 아버지는 곧 끊어질 듯 한숨을 힘겹게 내뱉고 있었다. 임종 직전, 사마담은 아들의 손을 꼭 붙잡고 눈물을 흘리며 말했다.

"우리 조상은 주나라의 태사太師였고 더 이전인 우순과 하우 시절에는 사사관으로 이름을 날리기도 했다. 춘추전국시대 이후로 그것이 이어지지 못하고 우리 대에 이르러서는 가문의 영광이 끊어지게 되었구나!

내가 죽고 만약 네가 태사의 자리에 오르면 통사通史를 완성하려 했던 내 염원을 잊어서는 안 된다. 이제 어지럽던 시절은 지나고 한나라가 천하를 통일하여 나라는 더없이 부유하고 강해졌다. 그런 상황에서 태사의 자리에 있었건만 나는 꿈을 이루지 못했다. 이제 그것을 너에게 부탁하려 한다. 그러니 절대 내 말을 잊지 말거라."

사마천은 무릎을 꿇고 눈물을 흘리며 대답했다.

"비록 미천한 재능이지만 아버지의 뜻을 반드시 이어가겠습니다. 선인들이 남겨 준 귀중한 사료를 바탕으로 하되 절대 더하거나 빼지 않을 것입니다!"

사마담이 죽은 지 3년째 되던 해, 사마천은 태사령의 자리에 올랐다. 꼼꼼하게 자료를 모아 연구하는 사이 한 달이 가고, 그해가 다 가버렸다.

그러던 중 사마천은 흉노에게 투항한 이릉李陵 장군을 옹호하다가 궁형(宮刑: 궁형은 남성의 생식기를 제거하는 형벌)을 받게 되었다. 남자로서는 견디기 힘든 굴욕적인 형벌이었지만 아버지의 유언과 태사령이라는 직위의 책임을 먼저 생각했던 그는 묵묵히 궁형을 받아들였다.

그러고는 사서史書를 집필하는 데 더욱더 매진했다. 그렇게 14년이라는 시간이 흐른 후, 그는 마침내 『사기史記』를 완성하기에 이르렀다.

자기 수양, 다른 사람을 대하는 법, 처세의 방법. 이 모두는 삶의 태도를 제약하기도 하고 바른 방향으로 이끌기도 한다. 삶의 태도는 인생의 목적과 인생의 가치가 구체화한 것이기도 하다. 인생의 참뜻을 이해하는 정도가 모두 다르므로 삶에 대한 태도 또한 달라지는 것이다.

인생의 목표를 실현하는 과정은 복잡하고 험난하다. 그 길은 아름다운 꽃길이 아니라 가시밭길일 수도 있다. 따라서 "단순히 높은 이상뿐만 아니라 목표를 향해 전진할 수 있는 끈기와 인내심이 필요한 것이다."

공자 역시 "뜻은 높고 멀리 가져라."라고 말했으며 "끈기를 가진 자만이 성공할 수 있다"라고 주장했다. 크고 높은 뜻을 세우는 것은 성공으로 통하는 길이자 자기 수양과 분투를 위한 지혜이다.

경엄(3~58)

양한 교체기 시절 인물로, 후한(동한)의 개국공신. 상곡태수 경황耿況의 아들이다. 동한東漢시대 개국開國의 명장名將이다. 경엄耿弇은 어려서부터 병사兵事를 좋아했고, 부친의 권유로 유수劉秀에게 투항하여 편장군偏將軍이 되었다. 유수를 따라 하북河北을 평정했다. 유수가 황제가 된 후에 경엄은 건위대장군建威大將軍이 되었고, 호치후好畤侯로 봉해졌다.

광무제 유수(B.C.4~A.D.57)

후한 제1대 황제. 그가 재건한 왕조를 후한後漢 또는 동한東漢(25~220)이라고 한다. 22년 왕망의 급진적인 개혁 조치로 신나라에 대한 평판이 나빠지게 되자, 그는 곧 군대를 일으켰고 강력한 유씨 문중과 다른 부유한 호족 가문들의 지원을 받아 23년에 왕망王莽을 격파했다. 2년 뒤에 수도를 중국 동부에 있는 자기 고향 낙양洛陽으로 옮기고 스스로 황제임을 선포했다. 동한이라는 이름은 이같이 수도를 동쪽으로 천도한 데서 연유한 것이다. 그 뒤 10년간 통치권을 강화하고 '적미의 난'을 비롯한 많은 국내 반란을 진압했다.

한무제(B.C.156~B.C.87)

전한의 제7대 황제. 흉노를 토벌하고 실크로드를 발견하는 등 굵직한 업적들이 꽤 있어 중국사 전체를 놓고 봐도 언급이 많이 되는 황제이다. 또한 전한의 법령을 완성하고 관료 체계를 완비하며, 염철 전매법, 균수법, 평준법 등의 경제 정책을 시행했으나 잦은 대외 원정으로 국력을 대거 낭비함으로써 전한의 짙은 그림자를 드리운 황제이기도 하다.

사마담(?~B.C.110)

전한 시대의 사학자 · 사상가. 태사령을 지냈으며, 천문 · 역법을 주관하고 황실의 전적을 관장했다. 그가 지은 『논육가지요지論六家之要旨』는 한 초의 황로학을 추숭한 반면, 유가 · 묵가 · 명가 · 법가 · 음양가에 대해서는 비판적이다.

이릉(?~B.C.74)

중국 전한의 무장. 이광李廣의 손자이다. 어렸을 때부터 말타기와 활쏘기를 잘했으며, 한무제 때 기도위騎都尉가 되었다. B.C.99년 직접 부하 5,000명을 거느리고 흉노匈奴와 싸웠다. 그러나 적을 만나 힘을 다해 싸웠으나 화살이 다 떨어져 할 수 없이 항복하니, 흉노에서는 그를 우교왕右校王으로 삼고, 공주와 결혼시켰다. 이릉은 큰 욕을 참고 뒷날을 기약하기 위해 항복했다. 그러나 그의 패전 소식을 듣고 대노한 무제가 그의 일족을 몰살시키려고 하자 사마천司馬遷이 그의 충성심과 용감한 전투 정신을 칭찬하며 변론했다가 오히려 무제가 더욱 분노하여 사마천을 극형인 궁형에 처했다.

『사기史記』

사마천에 의해 한漢나라 무제 때 쓰인 역사서로 본격적인 저술은 B.C.108~B.C.91년 사이에 이루어진 것으로 보고 있다. 사마천은 『사기史記』 저술의 동기를 '가문의 전통인 사관의 소명 의식에 따라 『춘추春秋』를 계승하고 아울러 궁형의 치욕에 발분하여 입신양명으로 대효를 이루기 위한 것'으로, 저술의 목표는 '인간과 하늘의 관계를 구명하고 고금古今의 변화에 통관하여 일가의 주장을 이루려는 것'으로 각각 설명하고 있다.

7. 평상시 사소한 행동이 인생을 바꾼다

孔子曰: 能行五者於天下 爲仁矣

공자왈: 능행오자어천하 위인의

請問之曰 恭寬信敏惠 恭則不侮 寬則得衆 信則人任焉 敏則有功 惠則足以使人

청문지왈 공관신민혜 공즉불모 관즉득중 신즉인임언 민즉유공 혜즉족이사인

『논어』「양화陽貨」

공자가 말했다. "다섯 가지 덕을 세상에서 실행할 수 있다면 그것이 곧 인仁이다."

장자가 이 다섯 가지가 무엇인지를 묻자, 공자는 이렇게 대답했다. "공경(恭), 관용(寬), 신뢰(信), 기민(敏), 베풂(惠)이다. 공손하면 사람들이 함부로 대하지 않고 너그러우면 많은 사람의 마음을 얻을 수 있다. 믿음이 있으면 사람들이 신뢰하고, 민첩하면 공을 세우게 되고, 가진 것을 베풀면 충분히 사람을 부릴 수 있다."

『논어』에는 제자들이 공자에게 '인仁'이 무엇인지를 묻는 장면이 자주 등장한다. 그런데 이때마다 공자가 다르게 대답한다는 점이 흥미롭다. 보통 인을 도덕적 관념이라고 생각하기 쉬운데, 공자는 이 구절에서 인이란 모든 상황에서 실천해야 하는 것, 즉 언행일치(言行一致: 말과 그에 따른 행동이 같음)가 수반되는 덕德임을 강조하고 있다.

공자는 '공관신민혜恭寬信敏惠'의 다섯 가지를 세상에서 행하는 것을 인이라고 했다. 재미있는 것은 이 '공관신민혜'는 사람을 끌어당기는 법칙이자 리더의 자질이기도 하다는 점이다. 그러므로 기회가 있을 때마다 실천

하려고 노력한다면, 일상을 여유롭게 살아가는 것뿐만이 아니라 일을 할 때 인망을 쌓는 데도 도움이 된다.

예를 들어 '아무리 화가 나도 큰소리를 내지 않는다' '다른 사람이 실수할 경우, 세 번까지는 무조건 참고 넘어간다.' '소소한 간식 쏘는 것을 내가 할 수 있는 배려의 출발점으로 삼자' 등 내가 실천할 수 있는 세부 항목들을 발견하는 것이 중요하다.

7장

처세를 위해 필요한 것

1. 다른 사람을 이해하라

子曰: "不患人之不己知, 患不知人也."

자왈: "불환인지불기지, 환부지인야."

『논어』「학이學而」

공자가 말하기를 "남이 나를 알아주지 않는 것을 걱정하지 말고 내가 남을 모르는 것을 두려워하라."

남이 나를 몰라주는 것을 걱정하는 것, 이는 일부 지식인들이 가진 문제점이다. 많이 배운 사람들은 다른 사람에 대한 이해를 처세의 전제조건이라고 생각지 않는다. 바로 이 때문에 심각한 문제가 생기기도 한다.

특히 윗사람이 정말로 원하는 것이 무엇인지 이해하지 못한 채 자신의 판단만으로 일을 처리하는 것은 지극히 위험한 일이다. 삼국시대 순욱(荀彧: 163~212)의 운명이 바로 그 대표적인 예다.

동한東漢 말년에 태어난 순욱은 왕을 보필할 인재라 불릴 만큼 재주가 뛰어난 인물이었다. 영한永漢 원년(189년), 효렴孝廉으로 천거되어 수궁의 현령으로 부임한 그는 훗날 동탁(董卓: 130~192)의 난이 일어나자, 관직을 버리고 낙향했다.

이윽고 세력을 잡은 원소(袁紹: 155~202)는 순욱을 상빈의 예로 대했지만, 원소가 대업을 이룰 만한 그릇이 되지 못함을 간파한 그는 조조(曹操: 155~220: 후한 말 삼국시대 스스로 위왕으로 칭하며 난세의 영웅으로 불린다)에게 몸을 의탁했다.

"그대는 진정 나의 자방(전한의 명장 장량張良을 가리킴)이로다."

조조는 기쁨을 감추지 못하며 곧바로 그를 사마(군사와 운수에 관한 일을 맡아보던 벼슬)로 임명했다.

흥평 원년(194년), 도겸을 치러간 조조는 순욱에게 수도인 허창을 지키도록 했다. 때마침 장막과 진궁(陳宮: ?~198)은 여포(呂布: ?~198)와 몰래 손잡고 연주에서 반란을 일으켰다. 조조의 대군이 도겸과 싸우느라 정신이 없을 때 대부분의 장수와 관리들은 모두 장막과 진궁의 편으로 돌아서고 말았다.

이때 예주 자사 곽공이 병사 수만을 이끌고 허도의 성 아래로 진격했다. 그가 여포와 결탁해 반란을 일으킬 것으로 생각한 사람들은 모두 두려움에 몸을 떨었다.

그러나 혼자 수도를 지키고 있던 순욱이 세 치 혀로 곽공을 물러가게 하자 민심은 빠르게 안정되었다. 얼마 후 전장에서 돌아온 조조는 순욱의 공을 입이 마르도록 칭찬했다.

황건黃巾의 난을 진압하고 여포와 장수, 원소를 차례로 물리친 조조의 곁에는 항상 모사 순욱이 있었다. 순욱은 위기 상황에서 언제나 훌륭한 계책을 내놓으며 수많은 공을 세웠다.

건안 원년, 이미 상당한 세력을 확보한 조조였지만 여전히 여러 제후를 자신의 편으로 끌어들이지 못해 골머리를 앓고 있었다.

이에 순욱은 조조에게 한漢의 헌제(獻帝: 181~234, 후한 제14대 황제)를 허도로 데려오자고 제안했다. 많은 사람이 이를 반대하고 나섰지만, 순욱의 책략은 성공을 거두었다. 천자를 옆에 둔 조조는 이때부터 제후들을 호령할 수 있었다.

이 일로 조조의 신임을 한 몸에 받게 된 순욱은 시중으로 승진하고 상서령으로 임명되어 국가의 모든 대사에 관여할 수 있는 막대한 권한을 얻었다. 나아가 그가 조조에게 추천한 곽가(郭嘉: 170~207)와 같은 우수한 인재들이 모두 기대를 저버리지 않고 큰 공을 세워 그의 이름을 드높였다.

건안 5년(200년), 조조와 원소가 관도에서 대치할 때였다. 처음부터 군사력에서 열세를 보인 조조의 군대는 얼마 지나지 않아 군량마저 바닥이 났다. 그러자 군심이 금세 동요되어 패배는 이미 결정된 듯 보였다.

조조와 다른 모사들은 어쩔 수 없으니 서둘러 허도로 돌아갈 것을 청했지만 순욱이 나서서 조조를 말렸다.

"지금의 위기를 극복하고 적당한 때를 기다려야 합니다. 기병들을 이용해 승리를 거두어 대업을 도모하시지요."

결국 순욱의 건의를 받아들인 조조는 원소를 물리치고 하북을 평정함으로써 대업을 위한 튼실한 기반을 다질 수 있었다.

이렇게 많은 공을 세운 순욱은 더 높은 관직에 오르거나 일생을 써도 줄지 않는 어마어마한 상금을 받아야 했다. 하지만 그는 오히려 억울하게 죽임을 당하고 말았다.

사실 조조는 세력을 확장하며 서서히 자신의 야심을 드러내기 시작했지만, 순욱은 미처 이를 알아차리지 못했다. 어쩌면 그는 처음부터 조조를 정확하게 이해하지 못했는지도 모른다.

또 다른 모사 동소(董昭: 156~236: 후한 말과 삼국시대 위나라의 모사)가 황제에 오르려 하는 조조의 야심을 꿰뚫어 보고 조조에게 이를 먼저 제안한 것과 비교하면 너무나도 다른 모습이다. 당시 동소가 이 문제를 의논하러 왔을 때 순욱은 펄쩍 뛰며 이렇게 말했다.

"조공은 본래 의병을 일으켜 나라의 안녕을 도모하려 했소. 그런 사람이 황제를 자처하려 하다니. 군자로서 절대 해서는 안 될 짓이오!"

이 말을 들은 조조는 불같이 성을 내며 이때부터 순욱을 멀리하기 시작했다. 하지만 이를 전혀 알아차리지 못한 순욱은 늘 '의義'와 '덕德'을 내세우며 조조를 설득하려 했고, 당연히 두 사람의 사이는 더욱 멀어지고 말았다.

조조는 꽉 막힌 순욱이 대업을 이루는 데 방해가 된다고 생각했다. 얼마 후, 손권(孫權: 182~252)을 치기 위해 조조의 대군이 유순에 도착했을 때 순욱은 병으로 자리에 눕고 말았다. 병상에 누워 있는 그에게 조조가 보낸 상자가 하나 도착했다. 의아한 마음으로 상자를 열자, 속이 텅 비어 있는 게 아닌가?

조조의 뜻을 알아차린 순욱은 긴 한숨을 내쉰 후 독약을 삼켰다. 그리고 이듬해 조조는 위공의 자리에 올랐다.

대부분의 사람들은 다른 사람들이 알아주지 않아 자신의 재능이 소문도 없이 사라질 것을 걱정한다. 심지어 자신을 알아보지 못하는 세상을 원망하기도 한다. 그러나 그런 걱정은 모두 쓸모없을 뿐이다. 게다가 그런 생각을 하는 사람은 원래 재능이 없는 경우가 많다.

정말 중요한 것은 남이 나를 알아주는 것이 아니라 내가 다른 사람을 이해하는 것이다. 진정으로 다른 사람을 이해하지 못하면 진실한 친구가 될 수 없고, 어진 사람을 쓸 수도 없다. 그리고 결정적인 시기에 하려는 일에 나쁜 영향을 끼칠 수 있다.

순욱(163~212)

후한 말의 인물이며, 조조曹操의 모사로 조조 세력이 안정화되도록 지대한 공을 세웠는데, 조조가 자신의 문신 중에서 군략가로 대공을 세운 순유조차도 2위로 평가하고, 순욱을 1위로 평가했을 정도로 순욱을 신임했다. 중국 역사가들은 조조군 최고 모사는 순욱이라 평가한다. 조조군 내에서 순욱이 가졌던 위상과 중요성은 부동의 1위라고 해도 모자람이 없다. 유비에게 제갈량이 있었다면 조조에게는 순욱이 있었다고 할 수 있다. 조조의 최고 공신이자 심복이었지만 동시에 한나라의 충신으로도 평가받는 아이러니한 캐릭터이다. 이는 말년에 조조와의 대립으로 상징되는 '한나라라고 하는 가치에 대한 수호의지'는 객관적으로 인정받기 때문이다.

동탁(130~192)

후한 말의 군벌, 정치가. 삼국지의 시작을 연 악인의 대명사이면서 동시에 근대까지 모든 중국 군벌들의 원형이다. 후한 멸망의 주역 중 하나였으며, 낙양으로 쳐들어와 황제 소제를 폐위하고 꼭두각시 헌제를 옹립해 국정을 농단했다. 반동탁 연합이 쳐들어오자, 수도인 낙양을 불태우고 헌제를 데리고 장안을 새 도읍으로 삼았다. 자중지란에 빠진 연합군이 와해하면서 기사회생하는 듯했으나, 192년 왕윤과 여포에게 살해된다.

원소(155~202)

후한 말기의 무인으로 일찍이 사례교위를 지냈다. 당시 정치적 부패의 요인인 환관들을 일소하고 정권을 독차지한 동탁에 대한 토벌군을 일으켰다. 원소는 하북河北 지역을 중심으로 강력한 세력을 구축했다. 겉으로 보기에는 관대한 것 같으나 속마음은 시기와 질투가 많고, 계책은 잘 세우나 결단성이 부족하여 여러 차례 이길 기회를 놓친다. 건안 5년(200), 관도대전官渡大戰에서 조조에게 패하여 세력이 크게 약해진다. 202년에 병으로 세상을 떠난다.

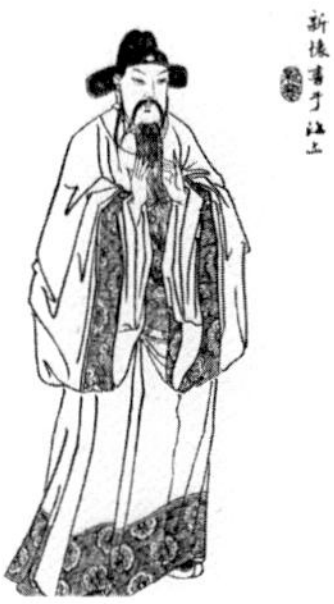

진궁(?~198)

후한 말 조조, 장막, 여포를 섬겼던 모사이다. 진궁陳宮은 연주 사람으로 조조의 밑에서 내정과 연주에서 크고 작은 업무들을 처리하며 조조를 도왔다. 진궁은 강직하고 지혜가 뛰어난 인물이었다. 젊은 시절부터 명사들과 교류하며 조조의 밑으로 들어갔지만, 조조에게 실망하고 배신했다. 진궁은 결국 여포를 선택했으나 여포는 진궁의 조언을 많이 받아들이지 않았다. 진궁은 능력이 뛰어나지만, 주군을 잘못 선택한 비운의 책사라고 평가받는다.

呂布

여포(?~198)

동탁 정권에서 여포는 동탁의 호위무사 역할을 맡았다. 양아들이라지만 동탁은 여포를 자신을 지키는 호위무사 정도로밖에 보지 않았던 것 같다. 동탁은 누군가 자신을 비방하거나 암살하려고 했을 때 여포로 하여금 처리하게 하였다. 만약 여포가 동탁을 죽이지 않았다면 반동탁 세력에게 살해당했을 것이다.

황건의 난

2세기 말 후한後漢 타도를 외치며 일어난 농민 대반란. 머리에 누런 수건을 썼기 때문에 황건黃巾이란 명칭이 붙었다. 후한시대에는 빈궁 농민의 봉기가 끊이지 않았고, 조정에서는 관료 · 외척 · 환관의 대립이 격화되었으며, 천재 · 질병 · 기근이 계속되어 민중은 빈궁해지고 유민流民은 격증하였다. '황건黃巾의 난亂'은 장각이 태평도太平道라는 신흥 종교로 빈궁한 농민의 마음을 사로잡은 후 신도를 조직하여 일으킨 반란이다. 이들이 모두 누런 수건이나 누런 깃발을 상징으로 삼았기에 황건적黃巾賊이라 불렀으며, 이후 황보숭黃甫嵩, 조조 등에 의하여 평정되었다.

곽가(170~207)

후한 말의 인물이자 조조 휘하의 책사로 군략 쪽에서 재능을 발휘하여 예측의 적중률이 상당히 높았다고 한다. 미청년으로 보이는 이미지와는 다르게 외모에 대한 기록은 없으며, 술과 고기를 좋아하고 방탕한 삶을 살았다고 한다.

손권(182~252)

형 손책의 뒤를 이어 강동을 다스리고 오나라를 일으킨 손권. 강남의 대호족으로 유비와 손잡고 남쪽으로 세력을 확장하던 조조의 군대를 크게 물리쳐 삼국의 형세를 이루었다. 손권은 건업(남경)을 중심으로 오나라를 세웠다.

2. 보이지 않는 것을 볼 수 있는 것이 참된 지혜다

> 子曰: "視其所以, 觀其所由, 察其所安, 人焉廋哉, 人焉廋哉!"
>
> 자왈: "시기소이, 관기소유, 찰기소안, 인언수재? 인언수재?"
>
> 『논어』「위정爲政」

공자가 말하기를 "한 사람을 이해하려면 그의 행동을 보고, 그가 일하는 방법을 살피며 그 취미를 관찰하라. 이렇게 하면 어찌 사람들이 자기를 숨길 수 있으리오. 어찌 사람들이 자기를 숨길 수 있으리오."

어떤 사람을 정확하게 판단하는 것은 매우 어려운 일이다. 특히 상대방이 갖은 방법으로 자신의 진짜 모습을 숨기고 있을 때는 더욱 그러하다.

그러나 사람을 잘못 본 진짜 원인은 그를 올바르게 관찰하지 못한 나에게 있다.

서한西漢의 왕망(王莽: B.C.45~23)은 지금까지도 간신의 대명사로 알려져 있다. 그는 재주가 남다른 인물이었음은 부인할 수 없다. 병졸이나 무기의 힘을 빌리지 않고 온전히 권모술수만으로 황제의 자리를 빼앗았으니 말이다. 사실 그것은 기적과 같은 일이었다.

왕망이 야심을 이룰 수 있었던 데는 사실 그의 고모이자 황후였던 왕정군(王政君, B.C.71~A.D.13)의 도움이 컸다. 가난한 집에서 태어나 일찍 아버지를 여읜 왕망은 어머니와 함께 어려운 생활을 했고, 왕정군은 물심양면으로 그들을 도와주었다.

왕정군은 주위의 반대에도 아랑곳하지 않고 왕망의 벼슬길을 열어주는 데 온 힘을 쏟았다. 그에 힘입어 왕망은 서른에 대사마의 자리에 올랐다.

왕망의 승승장구를 지켜보던 한 신하가 걱정스러운 듯 왕정군에게 이렇게 조언했다.

"왕망이 비록 황후의 친척이기는 하오나 더 이상의 은혜를 베푸셔서는 안 됩니다. 겉으로는 인품이 훌륭한 듯 보이지만 그가 마음속으로 황후께 감사하고 있는지는 의심스러울 따름입니다. 그런 그의 세력이 더 커지는 날엔 황후뿐 아니라 한나라의 미래도 장담하기 어려울 것입니다."

그러나 왕망의 연기력은 일품이어서 여러 대신들의 간언에도 왕정군은 좀처럼 그의 본모습을 알아차리지 못했다.

그러던 어느 날 왕정군이 왕망을 불러 말했다.

"오늘날 네가 있게 된 것은 나의 공이 아니다. 그것은 모두 황제의 은혜 덕분이다. 우리 왕씨 가문이 황제의 은공에 얼마나 감사해야 하는지 너도 잘 알 게다. 항상 직무를 성실하게 수행하며 열심히 천자를 보위하도록 하여라."

황후의 말에 왕망은 눈물을 흘리며 충성을 다짐했다. 그 모습에 완전히 의심을 거둔 왕정군은 조카의 출세를 위해 더욱 힘을 쏟았다. 왕정군이라는 든든한 버팀목과 어린 황제 덕분에 왕망은 점차 자신의 세력을 넓힐 수 있었다. 결국 안한공의 자리에까지 오른 그는 조정의 권력을 한 손에 쥐게 되었다.

그러나 그는 그 자리에 만족하지 않고 황제의 자리까지 넘보았다. 왕정군은 한 왕실이 없어지면 자신이 설 자리가 사라지므로 온 힘을 다해 그를 막으려 했다.

왕정군은 또다시 왕망을 불러들였다. 하지만 황후가 말을 꺼내기도 전에 왕망은 예전과 달리 거만한 얼굴로 입을 열었다.

"저는 이미 결심을 굳혔습니다. 고모께서는 더 이상 말씀하실 것도 없습니다. 한실漢室의 운명은 이미 다했고, 천명天命이 저를 원하지 않습니까? 그러니 괜한 헛수고 마시고 옥새玉璽나 넘겨주시지요."

왕망을 막을 수 없음을 깨달은 왕정군은 그제야 자신의 어리석음을 후회했다. 분노를 이기지 못한 그녀가 할 수 있는 일이라곤 고작 옥새를 집어던지는 것뿐이었다.

그리고 그동안의 가면을 벗은 왕망은 황제의 자리에 올랐다.

사람은 모두 내면에 각기 다른 특성이 혼합되어 있다. 그리고 그 여러 가지 특성이 충돌해 다른 사람을 혼란스럽게 한다. 따라서 다른 사람을 정확하게 이해하고 판단하는 것은 쉽지 않다.

그러나 공자가 말한 것처럼 한 사람을 끊임없이 관찰하면 그의 참모습을 정확히 알 수 있다. 물론 여기서 안다는 것은 그의 결점을 발견하는 것만 뜻하는 게 아니라 장점을 찾아내는 것도 포함된다. 그렇지 않고서는 그 사람을 정말로 안다고 할 수 없으니 말이다.

왕망(B.C.45~A.D.23)

전한前漢 말의 정치가이며 '신新'왕조(8~23)의 건국자이며 폭군이다. 왕망이 실권을 장악한 시기는 전한이 멸망의 길로 접어들고 민심이 악화한 때였다. 이에 반해 왕망은 솔선수범하여 자산을 내놓고 이재민을 돕는 등 백성의 인심을 얻어 명성이 날로 커졌고, 마침내 스스로 황제가 되어 새 왕조 신을 개창하기에 이른다. 왕망은 전한의 사회 제도적 모순을 해결하기 위해 여러 가지 개혁 정책을 시행했다. 그러나 개혁의 내용과 방법이 매우 급진적이고 현실성이 없어 사회를 더욱 혼란시켰다. 결국은 개혁에 실패하여, 신왕조는 15년 만에 멸망한다.

왕정군(B.C.71~A.D.13)

전한前漢 원제의 황후로, 한漢 성제成帝 유오(劉驁: B.C.51~B.C.7)의 어머니이다. 원후, 효원황태후, 효원태황태후로 부르기도 한다. 한나라를 찬탈한 왕망의 고모이다. 파란만장한 삶을 살며, 전한 멸망의 단초를 제공한 한 황실의 마지막 여인 왕정군은 조카 왕망의 치세인 A.D.13년에 삶을 마감했다.

3. 다투지 마라

子曰: "君子無所爭, 必也射乎! 揖讓而升, 下而飮. 其爭也君子."

자왈: "군자무소쟁, 필야사호! 읍양이승, 하이음. 기쟁야군자."

『논어』「팔일八佾」

공자가 말하기를 "군자는 다투는 일이 없다. 만약 다투는 일이 있다면 그것은 분명 활쏘기 시합일 것이다. 군자는 서로 머리를 조아리고 한 번 양보한 후 시합에 임하고, 끝난 후에는 서로 술을 권한다. 이것이 바로 군자의 다툼이니라."

흔히들 삶을 전쟁이라고 하지만 그것은 매우 단편적인 견해일 뿐이다. 진정한 안목을 가진 사람이라면 자신의 에너지를 대수롭지 않은 싸움에 쏟지 않기 때문이다.

그런 사람은 행동 하나만으로도 상대방을 굴복시킬 수 있다. 단, 상대방 역시 식견이 좁은 소인배가 아니라면 말이다.

B.C.283년, 인상여(藺相如: ?~ ?)는 진秦나라 왕과 담판을 벌여 위험에 빠진 조趙나라를 구해냈다. 그러자 조趙나라 혜왕은 그를 노장군 염파(廉頗: ?~?)보다 훨씬 높은 상경의 자리에 앉혔다.

이에 불만을 품은 염파는 볼멘소리를 했다.

"나는 오랫동안 조나라의 대장 자리를 지키며 수많은 공을 세웠다. 하지만 인상여라는 자는 겨우 몇 마디 말로 공을 세워 내 윗자리를 꿰찼다. 이 얼마나 부끄러운 일인가? 내 그자와 마주치면 반드시 이 치욕을 갚아주리라."

이 소리를 전해 들은 인상여는 화를 내기는커녕 될 수 있는 한 염파 장군을 피하려고 애썼다. 병을 핑계로 매일 아침 열리는 대신 회의에조차 참석하지 않았다.

한번은 가마를 타고 길을 가던 인상여는 염파 장군의 일행과 마주치자 황급히 자리를 비켜주었다. 그러자 주위 사람들은 인상여의 나약함을 비웃으며 그를 떠나려 했다.

인상여는 그들을 붙잡으며 말했다.

"한번 생각을 해보시게나. 진秦나라 왕 앞에서도 주눅 들지 않고 당당하게 그를 꾸짖었던 내가 염파 장군을 무서워할 리 있겠나? 하지만 제멋대로인 진나라가 감히 조나라를 침범하지 못하는 것은 바로 나와 염파 장군이 있기 때문이네. 나와 그는 두 마리의 호랑이라고 할 수 있지. 하지만 이 두 호랑이가 서로 싸운다면 그 결과는 불을 보듯 뻔하지 않겠나? 내가 참고 양보하는 이유는 나라의 안위를 생각하기 때문일세. 개인적인 감정은 그 후에 얘기해도 늦지 않아!"

그의 말은 곧 염파 장군의 귀에도 들어갔다. 자기 행동에 부끄러움을 느낀 그는 웃옷을 벗고 회초리를 등에 진 채 인상여를 찾아가 그동안의 잘못을 빌었다.

"어리석은 내가 장군의 넓은 마음을 미처 보지 못했구려!"

이때부터 인상여와 염파는 깊은 우정을 나누는 친구가 되어 나라를 위해 열심히 일했다.

명예를 위한 학자들의 경쟁, 이익을 위한 상인들의 경쟁, 공로를 위한 용사들의 경쟁, 재능을 위한 예술가들의 경쟁, 승리를 위한 강자들의 경쟁 등 세상에는 수많은 다툼이 있다.

그러나 이러한 다툼은 사람을 성장시키고 사업을 발전시키는 원동력이 되기도 하므로 나쁘다고만 할 수 없다. 다만, 규칙에 맞게 경쟁하는 것이 중요할 뿐이다. 부당한 수단을 이용하거나 다른 사람에게 해를 끼쳐서는 안 된다는 뜻이다.

덕德과 수양修養을 중시하는 군자는 다른 사람과는 물론 세상과도 다툼을 벌이지 않는다. 공자가 설명한 활쏘기 시합의 모습이 바로 진정한 군자의 자세이다.

현대사회를 살아가는 사람에게 일일이 '군자의 모습'을 강요할 수는 없다. 하지만 적어도 '게임 규칙'에 따라 선의의 경쟁을 펼쳐야 하지 않겠는가?

인상여(?~ ?)

조나라의 명신이자 책략가. 진秦나라와의 외교에서 비상한 수완과 능력을 발휘하여 진나라로 하여금 조나라를 무시하지 못하게 만들고 국익을 지켰다. 그 공로로 재상 지위에 올랐으며, 조나라를 진의 위협으로부터 굳건히 지켰다.

염파(?~?)

중국 전국시대 말기 조나라의 명장. 젊은 시기부터 손에 꼽는 명장이었다. 전국시대에 가장 뛰어난 명장 중 한 명으로 꼽힐 정도로 탁월한 장수인 동시에 조나라에서 주요 정치가로서도 활약한 문무겸비의 인물이었다.

인상여의 진심을 알고 사죄하는 염파 장군

4. 좋은 이웃을 선택하라

子曰: "里仁爲美, 擇不處仁, 焉得知?"

자왈: "이인위미. 택불처인, 언득지?"

『논어』「이인里仁」

공자가 말하기를 "인과 덕이 넘치는 곳에 사는 것이 가장 좋다. 이런 곳을 선택하지 않는다면 어찌 지혜롭다고 할 수 있겠는가?"

사람은 어떤 환경에 사느냐에 따라 운명이 바뀔 수 있다. 생선가게에 오래 있으면 자연히 비린내가 몸에 배는 것처럼 좋은 환경에서 자란 사람은 밝은 미래를 펼칠 수 있다.

맹자(孟子: B.C.372~B.C.289)의 이름은 가軻, 자는 자여子與이다. 전국시대의 사상가이자 교육가이며 유학파의 대표 인물로 꼽히는 그는 공자 다음의 성인聖人이란 뜻으로 '아성亞聖'이라 불린다.

어릴 적 아버지를 여읜 맹자는 어머니와 함께 생활했다. 그의 어머니는 삯바느질하며 어려운 생계를 꾸려나갔다.

그러나 아무리 어려운 상황에서도 맹자의 어머니는 아들의 교육에 대한 열정만은 버리지 않았다. 그 때문에 유명한 "맹모삼천지교(孟母三遷之教: 맹자의 어머니가 맹자에게 좋은 교육 환경을 만들어 주기 위해 세 번 이사한 일)"의 이야기가 탄생했다.

맹자는 어릴 때 부촌의 묘지 근처에서 살면서 밤낮으로 장례 지내는 모습을 보며 자랐다. 그런데 어느 날부터 맹자가 흙으로 무덤을 만들고 곡하는 모습을 흉내 내는 것이 아닌가? 어찌나 우는 흉내를 잘 내는지 주위 사람들이 그 모습을 보고 자기도 모르게 눈시울을 붉힐 정도였다.

이 모습을 본 맹자의 어머니는 그제야 주변 환경이 교육에 좋지 않은 영향을 미친다는 사실을 깨닫고 성안으로 이사했다.

새로 이사 간 집 근처에는 큰 시장이 있었다. 자연히 맹자는 매일 물건을 사고팔며 실랑이를 벌이는 상인들의 모습을 보게 되었다. 그러자 이번에는 친구들과 장사치 흉내를 내며 노는 것이 아닌가?

아들의 모습을 본 맹자의 어머니는 걱정 때문에 밥도 먹을 수도, 잠도 잘 수 없을 지경이었다.

"여기도 결코 좋은 곳은 못 되는구나!"

한탄하던 어머니는 또다시 짐을 꾸렸다.

세 번째로 맹자의 어머니가 선택한 곳은 서당 근처였다. 집주변은 너무나 조용해 매일 낭랑한 글 읽는 소리가 들려왔다. 과연 맹자는 드디어 글공부에 흥미를 보이기 시작했다.

그제야 그의 어머니는 한시름 놓은 얼굴로 말했다.

"여기가 바로 우리가 살 곳이구나!"

모자는 더 이상 이사를 가지 않아도 된 것이다.

맹자는 새로운 환경에서 점차 자신의 재능을 드러냈다. 그리고 열심히 글공부한 끝에 마침내 위대한 사상가이자 교육가가 될 수 있었다.

'근묵자흑近墨者黑'이라는 말이 있다. '먹을 가까이 한 사람은 검어진다'라는 뜻으로 환경이 인간에게 얼마나 중요한지를 일깨우는 말이다. 특히 청소년이나 어린이에게 주변 사람의 인품이나 환경은 더욱더 큰 영향을 미친다. 따라서 지혜로운 부모라면 아이에게 유익하고 건강한 환경을 선택해야 한다.

이미 독립한 사회인은 스스로 직업이나 생활환경을 선택할 때 주의하고 훌륭한 인품을 갖춘 친구를 사귀도록 노력해야 한다. 이것은 개인적인 발선뿐 아니라 사업이나 학업에서 성공을 거두는 데도 도움이 되며, 위험에 빠지는 일도 막을 수 있다.

맹모삼천지교

맹자의 어머니가 맹자에게 좋은 교육 환경을 만들어 주기 위해 세 번 이사했다는 것에서 유래한 이야기. 맹자가 어렸을 때 묘지 근처에 살았더니 맹자가 장사葬事 지내는 흉내를 내기에, 맹자 어머니가 집을 시장 근처로 옮겼더니 이번에는 물건 파는 흉내를 내므로, 다시 서당이 있는 곳으로 옮겨 공부시켰다는 것으로, 맹자의 어머니가 아들을 가르치기 위하여 세 번이나 이사하였음을 이르는 말이다. 전한 때 학자 유향劉向이 지은『열녀전列女傳』에 등장한다. (그림은 맹자의 어머니)

5. 유심히 관찰하라

子曰: "衆惡之, 必察焉, 衆好之, 必察焉."

자왈: "중오지, 필찰언, 중호지, 필찰언."

『논어』「위령공衛靈公」

공자가 말하기를 "모두가 미워하는 사람이라도 반드시 살펴야 하고, 모두가 좋아하는 사람이라도 반드시 살펴야 한다."

공자는 우리가 쉽게 범하는 사물에 대한 그릇된 인식과 판단 착오, 그리고 그것을 해결할 수 있는 정확한 방법에 대해 말했다. 이것은 처세에서 결코 무시해서는 안 될 전략으로서, 역사상 많은 사건이 반복해서 그 필요성을 증명해 주었다.

주공(周公: ?~?)은 무왕(武王: ?~B.C.1043)을 도와 은殷나라를 멸망시키고 주周나라를 건국했다. 하지만 애석하게도 무왕은 은나라를 멸한 후 병을 얻어 자리에 몸져눕고 말았다.

충직한 주공은 차라리 자신이 왕을 대신해 아프게 해달라는 내용의 기도문을 썼다. 그리고 사관은 그 기도문을 상자에 넣어 금실로 묶은 다음 깊은 곳에 넣어두었다.

무왕이 세상을 떠나자, 그의 아들 성왕(成王: ?~?)이 뒤를 이었다. 그리고 주공은 나이가 어려 정사를 돌보지 못하는 성왕을 대신해 섭정을 펼쳤다.

이에 불만을 품은 주공의 형 관숙선管叔鮮과 동생 채숙도蔡叔度는 주공이 왕위를 찬탈하려 한다는 헛소문을 퍼뜨리는 한편, 이미 조趙나라에 투항한 주왕(紂王: ?~B.C.1046)의 아들 무강과 내통해 반란을 계획했다. 주공은 화를 피하려고 동도로 피신할 수밖에 없었다.

한편 성왕은 이 소문에 반신반의했다. 무왕의 집정 당시 그가 보았던 주공은 누구보다 충직한 신하였다. 특히 어린 자신이 황제의 자리에 즉위했을 때 대신 국정을 맡았던 그는 자신이나 모후에게 언제나 예를 다하였다. 게다가 자신이 성인이 된 후에는 아무런 망설임 없이 정권을 내놓지 않았는가? 그러니 소문은 거짓이 분명했다.

그럼에도 전 왕조의 원로대신인 주공에 비해 자신의 힘이 너무 약하다는 것을 잘 알고 있던 성왕은 쉽게 결론을 내릴 수가 없었다.

그로부터 얼마 후, 오래전 주공이 쓴 기도문을 보게 된 성왕은 그제야 그를 의심한 자기 행동을 후회했다. 주공의 충직함에 감동한 성왕은 즉시 그를 불러 치국治國을 돕도록 했으며 무강과 관숙, 채숙의 반란을 평정했다.

성왕이 기도문 때문에 주공을 믿게 되었다면 위문후(魏文侯: B.C.472~

B.C.396)는 오로지 자신의 현명함으로 악양(樂羊: ?~?)에 대한 믿음을 버리지 않았던 인물이다.

악양은 문후의 명령으로 중산국을 정벌하러 갔다. 하지만 공교롭게도 그의 아들 악서가 중산국의 관직에 올라 있었다.

이런 상황에서 악양이 연달아 세 번이나 성을 공격할 시기를 미루자, 평소 그를 탐탁지 않게 여겼던 관리들이 그 기회를 놓칠 리 없었다. 그들은 악양이 분명 흑심이 있어 성을 공격하지 않는 것이라며 중산국과 짜고 반란을 도모한다고 상소를 올렸다.

그러나 문후는 그들의 말에 아랑곳하지 않고 악양을 헐뜯는 상소문을 궤짝에 넣어버렸다. 그러고는 사람을 보내 싸움터에 있는 악양과 그의 부하들을 격려했다.

한편, 3개월이 지나도록 중산국이 투항하지 않자 악양은 드디어 성을 공격했다. 그러자 달리 뾰족한 수가 없었던 중산국 왕은 악서를 죽인 후 그 고기로 탕을 끓여서 악양에게 보냈다. 성을 공격하려는 그의 의지를 꺾으려는 속셈이었다.

그러나 악양은 눈 하나 깜짝하지 않고 탕 그릇을 깨끗이 비우고는 중산국의 사자에게 말했다.

"우리 군영에도 솥은 얼마든지 있다. 이제 너희들 고기로 탕을 끓일 차례다!"

말을 마친 그는 번개와 같은 기세로 성을 공격해 들어갔다. 마침내 중산국은 전쟁에서 패하고 왕은 스스로 목숨을 끊었다.

악양이 돌아오자, 성 밖으로 나가 그를 맞이한 문후는 곧바로 성대한 연회를 열었다. 이윽고 연회가 끝나갈 즈음, 문후가 잘 봉해진 상자 2개를 그에게 내밀었다. 왕이 자신에게 내리는 상일 것으로 생각하고 상자를 연 악양은 깜짝 놀라고 말았다. 상자 안에 든 것은 온통 자신을 비방하는 상소문이었던 것이다.

그간의 일을 알게 된 악양은 감동의 눈물을 흘리며 생각했다. "이리도 많은 사람이 나를 헐뜯고 있었을 줄이야! 만약 주군께서 나를 믿어주지 않았다면 나는 벌써 귀신이 되고도 남았으리라!" 이때부터 악양은 전보다 더 충성을 다해 문후를 보필했다.

다른 사람 말에 쉽게 현혹되는 것은 옳지 않다. 많은 사람이 어떠한 정보나 소문을 별생각 없이 믿는 경향이 있다. 게다가 조직적이지 않은 군중은 이러한 소문의 영향력을 더욱 확대시키기까지 한다.

소문에 휩싸이면 올바른 판단을 내릴 수 없다. 따라서 직접 어떤 사람이나 사건을 자세히 관찰한 후 올바른 결론을 내리는 것이 매우 중요하다.

주공(?~?)

주나라 초기에 국가의 기반을 다진 인물. 공자는 그를 후세의 중국 황제들과 대신들이 모범으로 삼아야 할 인물로 격찬했다. 주공은 주나라를 창건한 무왕의 동생으로 무왕의 권력 강화를 도왔다. 무왕이 죽자, 주변의 유혹을 뿌리치고 무왕의 어린 아들 성왕을 보좌해 통치 기술을 가르치고 반란군을 제압해 정권의 안정을 도왔다. 7년 동안 섭정한 후 스스로 자신의 지위에서 물러날 때쯤에는 주나라의 정치 · 사회 제도가 확고히 수립되었다.

무왕(?~B.C.1043?)

이름은 희발姬發이며, 후대의 유학자들은 그를 현군으로 평가했다. 아버지 문왕의 뒤를 이어 서쪽 변경에 있던 도시국가 주의 우두머리가 되었다. 문왕 때부터 은나라를 무너뜨릴 계획을 세웠다. 무왕은 아버지의 뒤를 이어 다른 8개의 변경국들과 연합하여 은나라의 마지막 황제이며 폭군이던 주왕紂王을 몰아냈다. 무왕은 주나라를 세우고 나서 동생 주공의 도움을 받아 봉건적인 통치제도를 수립함으로써 통치권을 강화했다.

주왕(?~B.C.1046)

이름은 제신帝辛이다. 아버지 제을帝乙로부터 왕위를 물려받아 은(상)나라의 왕이 되었다. 신체가 장대하고 외모가 준수하며, 총명하고 힘이 장사였다고 한다. 군사적 재능이 있어 많은 전쟁에서 승리를 거두었다. 그러나 향락을 좋아하고 여색을 밝혔고 급기야 애첩 달기妲己에게 빠져 나라를 망하게 하였다. 하夏나라의 마지막 왕 걸桀과 함께 폭군의 전형이 되었다.

성왕(?~?)

주나라의 제2대 왕이다. 무왕의 아들이다. 무왕의 뒤를 이어 즉위하였다. 당시에는 아직 주나라의 정치체제는 안정되지 않았고, 주 성왕이 즉위했을 때는 아직 어렸으므로 실제 정무는 숙부 주공 단周公旦, 태공망 강상 등이 등의 보좌를 받았다.

악양(?~?)

중국 전국시대戰國時代의 명장. 전국시대 위魏나라 문후文侯 때의 장수. 그가 중산국을 공격하는 임무를 맡게 되었을 때 아들이 그곳에 있었으므로 주위의 비방이 많았다. 그러나 문후의 믿음을 받고 진군하여 마침내 함락시킴.

6. 가장 중요한 것은 사람이다

廐焚. 子退朝, 曰 "傷人乎?" 不問馬.

구분. 자퇴조, 왈 "상인호?" 불문마.

『논어』「향당鄕黨」

공부孔府의 마구간에 불이 났다. 퇴청한 공자가 물었다.

"사람은 다치지 않았느냐?" 그리고 말에 대해서는 묻지 않았다.

모든 사람이 다른 사람을 먼저 배려한다면 많은 문제가 순조롭게 해결되고 세상은 좀 더 살기 좋을 것이다.

살면서 부딪히는 수많은 오해와 갈등은 사고방식이나 사물을 보는 태도의 차이에서 생긴다. 어짊과 사랑이 밑바탕이 되어 말과 행동에서 언제나 인간미를 풍기는 사람은 다른 사람에게 따뜻함을 안겨줄 뿐 아니라 자신 또한 좀 더 평탄하게 살 수 있다. 동한의 원안(袁安: ?~92, 동한 전기의 관료)이 바로 그런 사람이었다.

어느 날, 원안의 집 앞은 밤새 내린 눈이 소복하게 쌓였다. 빗자루를 들고 나가 눈을 치워야 했지만 자기 집 대문 앞에서 추위를 피하고 있는 사람들을 방해할 수 없어 대문을 꼭 닫은 채 계속 잠을 청했다.

그때 낙양洛陽의 관리가 마을에 시찰을 나왔다. 간밤에 내린 눈으로 백성이 혹시 피해를 보지 않았는지 살펴보기 위해서였다. 집집마다 깨끗이 눈을 치웠지만 유독 원안袁安의 집 앞에는 발자국조차 나 있지 않았다.

원안이 혹시 동사한 것은 아닌지 걱정이 된 관리는 서둘러 부하들에게 눈을 치우게 한 다음 그의 집 안으로 들어갔다. 하지만 어찌 된 일인지 원안은 아직도 자고 있는 게 아닌가? 관리가 의아한 표정으로 이유를 묻자, 원안이 대답했다.

"이렇게 눈이 많이 오면 내 집 앞에서 추위를 피하고 있는 사람들은 얼마나 춥고 배가 고프겠습니까? 그런 그들을 차마 쫓아낼 수 없어서 눈을 치우지 못했습니다."

그 말에 크게 감동한 관리는 원안을 효렴으로 천거했다.

북송北宋의 명장 장영은 사부상서를 지낸 인물이다.

어느 날 일을 마치고 집으로 돌아온 장영은 후당에서 잠을 자고 있는 호위병을 발견했다. 하지만 그는 화를 내기는커녕 부드러운 목소리로 물었다.

"집에 무슨 일이라도 있는 것이냐?"

그러자 호위병이 머뭇거리며 대답했다.

"어머니는 병환에 드신 지 오래고 형은 집을 나간 이후로 소식이 끊겼습니다."

호위병의 집에 사람을 보내 그의 말이 사실임을 확인한 장영은 다음 날 시종을 보내 그의 어머니를 간병하도록 했다.

주위 사람들이 졸고 있는 호위병을 나무라지 않고 집안의 안부를 물은 이유에 관해 묻자, 장영이 말했다.

"누가 감히 내 후당에서 잠을 청할 수 있겠느냐? 그런데도 그 호위병이 잠을 잔 것은 분명 무언가 문제가 있기 때문이다. 그래서 그에게 이유를 물었던 것이다."

'인자애인(仁者愛人: 어진 사람은 남을 사랑한다)'은 공자의 말과 행동에서 가장 잘 나타난다. 말은 제쳐두고 사람이 다치지 않았는지 묻는 그의 행동은 인간을 중심으로 하는 어진 마음을 잘 보여주고 있다.

특히 높은 자리에 있는 사람일수록 더더욱 다른 사람부터 배려해야 한다. 그럼으로써 많은 사람의 존경을 받을 수 있고, 스스로도 부끄럽지 않은 사람이 될 수 있다.

원안(?~92)

동한(후한) 전기의 관료로, 자는 소공召公이며, 예주 여남군 여양현汝陽縣 사람이다. 원안 자신을 포함하여 4세대에 걸쳐 삼공을 배출한 후한의 명문가 여남 원씨(汝南 袁氏)의 시조이다. 원안을 기리는 비로 전서로 새겨진 《원안비袁安碑》가 있다.

7. 화합하되 맹목적으로 따르지는 마라

子曰: "君子和而不同, 小人同而不和."

자왈: "군자화이부동, 소인동이불화."

『논어』「자로子路」

공자가 말하기를 "군자는 화합하되 동화되지 않으며,

소인배는 어울리되 화합하지 않는다."

흔히 '관계' 때문에 옳고 그름을 판단하지 못할 때도 있다. 친구 사이에 의견 차이가 생겼다고 생각해 보자. 설령 그것이 도리에 맞지 않는다 하더라도 많은 사람들이 어물쩍 넘어가려 하고, 자신에게 별다른 해가 되지 않으면 그것 때문에 굳이 얼굴을 붉히거나 목소리를 높이지 않는다.

그러나 이는 무책임한 행동이다. 만약 이 때문에 타인이나 공공의 이익에 해가 된다면 그 책임은 누구에게 있는 것일까?

송宋나라의 개국공신 조진은 잘잘못을 따지는 일에서는 상대가 설령 황제라 할지라도 결코 자기 생각을 굽히지 않았다. 충직한 마음으로 황제를 보필하면서도 언제나 '화합하되 동화되지는 않는다'라는 원칙을 고수했다.

원래 조광윤(趙匡胤: 927~976, 송태조)의 부하로 장서기를 지냈던 조진은 조광윤이 황제의 자리에 오르는 데 큰 공을 세웠다. 또한 태조와 태종 두 황제를 도와 대부분의 영토를 통일하였다.

조진은 원래 책을 가까이하지 않던 사람이었다. 그러나 재상이 된 후 태조의 권유로 읽기 시작한 독서 습관은 어느새 하루도 손에서 책을 놓지 않을 정도까지 되었다.

그는 일을 마치고 집에 돌아오면 항상 서재의 문을 닫아걸고 밤늦도록 책을 읽었다. 그리고 다음날 정무에 임하면 언제나 명쾌하게 일을 처리했다.

평소 조진이 어떤 책을 읽는지는 아무도 몰랐다. 그가 죽고 나서야 비로소 열어본 그의 책 상자 속에는 『논어』만 있었다고 한다. 이때부터 "논어를 반만 읽으면 나라를 다스릴 수 있다"라는 말이 생겨났다.

역대 중국의 재상 중 대부분은 자신의 이익을 위해 언제나 황제의 비위를 맞추기에 여념이 없었다. 하지만 조진은 나라를 올바로 다스리는 것이야말로 자신의 본분이라 생각했다. 그래서 황제와 의견이 다를 때도 자기 생각이 국가에 도움이 된다고 판단하면 직언을 서슴지 않았다.

한번은 조진이 한 명의 인재를 천거했지만, 웬일인지 송 태조는 그를 임용하지 않았다. 다음 날 조정에 나간 조진은 또다시 그를 추천했지만, 황제는 여전히 고집을 꺾지 않았다. 그리고 3일째 되던 날, 조진은 어김없이 또 그를 천거했다.

그러자 화가 머리끝까지 오른 황제는 조진이 내민 상주문을 박박 찢어 던져버렸다. 하지만 조진은 얼굴색 하나 변하지 않고 아무 말 없이 조각난 상주문을 주워 집으로 돌아갔다.

며칠 후 조진은 풀로 붙인 상주문을 다시 황제 앞에 내밀었다. 그제야 조진의 행동이 옳았다고 판단한 황제는 그 인재를 임용했다.

한번은 이런 일도 있었다. 송 태조는 평소 눈엣가시로 여기던 관리를 일부러 승진시키지 않았다. 그러나 조진이 완강한 태도로 그의 승진을 주장하자 화가 난 태조가 일갈했다.

"아무리 그래도 난 그를 승진시키지 않을 것이다! 그렇다고 한들 그대가 어쩔 수 있겠는가?"

조진이 담담하게 입을 열었다.

"형벌은 잘못된 이를 벌하기 위한 것이며 상은 공을 세운 이를 치하하는 것입니다. 그것은 예부터 전해오는 도리이지요. 게다가 상벌賞罰은 천하의 것이지 폐하 한 사람의 것이 아니옵니다. 그런데 어찌 개인적인 감정으로 독단적으로 처리하려 하십니까?"

화가 잔뜩 치민 황제가 자리를 박차고 나가자, 조진은 가만히 그 뒤를 따랐다. 황제가 궁 안으로 들어간 후에는 입구에서 답을 기다렸다. 그렇게 오랜 시간 서 있자 마침내 황제의 윤허가 떨어지고 조진은 그제야 자리를 떠났다.

송태종(939~997: 북송 제2대 황제) 때 조진은 다시 한번 재상의 자리에 올랐다. 당시 조빈이 법도에 어긋나는 짓을 했다는 미덕초의 참언을 믿은 송태종이 그를 벌하려고 했다. 그러나 조빈의 무고함을 알았던 조진은 온 힘을 다해 그를 변론하며 사건의 진상을 밝혔다.

얼마 후 사실을 알게 된 송태종은 이렇게 탄식했다.

"내가 모자라 자칫하면 국가의 대사를 망칠 뻔했구나."

사람이나 일을 대하는 태도에서 군자와 소인배의 차이는 무엇인가? 군자는 소인배와 달리 '의義'를 숭상해 불합리한 일에는 단호하게 '아니오'라고 외칠 수 있다. 그러나 소인배는 '이利'를 탐해서 자신에게 손해 되는 일은 절대 하지 않으며, 이익이 되면 무엇에든 껴든다.

'화합(和合: 서로 간에 마음이나 뜻을 모아 화목하게 어울림)'은 인간관계에서 가장 이상적인 모습이다. 공자가 여기에서 주장한 '화합'은 상대방과 나의 차이를 인정하고 모두가 받아들일 수 있는 해결 방안을 찾음으로써 함께 발전하는 것을 의미한다.

'화합和合'은 사람과 사람의 관계뿐 아니라 사람과 자연, 사람과 사회의 관계에서도 중요한 덕목德目이다.

조광윤(927~976)

송나라를 건국한 송 태조(재위 960~976년). 조광윤은 907년 당나라가 멸망한 후 50년간 군웅들이 난립한 5대 10국 시대에 종지부를 찍고 중원을 재통일해 이후 300년간 이어지는 송宋 왕조의 기틀을 마련했다. 5대 10국의 마지막 왕조 후주後周의 근위군 총사령관이었던 그는 960년 부하들의 추대로 송나라를 건국했다. 절도사 지배 체제를 폐지하고, 민정, 병정, 재정의 3권을 중앙에 집중시키고, 문치주의文治主義를 확립함으로써 이후 300년간 이어지는 송 왕조의 기틀을 다졌다.

송 태종(939~997)

북송 2대 황제. 송태조 조광윤의 동생이다. 978년 오월의 항복을 받고, 다음 해 북한北漢을 멸망시켜 오대십국 시대를 종식하고 천하통일 하였다. 젊은 시절 형 조광윤이 제위에 오르는 것을 주도했으며, 송나라가 건국된 이후 형이 진행하던 절도사제도 폐지를 본인이 즉위한 뒤 완료하여 번진 체제를 종식했고, 문치주의를 완료하는 등의 업적을 남겼다. 하지만 요遼나라의 토벌에 실패하고 부상을 하여 997년 58세를 일기로 붕어했다. 그의 재임 중에 서하西夏가 일어나는 등 그가 죽은 후에 송의 군사력 약화는 심화된다.

8장

진정한 직업정신

1. 아마추어와 프로의 차이

『논어』에서 특별대우를 받는 제자가 둘 있다. 증자曾子와 유자有子이다. 이름에 '자子'를 쓰는 것은 존칭을 의미한다. 다른 제자들은 모두 이름을 썼는데 증자와 유자 두 제자에게만 높임말을 사용한 이유가 무엇일까. 이는 증자와 유자의 제자들이 『논어』를 편찬하는 과정에서 영향력을 미쳤기 때문이라는 해석이 일반적이다. 제자들 입장에서는 공자는 왕 스승이고 증자와 유자는 직접 스승이기 때문에 예의를 갖추어 『논어』를 기술하다 보니 특별한 대접을 하게 되었을지도 모른다. 유자는 외모나 학문을 좋아하는 자세에서 공자를 빼닮았다고 전해진다. 그래서 공자가 세상을 떠난 후에 제자들이 유자를 공자 대신 섬기자고 제안했다고 한다. 유자가 남긴 유명한 논어 구절을 소개한다.

君子務本 本立而道生

군자무본 본립이도생

『논어』「학이學而」

"군자는 기본에 힘쓴다. 기본이 서면 도가 생긴다."

"'군자무본君子務本'은 군자는 먼저 자신의 근본적인 직무에 최선을 다한다"라는 뜻이다. 기본을 지키지 않으면서 다른 사람에 대해 이야기하면 설득력이 없다. 유자는 그 기본을 평가하는 기준으로 '효제孝悌'를 들고 있다. "효孝란 부모님을 잘 섬기는 것"이고, "제悌는 형과 어른을 공경하는 마음"이다.

요즈음은 핵가족화가 되면서 효孝를 강조하는 것이 시대에 뒤떨어진 느낌이 든다는 사람도 있다. 그러나 과거 대가족제도 하에서는 효도(孝道: 자식들이 어버이를 공경하고 잘 섬김)나 우애(友愛: 형제 사이의 정과 사랑)를 강조하지 않더라도 삶 속에서 자연스럽게 터득할 수 있었다. 하지만 지금은 오히려 효孝와 제悌를 강조하는 것이 필요한 시대라는 생각이 든다. 부모나 어른에 대한 공경심을 갖고 형제간에 우애할 줄 아는 사람은 대인관계를 원만하게 잘할 수 있기 때문이다. 성공하는 사람들 성공 요인의 85%가 대인관계 능력이라는 점을 고려할 때 '효제孝悌'를 중시하는 자세는 오늘날에도 그대로 유효하다고 할 수 있다.

『내가 정말 알아야 할 모든 것은 유치원에서 배웠다』(로버트 풀검Robert Fulghum 저)라는 스테디셀러가 있다. 꿈을 꾸며 세상을 지혜롭게 사는 방법은 유치원에서 다 배웠다는 이야기다. 사실 우리가 유치원이나 초등학교 때 배운 내용들은 모두가 기본을 가르치는 내용이다. 이 세상을 살아가는 데 변치 않는 원리를 가르쳐 주기에 세월이 흘러 나이가 들어도 중요한 것은 유치원이나 초등학교에서 배운 내용을 벗어날 수가 없다. "정직하라, 친절하라. 인사를 잘하라. 꿈을 크게 가져라." 성공한 사람들의 성공

비결에 등장하는 내용들이니 중요한 것은 어린 시절에 다 배웠다는 말을 실감할 수 있다.

"본립이도생本立而道生은 기본이 바로 서면 도道가 생긴다는 뜻"으로 흔히 줄여서 '본립도생本立道生'이라고 부른다. 군자君子가 일을 할 때 기본에 충실하면 그 분야 최고의 전문가가 된다. 오늘날 군자와 비슷한 뜻을 가진 용어는 없을까. '지식근로자(知識勤勞者, Knowledge workers)'가 군자君子를 대체할 수 있다고 생각한다. 피터 드러커(Peter Drucker: 1909~2005)가 제시한 지식근로자의 정의를 다시 떠올려보자. "지식근로자는 자신의 업무를 끊임없이 개선 · 개발 · 혁신하면서 부가가치를 높여가는 사람이다." 자신이 현재 하는 일에 집중하여 끊임없이 개선하고 개발하고 혁신하면 가장 효율적이고 효과적인 길을 알 수 있다. 이를 통해 자신이 속한 조직에 공헌할 수 있는 것이다. 공자 시대의 군자君子는 지식사회에서의 지식근로자知識勤勞者로 대체해도 큰 무리가 없다는 생각이다.

한독약품의 고양명 사장은『영업의 핵심』이란 책을 발간한 후 강의를 통해 영업의 비밀을 가르치는 전도사가 되었다. 그는 약대를 졸업한 후 한독약품에 입사해서 사장에 올랐는데, 그를 떠받혀준 힘은 탁월한 영업능력에서 나왔다. 그 자신은 원래 소극적인 성격이라 영업이 생리적으로 잘 맞지 않았다고 한다. 하지만 "이왕 시작한 일이니 남보다 잘해야 되겠다"라고 마음먹고 태도를 바꾸었더니 영업에 자신감이 생겼다. 그는 영업은 종합예술이며 회사의 운명을 좌우한다고 강조한다. 그가 말하는 영업의 핵심은 무엇일까.

"고객 만족이 바로 영업의 핵심이다. 고객 만족의 본질은 아주 간단하다. 큰 것이 아니라 작은 실천에 있기 때문이다. 환한 웃음으로 인사하는 것, 시간 약속 잘 지키는 것, 작은 배려와 같은 간단한 실천들이 우리의 비즈니스를 이루어가는 고객 만족의 근본이다." 강의에서 무언가 특별한 비법을 기대했던 참석자들은 너무 쉬운 내용에 놀라지 않을 수 없었다. 이런 작은 실천이 모여서 신뢰를 쌓으면 영업은 저절로 이루어진다고 소개한다.

그는 신뢰는 "언행일치言行一致에서 나온다"라면서 "한 직장에서 35년 동안 내 말과 행동이 달랐다면 지금 사장 자리에 오를 수 없었을 것이다"라고 단언한다. 그리고 세상이 어렵고 힘들수록 모든 사원이 영업의 기본에 충실할 때 그만큼 성과는 커진다고 덧붙인다. 프로 정신을 강조하는 고양명 사장이야말로 영업의 프로, 인생의 프로라고 할 수 있으니 '본립도생(本立道生: 기본이 서면 도가 생긴다)'의 적절한 모델이 아닐 수 없다. 다음은 아마추어와 프로를 구분하는 내용을 '본립도생' 차원에서 소개한다.

1. 아마추어는 불을 쬐지만, 프로는 불을 피운다.
2. 아마추어는 변명을 하지만, 프로는 목숨을 건다.
3. 아마추어는 관광객이지만, 프로는 여행가이다.
4. 아마추어는 자기 이야기만 하지만, 프로는 남의 말을 들어준다.
5. 아마추어는 결과에 집착하지만, 프로는 과정을 중시한다.
6. 아마추어는 약자에 강하지만, 프로는 강자에 강하다.
7. 아마추어는 돈을 소중히 하지만, 프로는 사람을 소중히 한다.
8. 아마추어의 무대는 관중석이지만, 프로의 무대는 운동장이다.
9. 아마추어는 비난하지만, 프로는 비판한다.
10. 아마추어는 자신에게 관대하고 남에게 엄격하지만, 프로는 자신에게 엄격하고 남에게 관대하다.

『내가 정말 알아야 할 모든 것은 유치원에서 배웠다』

이 책은 1988년 미국에서 출간된 이래 34주간 뉴욕타임스 베스트셀러 1위를 차지했으며 무려 97주간 베스트셀러 리스트에 올랐다. 전 세계 103개국에서 31개의 언어로 번역되어 1,700만 부가 팔리는 경이로운 기록을 세웠다. 또한 청소년 권장 도서, 대학생 필독서뿐만 아니라 기업과 정부 추천 도서로 선정되며 남녀노소를 불문하고 사랑을 받아왔다.

피터 드러커(1909~2005)

오스트리아 출생의 미국인 작가, 경영 컨설턴트, 경영학자, 사회학자, 대학교수. 지식경영의 패러다임을 연 선구자이다. 30권도 넘는 경영서적을 저술한 성실한 저술가이기도 했다. 마케팅이란 개념의 창시자로 매우 유명하다. 그뿐만 아니라 1959년에는 '지식노동자(Knowledge workers)'라는 단어를 만들었다. 스스로를 '사회생태학자(social ecologist)'라고 부르기도 했다. 20세기 기업 경영 담론에 큰 영향을 준 인물이다.

『영업의 핵심』

이 책은 ㈜한독약품 고양명 대표이사 사장의 영업 노하우를 소개한다. 저자는 1973년 한독약품에 입사하여 2005년 대표이사 사장에 선임되었다. 저자는 이 책을 통해 그동안의 이야기를 들려주고, 고객 우선의 영업 철학 및 영업 노하우, 리더십의 핵심을 전수한다. 고객을 움직이는 세일즈 법칙, 고객을 사로잡는 전략, 능력 있는 조직을 만드는 법칙, 회사를 살리는 행동 법칙 등을 설명한다. 특히 일류 영업사원이 되려면 사회적인 기본 소양, 제품 관련 지식, 목표를 달성하겠다는 의지 등의 기본기가 있어야 한다는 점, 영업을 잘하면 더 나은 인간관계를 형성하고 적극적인 인생을 살아갈 수 있다는 점을 강조한다.

2. 진퇴를 분명히 하라

학자들이 장관이나 정부 요직에 발탁되면 논문표절 문제가 도마 위에 오르는 경우가 있다. 이전에 논문표절 문제로 야기된 교육부총리의 사퇴 문제를 놓고 온 나라가 한 바탕 홍역을 치른 적이 있다. 물러나라고 주장하는 쪽도 일리가 있고 물러날 수 없다는 쪽도 일리가 있는 것 같아 더욱 혼란을 부채질했다. 분명한 것은 이러한 문제가 성격은 다를지 몰라도 우리의 삶 속에서 누구에게나 언제든지 발생할 수 있는 문제라는 사실이다.

우리가 살아가면서 진퇴 문제를 결정해야 하는 상황이 생기면 어떤 원칙을 갖고 대응할 필요가 있다. 그 해답을 공자가 수제자인 안회顔回에게 했던 진퇴 문제에 관한 가이드라인에서 찾아보자.

> 用之則行 舍之則藏
> 용지즉행 사지즉장
>
> 『논어』「술이述而」

> 세상에 쓰인다면 자신의 이상을 실행하고,
> 버려진다면 자신의 재능을 감출 수 있어야 한다.

공자는 이런 태도를 실천할 사람은 아마도 공자 자신과 수제자인 안회밖에 없을 것이라고 덧붙이면서 안회에 대한 깊은 사랑과 신뢰를 표시했다. 세상이 자신을 필요로 하는 한 최선을 다해 그 사명을 감당하는 '용지즉행(用之則行: 세상에 쓰인다면 자신의 이상을 실행하고)'의 자세가 필요하다. 자신이 맡은 업무를 천직으로 알고 성심으로 일을 해나가야 하는 것이다.

그러다가 세상이 필요하지 않다고 하면 자리에 연연해하지 말고 미련 없이 그 자리를 박차고 나오는 '사지즉장(舍之則藏: 버려진다면 자신의 재능을 감출 수 있어야 한다)'의 철학이 요구된다. 특히 공직자나 리더의 경우, '용지즉행用之則行'과 '사지즉장舍之則藏'의 가치관을 갖는 것이 바람직하다.

조선 중종(中宗: 1488~1544) 때 유학자인 하서 김인후(金麟厚: 1510~1560) 선생은 세자 인종의 스승이었다. 선생은 강직하기로 정평이 나 있었다. 중종에게 조광조(趙光祖: 1482~1519)를 죽음으로 내몬 기묘사화(己卯士禍: 중종 14년인 1519년에 일어난 사화이다. 기묘사화는 조광조 일파의 급진 개혁 정책에 대한 반정 공신들의 대대적인 반격에 따른 것이었다)의 부당성을 지적하고 조광조의 복권을 주장하는 상소문을 올릴 만큼 그는 대쪽 같은 선비의 결연함을 보여주었다. 선생의 용기로 인해 당시 기묘사화의 여파로 숨죽이고 있던 선비들이 과감하게 일어나 임금에게 직언할 수 있는 분위기가 형성되었다.

중종을 이어 인종(仁宗: 1515~1545, 조선 전기 제12대 왕, 재위 1544~1545)이 왕위에 오르자, 세자의 스승이었던 그의 위상은 하늘을 찌를 듯했다. 하지만 인종이 즉위한 지 8개월 만에 승하하자 그는 한 치의 미련도 없이 벼슬을 버리고 고향인 전남 장성군에 내려와 후학을 양성했다. 선생은 조정이 필요하다고 불렀을 때 '용지즉행用之則行'의 자세를 보여주었고 인종이 죽자, 자신의 마음을 청상과부의 심정에 비유하며 더 이상 관직에 나아가지 않고 후진을 가르치는 일에만 몰두하여 스스로 '사지즉장舍之則藏'의 삶을 살았다. 호남의 유림은 선생의 선비정신을 기리기 위해 '필암서원筆巖書院'을 설립했고, 이 서원은 호남 유림의 본산이 되었다.

오늘날 지식사회를 살아가는 현대인들의 삶 속에서 진퇴 문제는 늘 현재진행형으로 남아 있다. 아마도 직장에서 은퇴하는 경우가 용지즉행과 사지즉장을 경험하는 기회가 아닌가 생각한다. 55세나 65세가 되어 직장에서 은퇴하면 현직을 떠나게 되어 사지즉장舍之則藏이 자연스럽게 이루어진다. 그런데 여기서 생각을 바꿀 필요가 있다. 사지즉장은 또 다른 용지즉행用之則行이 되어야 하기 때문이다.

전 삼미그룹 부회장을 지낸 서상록 씨는 롯데호텔 웨이터로 과감하게 변신해 사회에 신선한 충격을 던져주었다. 그는 재벌 부회장 출신이라는 통념에서 벗어나 역발상을 했다. 그는 IMF 위기 때 한국경영자총협회의 고급 인력센터에 취업지원서를 제출했다. 희망 직종은 경영자였고 마지막으로 그는 웨이터도 희망한다고 적어놓았다. 담당자는 웨이터란 글자를 보고 깜짝 놀라 물어보았다.

"죄송하지만 부회장님께서는 정말로 웨이터를 희망하세요?"

"물론 경영자로 재취업을 할 수 있으면 좋겠지만 제가 경영하는 회사가 부도가 났으니 저는 경영에 실패한 사람입니다. 경영자로 취업하기는 쉽지 않을 겁니다. 웨이터는 젊어서 한번 해보고 싶었지요. 내 나이 60이 넘었지만 내 인생 내 방식으로 살아 보고 싶습니다."

이런 과정을 통해 그는 롯데호텔 웨이터가 되어 직업에는 귀천이 없음을 몸소 보여주었다. 또한 그는 70세가 넘은 나이에도 불구하고 『내 인생에 은퇴란 없다』라는 책을 발간하고 호텔 웨이터의 경험을 바탕으로 동기부여 강사로 변신하여 가는 곳마다 감동적인 강연을 했다. 그야말로 '용지즉행用之則行 사지즉장舍之則藏'의 살아 있는 모델이 되었다.

직장생활에서도 진퇴의 문제를 새롭게 해석할 필요가 있다. 직장에서 열심히 일하는 것이 용지즉행用之則行이라면 휴가를 받아 가족과 함께 휴식하면서 봉사하는 것은 사지즉장이라 할 수 있다. 또 평일에 열심히 일하는 것은 용지즉행이고 주말에 휴식을 취하는 것은 사지즉장이라고 해석할 수 있다.

대통령이나 국회의원을 꿈꾸는 사람들도 선거에 나가 당선이 되었다면 용지즉행의 기회가 주어졌으니, 최선을 다해 목표를 달성하려고 노력해야 할 것이다. 반면에 선출되지 못한 사람들은 사지즉장舍之則藏의 마음이 필요하다. 정치인으로서 자기 능력을 발휘할 기회가 사라졌지만, 결과에 승복하고 도와준다면 새로운 용지즉행用之則行의 기회가 주어지기 때문이다.

2009년 미국 대통령 선거에서 민주당의 오바마(Barack Obama: 1961~, 미국의 제44대 대통령)가 최초의 흑인 대통령으로 당선되었다. 그에게는 정권 인수팀이 꾸려져 용지즉행의 기회가 주어졌다. 반면에 공화당의 존 매케인(애리조나주 연방상원의원) 후보는 패배를 깨끗이 인정하고 축하 메시지를 전했다. 패배를 시인하는 연설을 하는 도중 지지자들이 오바마를 야유하는 말을 하자 즉시 중지시키며 결과에 승복하는 아름다운 패배자의 모습을 보여주었다. 사지즉장의 좋은 사례가 아닐 수 없다. 이 같은 풍토는 용지즉행과 사지즉장이 민주주의 훈련을 받아 몸에 배어 있어서 가능한 것이다.

용지즉행用之則行과 사지즉장舍之則藏은 동전의 앞뒷면처럼 어떤 역할을 하느냐에 따라 달라지는 법이다. 용지즉행과 사지즉장이 일생에 한 번만 발생하는 일회성이라면 아쉬움이 남는다. 인생의 마스터플랜을 세우고 언제든 어느 곳에서든 용지즉행과 사지즉장을 통해 진퇴를 분명히 하면서 후진 양성이나 다른 사람을 도와주는 새로운 용지즉행의 역할을 할 수 있도록 마음의 여유를 가질 필요가 있다. 이 두 영역을 유연하게 넘나드는 의식과 지혜가 요구되는 시대이다.

중종(1488~1544)

조선 제11대(재위: 1506~1544) 국왕이자 성종의 둘째 아들이다. 1506년 중종반정中宗反正으로 왕위에 올라 연산군燕山君 때 파괴되었던 여론제도 등 유교 정치의 복구와 교학의 강화를 최대의 과제로 삼고 개혁 정치를 시도했다. 하지만 사림파가 주도한 개혁 정치는 훈구파의 반발을 불러 기묘사화(己卯士禍: 1519년 11월)가 일어났고, 외척들이 득세하면서 세력 다툼이 끊이지 않았다. 성리학적 윤리를 향촌 사회에 제도적으로 정착시키려 했고 『경국대전』 등을 간행하여 법제의 확립을 꾀했다. 그러나 중종 38년간의 재위기는 조선사의 혼란기로 평가된다.

김인후(1510~1560)

조선 초기의 학자이자 정치인. 김인후의 학문은 의리義理, 충의忠義의 실천을 중요시한다. 그는 성리학 연구에 평생을 바쳤다. 그의 유학 정신은 충의와 의리에서 비롯되고, 깊게 들어가면 올바름을 실천하는 것으로서 인仁의 구체적 실체이다. 그가 말하는 의리義理란 착한 인간의 본성本性에서 나왔기에 국란國亂이 생겼을 때 그 의義를 실천할 수 있는 것은, 김인후의 올바름을 지키라는 가르침이 있었기 때문이다. 그의 충의 및 의리 정신은 곧 호남의 의병 운동과 근래에 와서는 민주화운동으로 이어진다.

조광조(1482~1519)

조선 초기의 학자이자 정치인. 조광조趙光祖는 사림파士林派의 영수로 과거 합격 5년 만에 사헌부의 수장인 대사헌에 오른다. 훈구파勳舊派를 억제하기 위해 현량과 실시, 위훈 삭제 등 급진적 개혁 정치를 단행했다. 그러나 사림파의 과격한 언행과 정책에 염증을 느낀 중종의 지지를 업은 훈구파가 대대적인 숙청을 단행하는 기묘사화(己卯士禍, 1519)를 일으킴에 따라 능주(전남 화순지역)에 유배되었다가 사사賜死되었다.

필암서원

전라남도 장성군 황룡면에 있는 서원. 다른 서원 8곳과 함께 한국의 14번째 유네스코 세계문화유산으로 등재되었다. 사적 제242호. 하서 김인후金麟厚를 기리기 위해 건립했다. 1590년(선조 23) 김인후의 문인 변성온 등이 주도하여 기산리에 서원을 세웠는데, 이 서원은 정유재란 때 소실되었다가 1624년(인조 4) 복원되었다. 1662년(현종 3) '필암'으로 사액 되었으며 1672년 지금의 위치로 이전했다.

서상록(1937~2014)

전 삼미그룹 부회장에서 식당 웨이터로 변신해 화제를 모았던 서상록 부회장은 '나이는 숫자에 불과하다'라는 말을 제대로 구현한 인물이다. 외환위기로 1997년 삼미그룹이 부도 사태를 맞자 회사를 떠나 1998년 4월 롯데호텔 프랑스 식당 '쉘브룬'에 웨이터로 취직해 파격의 삶을 이어갔다. 이후 TV 예능프로그램에도 출연했다. 2002~2004년에는 노인권익보호당 소속 후보로 총선에 출마한 바 있다. 2003~2004년에는 서울외국어대학원대학교 부총장을 역임했다. 다채로운 경력을 바탕으로 각종 강연회에서 입담을 과시하기도 했다. 저서로는 『내 인생에 은퇴란 없다』, 『이제는 여러분의 성공시대입니다』, 『내 인생 내가 살지』 등이 있다.

오바마Barack Obama(1961~)

미국 최초로 당선된 아프리카계 미국인 대통령이다. 케냐인 아버지와 미국 태생 어머니 사이에서 태어난 아프리카계 미국인이었다. 공화당 후보인 애리조나주 연방 상원의원 존 매케인을 물리치고 2008년 11월 4일 미국의 제44대 대통령으로 당선되었다. 2009년에는 노벨 평화상을 수상했으며, 2012년 11월 6일의 대통령 선거에서 공화당의 밋 롬니 후보를 물리치고 연임에 성공했다. 의료보험 개혁, 고소득자 증세 등 비교적 진보적 정책을 펼쳐 공화당과 보수층의 반발에도 불구하고 상당한 성과를 거두었고, 중동문제에서도 평화를 정착시키는 데 기여했으며, 쿠바와의 수교, 파리 기후 협약 가입 등 전 지구적인 문제에서도 업적을 보이면서 임기 말까지 높은 지지를 받았다. 스포츠를 좋아하며, 높은 유머 감각으로 대중적 인기도 높았다.

3. 상사는 상사답게, 부하는 부하답게

인생에는 중요한 선택 세 가지가 있다. 배우자의 선택, 가치관의 선택, 직업의 선택이다. 이 중에서 성인이 되면 꼭 필요한 게 직업의 선택이다. 직업 없이 세상을 제대로 살아가기는 어렵다. 정부나 개인이 실업문제를 우선적으로 생각하는 이유도 직업 문제가 그만큼 중요하기 때문이다. 사람은 일을 통해 자신의 꿈과 사명을 실현한다. 각자가 자신의 일터에서 역할을 성실하게 수행하면 일터가 안정되고 결국에는 나라가 안정되는 것이다. 제齊나라의 경공景公이 정치에 관해 묻자, 공자가 대답한다.

君君臣臣 父父子子

군군신신 부부자자

『논어』「안연顔淵」

군주는 군주답고, 신하는 신하답고, 아버지는 아버지답고,

아들은 아들다워야 한다.

공자는 군주와 신하 그리고 아버지와 아들 간의 역할과 관계를 명쾌하게 정의하고 있다. 군주가 군주답고 신하가 신하다울 때 나라가 안정되고 태평성대가 이루어진다. 가정에서도 아버지가 아버지답고 아들이 아들다울 때 가정이 행복의 보금자리가 된다. 성공하는 정치란 임금에게서 백성에 이르기까지 각자가 서 있는 위치에서 자신의 임무를 성실히 수행할 때 가능하다.

그렇지 않으면 나라와 개인의 발전을 기대하기 어렵다. 군신君臣과 부자父子 간에 신뢰가 없으면 어찌 될지 상상해 보자. 공자에게 질문을 했던 경공은 신뢰가 깨진 경우를 들어 역설적으로 설명한다. "진실로 군주가 군주답지 못하고, 신하가 신하답지 못하며, 아버지가 아버지답지 못하고, 아들이 아들답지 못하다면, 비록 곡식이 있다고 한들, 내가 그것을 먹을 수 있겠는가?"

군주, 신하, 아버지, 아들에게는 맡은 바 직무가 있다. 그 직무를 잘 수행하는 것이 중요하다. 우리나라 사람들은 애국심愛國心이 유별나다고 한다. 정치에 관심이 많은 것도 그만큼 나라를 사랑하는 마음이 강한 까닭이다. 그 열정이 우리나라를 세계 경제 대국으로 만들었다.

하지만 애국심이 애국심으로 끝나면 아쉬움이 남는다. 우리의 삶 속에

서 애국심이 실효를 거두려면 어떻게 해야 할까. 애직심愛職心과 연계돼야 한다. '애직심은 자기의 직무를 사랑하는 마음'이다. 자신의 업무를 끊임없이 개선, 개발, 혁신함으로써 부가가치를 높이는 것이다. 애직심이 투철한 사람은 자신의 전문성을 높이기 위해 부단한 노력을 기울인다. 지식사회에서 애직심이 있는 사람을 지식근로자라고 부른다. 우리는 그동안 애사심愛社心이나 애국심愛國心을 중시한 나머지, 애직심에는 관심이 적은 편이었다. 이제 순서를 바꿔야 한다. 애직심愛職心이 먼저 바로 서야 한다. 그러고 나서 애사심과 애국심으로 발전해야 한다.

군군君君과 신신臣臣이란 대통령과 공무원이 애직심愛職心을 가지고 일하라는 뜻이다. 기업체의 회장과 직원들도 마찬가지다. 대통령은 대통령답게, 공무원은 공무원답게, 회장은 회장답게, 직원은 직원답게 일을 하고 행동해야 한다. 이른바 '답게 운동'이 필요하다. 부부父父와 자자子子의 의미도 똑같이 적용할 수 있다.

'군군君君'의 사례로 미국의 링컨 대통령 사례를 들 수 있다. 링컨(Abraham Lincoln: 1809~1865, 미국 제16대 대통령)이 대통령으로 취임할 때 남부 연합이 연방에서 분리가 되어 건국 후 최고의 위기를 맞이하고 있었다. 이 갈등을 회피하기 위해서는 남부 연합의 제안을 무조건 수용하자고 주장하는 관리들이 있었다. 링컨은 이솝이야기에 나오는 사자와 나무꾼 딸을 인용하여 '원칙 중심의 리더십'을 발휘해야 한다고 단호하게 주장하여 관철시켰다.

"사자 한 마리가 나무꾼 딸에게 홀딱 반했다. 사자는 중매쟁이를 시켜 나무꾼에게 딸을 달라고 간청했다. 나무꾼은 사자에게 '자네 이빨이 너무 길어'라고 말하자 사자는 이를 몽땅 뽑아버리고는 다시 딸을 달라고 했다.

나무꾼은 이번에는 '자네 발톱이 너무 길어'라고 말했다. 이에 사자는 발톱을 모두 뽑아버리고는 다시 돌아와 딸을 달라고 애원하다시피 매달렸다. 그제야 나무꾼은 아무 힘도 없는 사자를 쉽게 잡을 수 있었다. 나도 달라는 대로 다 줘 버린다면 이빨과 발톱이 빠진 사자와 다를 게 뭐가 있겠는가."

부모는 부모답게, 자녀는 자녀답게 행동해야 한다.

『모티베이터』의 저자인 KTF 조서환 부사장은 애직심의 표본으로 유명하다. 조 부사장은 육군 장교로 복무 중 수류탄 사고로 오른손을 잃었다. 대학 영문과에 편입하여 졸업하였으나 오른손이 의수라는 이유로 입사원서를 내는 곳마다 퇴짜를 맞았다. 우여곡절 끝에 애경그룹의 장영신 회장에게 발탁되어 취직하고 마케팅 전문가가 되어 수많은 히트상품을 만들어냈다. 하나로 샴푸, 2080 치약 등을 히트시켜 애경그룹에 크게 기여를 했다. KTF로 자리를 옮긴 후에도 휴대폰 쇼(SHOW) 등을 히트시켜 KTF의 위상을 높였다. 그는 왼손 하나로 골프를 하면서 싱글을 쳐 사람들을 놀라게 했다. 오른손 없이 어떻게 그런 기적 같은 일을 이루어냈느냐고 물을 때 그의 답변이 흥미롭다.

"제 일을 열심히 하다 보면 제가 오른손이 없다는 사실을 모릅니다. 바쁘게 살기 때문에 오른손이 다쳤는지 왼손이 다쳤는지 심지어 내가 불구라는 사실조차 잊어버립니다."

'부부父父'의 사례로는 서울의 어느 종교기관에서 운영하는 '아버지 학교'를 들 수 있다. 많은 한국의 아버지들은 아버지의 역할에 대해 제대로 공부할 기회가 없어서 무면허 운전자처럼 아버지의 역할을 하다 보니 시행착오가 많았다. 그러나 아버지 학교를 통해 아버지가 해야 할 일을 인식하고 좋은 아버지가 될 수 있었다고 한다.

국민기업으로 떠오른 세스코의 전찬혁 부사장은 '자자子子'의 좋은 사례가 되고 있다. 아버지인 전순표 회장은 컴맹 세대이다. 반면에 아들은 디지털 세대이다. 세스코는 쥐를 잡고 바퀴벌레를 잡는 해충방제 회사이다. 그는 대학 졸업 후에 유학을 준비하던 중 아버지를 잠깐 도와주러 갔다가 회사에 남게 되었다. 그는 4년 동안 회장 아들이라는 사실을 숨기고 일반 직원들과 똑같이 해충을 잡으러 현장에 출동했다. 그는 4년 동안 일기를 써서 회사에 이직률이 높은 이유를 밝혀내기 위해 기획실을 만들어 달라고 요청하여 혁신에 매달렸다. 세스코는 홈페이지에 친절한 답변을 해 주는 게 화제가 되어 하루에 10만 명 이상이 들어와 국민적인 기업으로 발돋움하는 데 성공했다. 전순표 회장은 "아들이 새로운 이론과 실천을 통해 회사를 완전히 디지털 기업으로 바꾸었다"라며 아들의 역할과 기여를 높이 평가하고 있다.

국민 각자가 애직심(愛職心: 자신의 직무를 사랑하는 마음)으로 무장하면 공자가 말한 "군군君君 신신臣臣 부부父父 자자子子"의 철학은 저절로 실현된다. 자신이 서 있는 위치에서 애직심을 얼마나 발휘하고 있는지 점검해 보자.

링컨(Abraham Lincoln: 1809~1865)

미국 제16대 대통령(재임 1861~1865). 1861년 미합중국의 대통령이 되었다. 노예제도에 반대하여 남북전쟁의 불씨를 키웠고, 결국 그의 임기 중에 남부 연합이 떨어져 나가 남북전쟁이 발발했다. 남북전쟁에서 북군을 지도하여 점진적인 노예 해방을 이루었다. 대통령에 재선되었으나 1865년 4월 14일, 저녁 워싱턴의 포드 극장에서 존 윌크스 부스에게 암살당하였다. 게티즈버그에서 한 연설 중 유명한 '국민에 의한 국민을 위한 국민의 정부'라는 불멸의 말을 남겼다.

『모티베이터』

『모티베이터』는 지난 25년간 수많은 히트 브랜드와 일등 상품을 팔아온 조서환 부사장이 브랜드를 성공시키면서 터득한 마케팅 노하우와 소비자, 동료, 주변 사람들을 감동시키는 모티베이터의 요소들을 정리한 것이다. 군대에서 사고로 오른손을 잃었지만, 절대 좌절하지 않고 자신만의 길을 개척하여 마케팅의 새로운 신화를 썼다. 일에서나 삶에 있어서나 긍정의 자세를 가지고 열정적으로 살아가는 모습을 보여주는 그가 어떻게 그 많은 역경과 고난을 무한한 열정과 에너지로 이겨내며 오늘날의 위치에 서게 되었는지 생생하게 보여준다.

4. 전문성에 통찰력을 갖춘 T자형 인재

흔히 사람의 됨됨이를 그릇의 크기에 비유한다. 그릇이 작다면 편협한 사람이고, 큰 그릇이라면 포용력 있고 여유 있는 사람을 뜻한다. 큰 그릇이 되고 싶은 것은 우리 모두의 꿈이고 교육의 목적이기도 하다. 공자는 『논어』에서 사람의 그릇에 대한 유명한 말을 남긴다.

君子不器

군자불기

『논어』「위정爲政」

"군자는 그릇 같은 존재가 아니다."

'군자불기君子不器'는 바로 군자君子는 모양이 고정된 그릇이 아니라는 뜻으로, 군자는 특수한 어떤 곳에만 쓰일 수 있는 기능적인 지식을 추구하는 존재가 아니라, 세상을 경영하고 민중을 구제하는 데 필요한 학문을 두루 공부하는 보편적인 지성인이라는 것이다.

그릇마다 본래의 용도가 있다. 집에서는 국그릇, 밥그릇, 반찬 그릇 등 다양한 그릇들이 사용된다. 장독대에도 크고 작은 항아리를 비롯하여 많은 종류의 그릇들이 옹기종기 놓여 있다. 다양한 그릇은 원래 만들어진 기상대로 사용되어야 편하고 멋도 있다.

그런데 공자는 "군자君子란 한 가지 용도로 사용되는 그릇 같아서는 안 된다"라고 강조한다. 군자君子는 다른 사람들을 이끄는 지도자이므로 그릇처럼 그 기능이 좁게 국한되어서는 곤란하다는 주장이다. 지식의 습득에만 그친다면 시야가 좁아지고 다른 사람들로부터 존경과 신뢰를 받을 수 없다. 그릇에 갇히지 않고 그릇의 단계를 뛰어넘어 마음을 다스리고 신체 단련을 위해 군자는 예禮, 악樂, 사射, 어御, 서書, 수數의 육예六藝를 익혔다. 예禮는 예의범절, 악樂은 음악, 사射는 활쏘기, 어御는 말 다루기로서 승마, 서書는 글씨 쓰기, 수數는 수학을 의미한다. 이 여섯 가지 분야의 교육을 통해 전인교육(全人教育: 신체적 성장, 지적 성장, 정서적 발달, 사회성의 발달 등을 조화롭게 하여 넓은 교양과 건전한 인격을 갖춘 인간을 육성하려는 교육)을 목표로 했다.

'군자불기君子不器'의 개념은 지식사회에서 오히려 빛나고 있다. 산업사회에서는 소품종 대량생산체제였다. 직무를 세분화해서 물건을 많이 만드는 데 초점을 맞추다 보니 하나의 기능만으로 충분했다. 하지만 지식사회가 본격화되면서 개성과 창의성이 중요시되고 있다. 그 결과 다품종 소량생산체제로 바뀌었고 근로자도 한 가지 기능만으로는 부족하다. 그래서 다기능이 요구되고 있다.

요즈음 기업에서는 인재 확보에 심혈을 기울이고 있어 가히 '인재 전쟁시대'라고 일컬어질 정도이다. 기업이 원하는 인재의 조건은 무엇일까. 인재는 I자형 인재와 T자형 인재로 나누어진다. I자형 인재는 한 우물을 깊이 파는 전문가를 말한다. T자형 인재는 I자형의 전문성에다 통찰력을 가진 사람을 말한다. 전문가가 된 다음에 관련 기능을 다각화하여 멀티플레이어 역할을 할 수 있어야 한다. 그래서 전문성을 바탕으로 한 현실감각, 논리적 분석력, 문제해결 능력, 뛰어난 창의력 등을 요구하고 있다. 글로벌 시대와 무한경쟁의 파고를 뛰어넘어야 하는 기업은 T자형 인재를 절실히 원하고 있다.

T자형 인재란 말은 토요타Toyota 자동차에서 처음으로 등장했다. 토요타는 회사명의 영문 첫 글자인 T자를 따서 토요타가 원하는 인재상을 전문성과 다양성의 의미를 담아 T자형으로 정의했다. 한 분야의 전문가가 된 후에 관련된 기능을 습득하는 다기능 전략을 추구하여 한 생산라인에서 여러 제품을 생산하여 경쟁력을 높였다. 근로자들의 제안제도도 활성화되어 1년에 근로자 1인당 평균 30건의 제안을 하고 있다. T자형 인재를 추구한 덕택에 근로자들은 주인의식이 생기고 자발적인 동기부여가 되어 토요타가 세계 최고의 자동차회사로 부상할 수 있는 원동력이 되었다.

토요타에 이어 미국과 한국기업에서도 T자형 인재상을 중시하고 있다. T자형 인재는 스페셜리스트(specialist: 전문가)이면서 동시에 제너럴리스트(generalist: 다방면의 지식을 가진 사람)가 되는 것이다. 여기서 순서가 중요하다. 먼저 전문가인 스페셜리스트가 된 다음에 제너럴리스트가 되는 것이다. 자신의 직무 분야에서는 두 번째 가라면 서러울 정도로 전문성을 확보해야 한다. 그런 다음에 다양성과 만나야 한다. 이 다양성은 다각화를 의미한다. 관련된 것들을 중심으로 하나하나 영역을 넓혀갈 때 T자형 인재가 될 수 있다.

공자 당시의 선비는 최고의 전문가 집단이었다. 문자를 터득하고 교육을 받는 것 자체가 엄청난 경쟁력이었다. 거기에다 수신제가치국평천하(修身齊家治國平天下: 몸과 마음을 닦아 수양하고 집안을 가지런하게 하며 나라를 다스리고 천하를 평정함)의 리더십 교육까지 받고 있었으니, 전문성과 인격과 열정을 겸비한 인재를 군자君子라고 명명했다.

그래서 오늘날의 기업이 요구하는 인재상인 T자형과 군자불기는 일맥상통한다고 볼 수 있다. 따라서 '군자불기君子不器'야말로 지식사회의 리더에게 더욱 요청되는 필수덕목이라 할 수 있다.

이제 CEO는 T자형 인재를 확보하고 육성할 책임이 있다. 이를 위해 CEO 자신이 열심히 공부하지 않으면 안 된다. 급변하는 경영 환경 속에서 CEO는 변화를 미리 읽고 대비하는 자세가 필요하다. 불확실한 세상에서 최고의 경쟁력은 변화에 적응하는 능력이기 때문이다.

동국산업 정문호 대표이사는 인간개발연구원이 매주 목요일에 개최하는 조찬 세미나에 해외출장인 경우를 제외하고는 어김없이 참석하는 것으로 유명하다. 열심히 참여하는 이유를 이렇게 설명한다. "매주 공부하는 기쁨이 참으로 크다. 다양한 분야를 공부하고 있어 경영에 큰 도움이 된다. 내가 한 직장에서만 40년 이상 일할 수 있는 저력도 바로 전문성과 다양성이 뒷받침되어 있기 때문이다." 또한 정 사장은 "서로 다른 기업을 운영하는 경영자들이 만나서 서로의 고민과 관심사를 이야기하고 여행도 함께 하면서 서로 간에 많은 도움을 받고 있다"라고 덧붙인다. 공자의 '군자불기君子不器'는 지식사회에서 더욱 빛나는 인재상이 되고 있다. 전문성과 인격과 열정을 요구하는 군자불기의 정신은 T자형 인재로 구체화하고 있다.

토요타Toyota

일본에 본사를 둔 세계적인 일본의 자동차 제조기업. 일본 아이치현 토요타시에 본사를 두고 있다. 1937년 8월에 토요타 자동차공업 주식회사가 창립했다. 일본을 대표하는 대기업으로서 일본 주식 시장 시가총액 1위를 자랑한 일본 국내는 물론 전 세계적으로도 유일무이한 역사 깊은 초대형 자동차 다국적 기업이다. 2024년 기준 연간 1,000만 대를 판매하며 5년 연속 전 세계 자동차 판매 점유율 1위를 기록 중이다.

5. 세상에는 공짜가 없다

"열 길 물속은 알아도 한 길 사람 속은 모른다."라는 말은 사람을 알기가 힘들다는 뜻으로 우리가 자주 사용하는 속담이다. 믿었던 사람한테 발등 찍힌 경험이 있는 사람들에겐 더욱 실감 나는 말이기도 하다. 그러면 사람의 본심이 비교적 잘 드러나는 게 언제일까. 이익을 눈앞에 두었을 때이다.

공자는 "군자는 의리에 밝고 소인은 이익에 밝다"라고 하면서 군자와 소인을 비교하는 기준으로 의리와 이익을 제시한다. 이 말만 놓고 보면 언뜻 공자가 이익을 추구하는 것을 부정적으로 본 것으로 오해할 수도 있다. 그러나 공자는 제자 자로가 완성된 인간에 관해 묻자, 사람의 이름을 들어가며 지혜, 무욕, 재능, 예악을 갖춘 사람이라고 대답한다. 그리고 성인成人의 세 가지 덕목을 덧붙인다.

> 見利思義 見危授命 久要不忘 平生之言
> 견리사의 견위수명 구요불망 평생지언
>
> 『논어』「헌문憲問」

> 눈앞에 이로움을 보면 의를 생각하고, 나라가 위태로울 때는 목숨을 바치며, 오래된 약속일지라도 평소에 한 것처럼 잊지 않는다.

여기서 "견리사의(見利思義: 눈앞에 이로움을 보면 의를 생각하고) 견위수명(見危授命: 나라가 위태로울 때는 목숨을 바치며)"은 안중근(安重根: 1879~1910) 의사가 100여 년 전에 여순旅顺 감옥에서 나라의 앞날을 걱정하며 자신의 철학과 심경을 피력한 서예 작품을 남겨 더욱 유명해진 구절이다. 견리사의見利思義는 이익 보는 것을 비판하는 것이 아니라 그 이익을 얻는 과정이 정당한 것인지 아닌지를 따져보라는 뜻이다. 이익이 된다고 수단과 방법을 가리지 않고 이익을 좇으면 안 되기 때문이다. 그러니까 공자는 이익추구를 부인한 것이 아니라 '정당한 이익'을 강조하고 있다고 해석해야 한다.

'의義'는 행동할 때의 판단기준을 말한다. 인간은 삶 속에서 크고 작은 선택을 하고 결단해야 한다. 이때 결단할 때의 가치 기준이 바로 '의義'이다. 이익을 눈앞에 두고 '의義'를 생각하지 않으면 올바른 판단을 하기가 어렵다. '인仁'을 실천하는 것도 무제한적일 수는 없다. '인仁'의 한계와 범위를 결정해 주는 기준 역시 '의義'가 되어야 한다. '의義'가 있을 때 개인적으로 올바른 판단을 내릴 수 있고 정의正義로운 사회가 되는 것이다.

우리가 세상을 살아가면서 이익의 문제에 부딪힐 때 공자의 이 말은 좋은 기준이 되고 있다. 이익이 눈앞에서 왔다 갔다 할 때 이것이 의로운 것인지 아닌지를 어떻게 알 수 있을까. 일단 모든 과정이 공개된다고 생각하면 된다. 자신의 일거수일투족을 누군가 보고 있다고 생각하면 행동할 때 원칙을 지킬 힘이 생긴다.

세상에서 일어나는 대부분의 부정부패는 언젠가 공개되리라는 믿음이 없거나 약하기 때문에 일어난다. 언론에 보도되는 뇌물 사건이나 사기 사건들도 마찬가지다. 정권이 바뀌고 나면 권력형 비리 역시 예외 없이 터져 나온다. 권력은 사람에게 착시현상을 주어 그 권력이 오래가리라는 믿음을 주는 속성이 있다. 이런 유혹에서 어떻게 자유로울 수 있는지 그 방법을 찾아보자. 위에서 언급했듯이 일단 모든 과정이 공개된다고 생각하면 된다. 자신의 일거수일투족을 누군가 보고 있다고 생각하면 행동할 때 원칙을 지킬 힘이 생긴다.

국가가 위태로울 때 목숨을 바친다는 '견위수명見危授命'도 마음에 깊이 새겨볼 필요가 있다. 옛날에는 국가의 위기가 전쟁으로 귀결되는 경우가 많아서 전쟁이 일어나면 목숨을 바칠 수밖에 없는 상황이었으나, 오늘날 세계화 시대는 국경 없는 경제전쟁 시대이다. 실업자가 많아지고 자살자가 늘어난다면 이 또한 전쟁에서 목숨을 잃는 것과 다를 바 없다. 경제 위기 타결을 위해 공직자나 기업체 리더들이 목숨을 바치는 자세로 일할 사명감이 있는 이유이기도 하다.

그리고 '구요불망 평생지언(久要不忘 平生之言)', 즉 오래된 약속일지라도 평소에 한 것처럼 잊지 않는다는 말 역시 유념해야 한다. 무심코 던진 한 마디도 책임지는 자세가 필요하다. 우리나라 사람들은 바쁘다는 말을 자랑처럼 입에 물고 다닌다. 사실 무엇에 쫓기듯이 늘 바쁘게 사는 것이 우리 자신도 모르게 삶의 패턴이 되어 버렸는지도 모른다.

미국에서 기업인으로 오래 살다가 한국으로 돌아와 자선활동을 하는 어떤 기업인은 사람들에게 말로 받은 상처를 들려준다. 그가 식사에 초대했거나 모임에서 만난 사람들이 헤어지면서 항상 하는 인사가 "언제 식사 한번 하자"라는 약속이었다고 한다. 그런데 그 말을 지키는 사람이 거의 없어서 놀랐다고 한다. 가까운 사람에게 자신이 받은 상처를 털어놓자 "그 말은 '안녕하세요'처럼 사람들이 헤어질 때 하는 인사말이니 신경 쓰지 말라"라고 가르쳐 준 덕택에 겨우 마음의 상처에서 벗어날 수 있었다고 한다.

안중근(1879~1910)

대한제국 말기에 활약한 계몽 운동가이자 군인이며 독립운동가. 1879년 9월 2일 황해도 해주목에서 태어나 1910년 3월 26일 순국했다. 본래는 교육사업 등 민족의 계몽 사업을 중심으로 활동하였으나, 일제의 침탈이 사실상 국권을 뒤흔드는 수준으로 확대되자 항일 무장투쟁으로 노선을 바꾸고, 러시아 블라디보스토크로 망명한 후, 의군을 조직했다. 대한독립군의 장군격인 참모 중장으로 활동했으며, 초대 일본국 내각총리대신이자 초대 한국 통감인 이토 히로부미(伊藤博文)를 저격해 사살하는 의거를 단행했다. 체포된 후, 옥중에서 많은 휘호를 남기고 자신의 사상을 논하는 글인 동양평화론의 서문을 저술하다 사형이 집행되어 생을 마쳤다. 정부에서는 안중근 의사의 공훈을 기리어 1962년 건국훈장 대한민국장을 추서하였다.

공자가 성숙한 인간의 기준으로 제시한 견리사의(見利思義: 눈앞에 이로움을 보면 의를 생각하고), 견위수명(見危授命: 나라가 위태로울 때는 목숨을 바치며), 구요불망 평생지언(久要不忘 平生之言: 오래된 약속일지라도 평소에 한 것처럼 잊지 않는다)의 세 덕목을 마음 깊이 새기며 차분한 삶을 설계해 보자.

6. 수양을 위해 공부하라

『소중한 것을 먼저 하라』는 시간 관리에서 우선순위를 결정할 때 도움을 주는 책이다. 인생의 성공과 실패도 따지고 보면 순서의 문제라고 할 수 있다. 우리가 흔히 사용하는 "본말本末이 전도되었다"라는 말도 우선순위의 중요성을 강조한 표현이다. 『논어』 역시 순서가 얼마나 중요한지를 알려준다. 공자는 배움에서도 우선순위를 확실히 하라고 요구한다.

> 古之學者爲己 今之學者爲人
> 고지학자위기 금지학자위인
>
> 『논어』「헌문憲問」

> "옛날의 학자는 자기의 인격 수양을 위해 공부하였다.
> 그러나 지금의 학자는 다른 사람의 평가를 얻기 위해서 공부한다."

'고지학자위기古之學者爲己'는 옛날의 학자들은 자신의 인격 연마를 학문의 가장 소중한 목적으로 삼았다는 뜻이다. 공자는 과거의 학자에 대해 긍정적인 평가를 하고 있다. 반면에 '금지학자위인今之學者爲人'은 지금의 학자는 다른 사람들에게 잘 보여서 출세를 하기 위한 수단으로 공부하고 있다고 비판한다. 과거의 학자에 대해서는 긍정적인 평가를 하지만 현재의 학자에 대해서는 부정적인 평가를 하고 있다.

왜 그랬을까. 공자 당시에 학문은 이미 출세를 위한 발판으로 변질되었다고 한다. 학문의 본래 목적은 먼저 자신의 마음을 닦고 역량을 키워 나라를 위해 봉사하는 일이다. 그런데 자신을 단련하고 수양하는 것은 뒷전이고 출세만을 목적으로 공부하는 사람들을 보면서 공자의 마음은 서글프고 안타까웠다. 목적과 수단이 뒤바뀌어 있는 현실을 개탄한 것이다.

반면에 공자는 '고지학자古之學者'를 높이 평가했는데 그 이유가 어디에 있을까. 공자는 주周나라를 이상적인 모델로 삼았기 때문에 '고지학자古之學者'를 하나의 기준점으로 제시했다.

주나라는 B.C. 11세기 무왕武王이 세운 국가이다. 주공周公은 무왕의 동생으로 초창기 나라의 기틀을 마련하는 데 기여한 인물이다. 무왕이 일찍 죽고 그의 아들 성왕成王이 왕권을 물려받았으나 13세의 어린 나이에 불과하여 주공이 7년 동안 왕을 대신해서 섭정을 한다. 주공은 각종 제도를 정비하고 정치를 잘하여 태평성대를 구가한 후 왕이 성년이 되자 섭정에서 물러나 신하가 된다. 주공은 주위에서 왕위에 오르라는 끈질긴 유혹을 물리치고 자신의 임무를 완수한 후 깨끗하게 물러남으로써 후대에 존경받는 인물이 되었다. 이런 주공을 공자는 가장 존경하고 흠모하면서 평생 동안 닮기 위해 노력했다. 그래서 '고지학자古之學者'를 높이 평가했다.

여기서 공자 당시의 시대적인 상황을 좀 더 구체적으로 살펴보자. 공자가 활동하던 시대를 춘추전국시대(春秋戰國時代: B.C.770~B.C.221)라고 부른다. 이 시대는 다시 춘추시대(春秋時代: B.C.770~B.C.403)와 전국시대(戰

國時代: B.C.403년부터 B.C.221년 진秦나라가 중국을 통일하기까지, 중국의 국가들이 패권을 다투던 시대)로 구분된다. 춘추시대는 B.C.770년에서 B.C.403년까지의 기간으로 주나라의 힘이 약해지자 제후諸侯들이 천하의 패권을 차지하기 위해 세력을 다투던 기간이다. 이 시기에는 그래도 제후들이 주 왕실을 내세우며 나름의 체면과 절차를 밟던 시기였다.

반면에 전국시대는 B.C.403년에서 B.C.221년까지의 기간으로 기존에 200개 이상 존재하던 제후국들이 10여 개의 대국에 통합되고 이 대국들끼리 치열한 전쟁을 치렀다. 이때는 주周 왕실이 무너지고 군웅이 할거하며 서로 왕을 칭하며 전쟁이 그치지 않았다. 이와 같은 이름이 붙여진 것은 춘추전국시대의 전반부 대부분이 공자의 저서 『춘추春秋』에 기초를 두고 있고, 후반은 유향(劉向: B.C.77~B.C.6)의 저서 『전국책戰國策』을 바탕으로 쓰여 있기 때문이다. 춘추전국시대는 진시황(秦始皇: B.C.259~B.C.209)이 B.C.221년에 천하를 통일함으로써 막을 내리게 된다. 진나라의 시황제始皇帝는 중국 최초의 중앙집권적 통일제국을 건설했다. 진시황 때부터 공식적으로 '황제皇帝'라는 명칭이 사용되었다.

'고지학자위기古之學者爲己'는 본질本質에 충실한 사람들을 가리킨다. 오늘날의 학자라도 학문 본래의 목적에 어긋나지 않으면 공자가 칭찬한 고지학자위기(古之學者爲己: 옛날 학자들은 자기 자신의 내면적 성취를 위한 학문을 하였다)에 속한다고 할 수 있다. 과거냐, 현재냐가 중요한 게 아니라 본질에 충실한지, 안 한지가 중요하다. 이 같은 취지를 살려 '고지학자위기古之學者爲己'를 줄여서 '위기지학(爲己之學: 자기 자신의 인격 수양을 위한 학문)'이라고 부른다. 반대로 '금지학자위인(今之學者爲人: 지금의 학자는 다른 사람의 평가를 얻기 위해서 공부한다)'은 본질을 무시하고 수단에 얽매인다는 의미에서 '위인지학(爲人之學: 남에게 자기 자신을 드러내기 위한 학문)'이라고 부른다. 이렇게 해서 '위기지학爲己之學'과 '위인지학爲人之學'이란 말이 등장한다.

그러면 '위인지학爲人之學'은 나쁜 것인가. 그것은 아닐 것이다. 공자는 '위기지학爲己之學'이 없는 '위인지학爲人之學'을 비판하고 있다. '위기지학爲己之學'이 바탕이 되고 그 기초 위에서 '위인지학爲人之學'이 되어야 한다. 결국 '위기지학' 먼저, '위인지학' 나중이라고 순서를 매길 수 있다. 우선 자기 자신의 인격을 갈고닦아서 최선을 다하고 그 자연스러운 결과로 다른 사람들에게 좋은 평가를 받아 출세하는 것이 바람직하다는 해석이 가능하다.

오늘날 지식사회는 평생학습과 평생교육을 기본적으로 요구하고 있다. 이제 학자는 대학교수나 연구자에 국한되는 개념이 아니다. 배우고자 하는 사람은 모두가 학자인 시대에 우리는 살고 있다.

이전에 인간개발연구원에서는 소모임으로 '책 쓰기를 위한 에세이 클럽'을 만들었다. 기업인이나 전문가들이 자기 경험을 글로 정리해서 책을 쓸 수 있도록 지원하기 위해 만들어졌는데 반응이 무척 뜨겁다. 책을 쓰려면 자신의 가치관과 철학과 경험이 정립되어 있어야 한다. 이는 위기지학이 뒷받침될 때 가능하다. '위기지학爲己之學'이 무르익으면 다른 사람에게 선한 영향력을 줄 수 있으므로 자신이 깨달은 바를 다른 사람과 공유하는 단계로 나아가야 한다. 이 시점이 바로 '위인지학爲人之學'의 단계이다.

당시 책 쓰기 모임의 회장인 김창송 성원교역 회장은 『지금은 때가 아니야』 등 이미 여러 권의 수필집을 발간한 기업인 출신 작가이다. 김 회장이 수필가로 등장하게 된 배경은 단순하다. 그는 회사 설립 20년사를 준비하다가 자료를 정리하는 일이 너무 힘들어서 아예 '수필 공부반'에 들어가서 2년 동안 글쓰기에 집중하여 수필가로 등단했다. 지금은 경영 일선에서 물러나 글쓰기 전도사가 되어 다른 사람들이 수필을 쓰거나 책 내는 일을 도와주며 봉사하는 데서 기쁨을 찾고 있다. 그는 "글쓰기는 우리 삶의 반영이다. 글을 보면 사람을 알 수 있다"라며 "글은 자기 연마와 인격의 표현이다"라고 설명한다.

"호랑이는 죽어서 가죽을 남기고 사람은 이름을 남긴다"라고 했다. 책이야 말로 자신의 인격과 삶이 고스란히 녹아있는 것이다. 그래서 책의 내용은 '위기지학爲己之學'의 기초 위에서 전개되어야 한다. 자신과의 대화를 정리한 게 바로 책이기 때문이다. 이 책을 다른 사람들이 읽고 인생의 파고를 헤쳐 나가는 데 도움을 줄 수 있다면 자연스럽게 '위인지학爲人之學'이 되는 것이다.

먼저 '위기지학(爲己之學: 자기 자신의 인격 수양을 위한 학문)'을 배움의 목표로 삼자. 그런 다음에 '위인지학(爲人之學: 남에게 자기 자신을 드러내기 위한 학문)'으로 나아가자. 이렇게 되면 '위기지학爲己之學'과 '위인지학爲人之學'은 시차를 두고 보완 효과를 발휘할 것이다.

『소중한 것을 먼저 하라』

시간 관리에서 우선순위를 결정할 때 도움을 주는 책이다. 행복한 가정과 안정된 직장 성공을 위해 가정과 직장에서의 생활 습관에 대해 조언하고 있다. 흔히 따로 생각하기 쉬운 가정과 직장이 분리되지 않는 삶의 장이라는 생각으로 이론보다는 현실의 감각으로 우리의 문화, 한국의 정치, 경제, 노동 실정, 한국인 개개인의 특성 등을 고려하여 기존의 외국 학자들의 이론으로만 접근했던 생활의 문제에 실생활적인 접근을 특색으로 하고 있다.

유향(B.C.77~B.C.6)

전한 때의 학자. 한 고조의 동생 초원왕의 현손이다. 전한 시대 학자. 성제 때, 외척의 횡포를 견제하고 천자의 감계가 되도록 하기 위해 상고로부터 진, 한에 이르는 부서재이符瑞災異의 기록을 집성하여『홍범오행전론』을 저술하였다.『한서』에 그의 전기가 수록되어 있다. 그 밖의 편저서에『설원說苑』『신서新序』『열녀전烈女傳』『전국책戰國策』과 궁중 도서를 정리할 때 지은『별록別錄』이 있다.

『전국책』

중국 전국시대에 활동한 유세가들의 일화와 언행을 전한前漢의 유향(劉向, B.C.77~B.C.6)이 모아 엮은 책. 유향은 황실의 장서를 감수하면서 많은 궁중 도서를 읽을 수가 있었으며, 이를 바탕으로『전국책戰國策』과 같은 인물사 중심의 역사서를 썼다. 이 책에서 '전국시대戰國時代'라는 이름이 유래했을 만큼 중국사 연구의 주요 문헌이다. 일반 역사서와 다르게 왕이 중심이 아닌 전국시대에 활약한 사람들의 정치, 외교, 전략, 군사 등 다방면의 책략을 벌인 일화를 대화체로 서술했다.

진시황제(B.C.259~B.C.209)

진시황제秦始皇帝는 B.C.221년에 중국을 통일하고 '황제皇帝'라는 명칭을 동아시아에서 최초로 사용한 인물이다. 550여 년에 걸친 춘추전국시대를 끝내고, 진秦나라부터 청淸나라까지 약 2,000년에 걸쳐 이어진 황제 중심 중앙집권체제中央集權體制를 처음으로 통일왕조에 실현한 인물이다. 중앙집권을 확립하고, 도량형 · 화폐의 통일, 만리장성의 증축, 아방궁의 축조, 분서갱유 등으로 위세를 떨쳤다. 그러나 통일 이후 지나치게 급진적이고 억압적인 통일정책을 펼쳐 결과적으로 제국의 급속한 멸망을 초래했다.

7. 최고의 팀이 되기 위한 필수 덕목

子曰: 德不孤 必有鄰

자왈: 덕불고 필유린

『논어』「이인里仁」

공자께서 말씀하시길, "덕을 실천하는 사람은 외롭지 않고,

반드시 알아주는 사람이 있다"

우리가 보통 유교儒教 사상을 떠올렸을 때, 윗사람을 무조건 공경恭敬해야 하고, 늘 자신을 낮추고, 상대를 배려하는 등 어렵고, 고지식하고 보수적이라는 생각을 먼저 하게 된다. 보통 어떤 사람을 일컬어 가부장적(家父長的: 가장이 가족에 대하여 절대적인 권력을 가지는 것)이거나 보수적이면 유교 사상이 강하다고 말하기도 한다. 우리가 가지고 있는 유교 사상에 대한 편견 중에 가장 대표적이라고 할 수 있다.

주변 사람들이 왜 『논어』를 읽어야 하냐고 물어볼 때가 있다. 그때마다 "『논어』를 한 번도 접하지 않은 사람은 있어도 한 번만 접한 사람은 없을 것"이라며 『논어』 읽기를 강조한다. 『논어』에 대해 가장 잘 설명할 수 있는 말이 아닌가 싶다. 『논어』를 한 번이라도 접해 본다면, 공자의 가르침인 유교 사상이 보수적이고 융통성 없는 사상이 아닌 포용적이고 융통성 있으며 미래 지향적인 사상의 근본임을 알 수 있다. 『논어』에서 가장 많이 나오는 글자가 '인(仁, 어질 인)'이다.

'인仁'의 한자를 자세히 들여다보면 '인仁'을 뜻하는 의미는 다음과 같다.

1. 어질다, 자애慈愛롭다. 인자仁慈하다
2. 감각이 있다
3. 사랑하다
4. 불쌍히 여기다
5. 어진 사람, 현자賢者
6. 어진 마음, 박애博愛

공자는 '인仁'을 평생 실천해도 모자란다고 말한다. 그만큼 많은 뜻을 내포하고 있으며, '인仁'의 가르침은 곱씹을수록 정확히 하나의 뜻으로만 정의하기 힘들다. 그래서 '인仁'은 『논어』를 비롯해 유교 사상 전반에 걸쳐 뿌리가 되고 동시에 우리 삶과 인간관계에 지속해서 노력해야 할 자세가 되기도 한다.

우리 삶 중에서 가장 많은 시간을 보내고 치열하고 격렬하게 자신을 갈고닦는 곳이 어디일까? 바로 직장에서의 삶이다. 『논어』에서 강조하는 '인仁'의 자세와 마음으로 직장의 삶을 대하면 가장 이상적일 것이다. 하지만 『논어』를 읽었다고 해서 인을 바로 실천할 수 있는 것도 아니다. 직장의 삶에서 조금 더 현실적이고 실천할 수 있는 마음 자세는 무엇일까? 바로 '덕德'의 마음이 아닐까, 생각한다.

'덕德'의 한자를 자세히 들여다보면 '덕德'을 뜻하는 의미는 다음과 같다.

1. 크다
2. 덕을 베풀다(일을 차리어 벌이다. 도와주어서 혜택을 받게 하다)
3. 고맙게 생각하다

4. 도덕道德, 은덕恩德

5. 복福, 행복幸福

우리에게 가장 친숙한 의미는 '덕을 베풀다'일 것이다. 이 뜻을 자세히 풀이하면, "일을 차리어 벌이고, 다른 사람을 도와주고, 혜택을 받게 한다"이다. 그리고 '덕德'의 뜻에는 '고맙게 생각하다'라는 의미도 있다. '덕德'의 의미를 곱씹을수록 직장의 삶에서 가장 필요한 마음 자세가 아닐까, 생각한다.

조직에서 크고 작은 팀을 이끄는 팀장이나 조직을 움직이는 구성원 등 어느 위치에서나 '덕德'을 실천하지 않을 이유가 없다. 리더는 일을 차리고 벌여야 한다. 그리고 팀원들이 그 일을 밀고 나갈 수 있도록 도와주고, 고맙게 생각해야 한다. 그 결과 혜택을 받을 수 있도록 해야 한다.

즉, 리더는 '덕德'을 베풀어야 한다. 이것이 리더십이다. 모든 조직에서 일만 잘하는 사람을 리더로 두지 않는 이유이기도 하다. '덕德'을 베푸는 리더에게는 사람이 따르게 되어있다.

요즘은 팀장이 같이 일하고 싶은 팀원을 뽑는 대신 역으로 구성원이 같이 일하고 싶은 팀장을 뽑는 시대이다. 일명 '상사선택제'이다. '덕德'을 베푸는 리더와 같이 일하고 싶은 팀 구성원은 리더의 리더십 못지않게 팔로워십(followership: 지도자를 능동적으로 따르는 구성원으로서의 능력)을 발휘하게 된다. 리더십보다 더 중요한 팔로워십은 조직 구성원들이 자발적으로 서로 간 상호작용하며 조직의 목표 달성에 적극 참여한다.

리더십과 팔로워십의 조화는 리더에게는 성과와 발전을, 구성원에게는 보상과 일의 의미를 부여한다. 궁극적으로 직장의 삶을 건강하고 풍요롭게 만드는 것이다.

"공자는 '덕德'을 실천하는 사람은 외롭지 않다(덕불고 필유린德不孤 必有隣)"라고 했다. 따르는 사람이 있고, 지지하는 사람이 있고, 함께 걸어가길 원하는 사람들이 있기 때문이다." '덕德'은 리더에게 팀을 이끄는 힘을, 구성원에게는 책임감과 성장을 가져다준다.

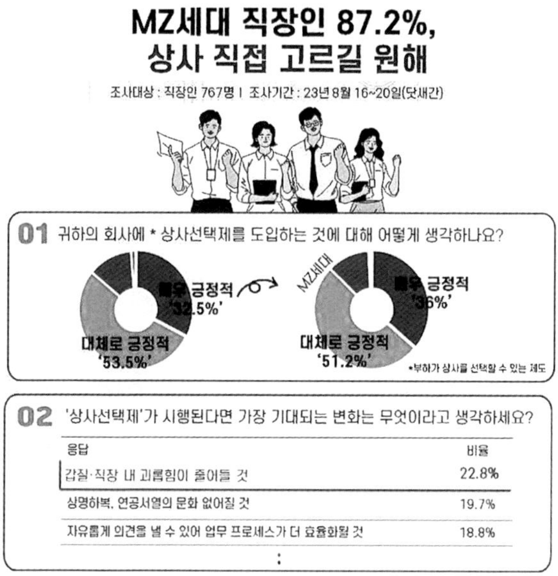

상사선택제

상사선택제는 직원들에게 상사를 스스로 선택할 권한을 부여하는 제도이다. 국내 20~30대 직장인의 10명 중 9명은 '상사선택제'에 긍정적이라는 조사 결과가 나왔다. 특히 20 · 30대인 MZ세대는 87.2%가 '상사선택제' 도입에 긍정적이라고 답했다. 긍정적이라고 답한 응답자들은 '상사선택제'가 도입된다면 직원 만족도 향상, 이직률 감소, 갑질 예방, 업무 효율화가 있을 것이라고 봤다. 한편, 요미우리신문에 따르면 일본의 '사쿠라 구조'라는 설계회사는 2019년 '상사선택제'를 처음 도입해 4년 만에 이직률을 11.3%에서 0%로 낮췄다.

9장

꿈꾸는 리더가 사회를 바꾼다

1. 리더라면 포용력을 가져라

인간을 인간 아닌 것과 구별하는 특징으로 정치를 예로 든다. 인간을 정치적인 동물이라고 부르는 이유이기도 하다. 정치는 꼭 정치인에게만 해당하는 것이 아니다. 사람이 모이면 어떤 형태로든 정치적인 행위가 필요하다. 그래서 기업에서도 사내 정치란 말이 생겨났을 정도이다. 하지만 정치는 역시 대통령과 국회의원을 비롯한 정치인들의 가장 중요한 몫이다. 정치란 나라를 다스리는 일이다. 인간은 사회 속에서 언어와 생각을 서로 간에 교환하고 공적인 일에 참여함으로써 인간의 본질을 실현할 수 있다. 그래서 정치는 예나 지금이나 중요하다. 공자도 정치에 관심이 많았고, 정치적인 꿈을 실현하기 위해 때를 기다리기도 했다. 공자는 정치를 어떻게 할 것인지에 대해 기본원칙을 가르쳐 준다.

爲政以德
위정이덕

『논어』「위정爲政」

"덕으로써 정치를 하라."

'덕德'을 기초로 정치를 하면 마치 북극성이 제자리에 머물러 있어도 나머지 모든 별이 그를 중심으로 고개를 숙이고 도는 것과도 같다고 덧붙인다. 우리가 정치하는 사람들을 '위정자爲政者'라고 하는데 그 말뜻이 『논어』「위정爲政」편과 무관하지 않다는 생각이 든다. "정치를 힘이나 권모술수로 하지 말고 '덕德'을 가지고 하라"라는 말이다.

국어사전을 보면 '덕德'이란 "고매하고 너그러운 도덕적 품성이나 윤리적 의지대로 행동할 수 있는 인격적 능력"이라고 정의하고 있다. '덕德'은 도덕성, 윤리성, 솔선수범이 뒷받침될 때 백성들이 스스로 머리 숙이며 따르게 된다는 것을 비유로 말하고 있다. '덕德'이 있어야 백성들의 마음을 얻을 수 있기 때문이다.

세종대왕(世宗大王: 1397~1450)은 '위정이덕(爲政以德: 덕으로써 정치를 하라)'을 몸소 실천한 대표적인 정치지도자이다. 백성을 너무나 사랑한 나머지 우리 글자가 없어 백성들이 서로 마음을 통하며 대화할 수 없음을 안타깝게 여겼다. 그래서 집현전(集賢殿: 조선 초의 학문연구 및 국왕의 자문 기관)을 만들고 젊은 학자들을 발탁하여 훈민정음을 창제함으로써 백성들 간에 서로 의사소통이 원활하게 했다. 조선왕조는 중국(명나라)에 대해 사대주의事大主義를 표방하고 있었다. 우리 고유의 문자를 만드는 것은 당시 명나라와의 관계를 악화시켜 전쟁으로까지 비화할 수 있는 상황이었다. 최만리(崔萬理: 1398~1445)를 비롯한 유생들은 거세게 반대했다. 세종대왕은 반대하는 사람들을 끊임없이 설득하면서 한글을 만들어낸다. 세종대왕이 한글을 만들지 않았다면 우리나라의 운명은 어떻게 되었을까. 일본이 일제 36년 동안 한글을 말살하려고 했던 이유를 생각해 보면 한글이 얼마나 중요한지 스스로 깨달을 수 있다. 한글은 가장 과학적이고 아름다운 문자라는 평가를 받아 유네스코에서 세계 기록 문화유산으로 등재되었다.

또한 장영실(蔣英實: 1385~?)을 비롯한 기술자들을 우대하여 측우기測雨器, 해시계, 물시계, 자격루自擊漏 등 과학 기계와 농기구를 발명함으로써 백성과 농민들의 실생활에 도움을 주고자 했다. 정신세계뿐만 아니라 국민 삶의 질을 높이는 과학기술에 관심을 가졌다는 점이 균형감 있는 덕치주의德治主義로 평가된다.

세종대왕은 '덕망(德望: 덕행으로써 얻은 명망名望)'과 함께 국가경영 능력을 겸비했기에 우리 역사상 가장 훌륭한 리더로 추앙을 받고 있다. 농경사회나 산업사회에서는 사회구조가 단순했기 때문에 '덕망德望' 자체만으로도 통치하는 데 부족함이 없었을지 모른다. 그러나 오늘날은 '덕망德望'만으로 위정자가 되겠다면 곤란하다.

그러면 오늘날 '덕德'의 개념은 어떻게 해석되어야 하는가. '덕德'은 예나 지금이나 마찬가지로 국민을 사랑하고 봉사하는 마음이 기본이 되어야 한다. 투명성과 윤리성은 필요조건이다. 이는 서양의 노블레스 오블리주(사회의 고위 지도층 인사에게 요구되는 높은 수준의 도덕적 의무, 사회에 대한 책임을 가리키는 용어로서 프랑스어로는 noblesse oblige라고 표기한다)나 동양의 수신제가치국평천하(修身齊家治國平天下: 몸과 마음을 닦아 수양하고 집안을 잘 보살피고 나라를 다스리면 천하가 태평해진다)와 그대로 연계되어 있다. 게다가 최근에는 정치는 군림하는 자리가 아니라 섬기고 봉사하는 자리로 승화되고 있다.

그러나 이런 태도만으로는 훌륭한 위정자가 될 수 없다. 태도와 함께 경영 능력이 뒷받침되지 않으면 안 된다. 지방자치 선거에서 도지사, 시장, 군수 등 단체장으로 출마하는 많은 정치인이 주식회사를 만들어 경영 마인드를 행정에 접목하겠다고 열변을 토한다. 왜 그럴까. 이는 인재를 평가하는 기준이 달라졌기 때문이다.

70~80년대 고도성장 시절에는 공무원이 엘리트 집단으로서 고도성장의 견인차 역할을 감당했다. 21세기 들어 세계화와 정보화시대가 본격화되면서 기업의 전문경영자들이 엘리트 집단으로 등장하고 있다.

왜 CEO가 관심을 끌게 되었을까. 그 이유는 디지털 시대와 함께 변화의 속도가 하도 빨라 예측이 무의미해졌기 때문이다. 이제는 변화에 적응하는 능력이 최고의 능력이 되고 있다. 기업의 CEO는 그야말로 5대양 6대주를 무대로 삼아 동분서주하며 경영해야 한다. 기업은 세계를 상대로 싸워서 이기지 않으면 안 된다. 불확실성 속에서 능력을 연마했기에 변화 적응 능력과 위기관리 능력이 뛰어나므로 새로운 인재군으로 각광받고 있다.

'덕망(德望: 덕행으로써 얻은 명망名望)'의 개념이 환경변화의 영향으로 보다 확대되고 있음을 유념할 필요가 있다. 그러므로 '덕망'과 함께 능력을 겸비한 '위정이덕(爲政以德: 덕으로써 정치를 하라)'의 개념은 오늘날 정치인뿐만 아니라 기업가 등 사회 각계각층의 모든 리더에게 요구되는 덕목이라고 할 수 있다.

세종대왕(1397~1450)

조선의 제4대 국왕. 고구려高句麗의 광개토대왕廣開土大王과 함께 한국사에서 '대왕大王'으로 많이 불리는 군주로, 조선이라는 국가의 엄청난 발전을 이끈 임금이자, 한국사에 길이 남을 위인으로 추앙받고 있다. 세종대왕은 한글을 창제하고 조선 초기 국가의 기틀이 되는 전반적인 제도를 갖추었고, 조선왕조가 지배 기반으로 삼은 유교문화를 융성하게 했다. 농사에 도움이 되는 천문기구를 개발하고 도량형을 정비했고, 출판 사업을 크게 일으켰다. 대외적으로 여진女眞과 왜倭를 정벌하고 명明나라의 요구를 적절히 조율했다.

집현전

집현전集賢殿은 조선 전기 학문연구를 위해 궁중에 설치한 기관이다. 조선 건국 이후 유교 국가로서 갖추어야 할 유교주의적 의례 및 제도의 확립과 인재의 양성이 절실하여 세종이 1420년 궁궐 안에 집현전을 설치했다. 집현전은 학문연구기관으로서 도서의 수집 · 보관 · 이용 기능, 학문 활동의 기능, 국왕의 자문에 대비하는 기능 등을 가지고 있었다. 다수의 우수한 학자를 배출하여 설치 목적에 부응했다. 사육신 사건을 계기로 집현전이 혁파되었으나 성종 때 집현전의 후신으로 홍문관弘文館이 설치되었다.

최만리(1398~1445)

조선 초기의 문신, 학자. 오랫동안 집현전에 몸을 담아 편찬 사업에 참여했다. 1443년 12월 세종과 집현전 학자들이 훈민정음(訓民正音: 한글 창제)을 완성하려고 할 때 반대 상소문을 올리는 사건으로 인해 꼴통 혹은 사대주의에 찌든 답 없는 사람으로 평가받는 경우가 많은데, 전체적으로 보면 조선 전기의 뛰어난 유학 실무자이자 청렴하고 올곧은 관료로 꼽힌다.

장영실(1385~?)

장영실蔣英實은 조선 세종 때 노비 신분을 벗고 발탁되어 혼천의와 자격루를 발명한 조선의 과학기술자이다. 당시 세종은 농업 발전을 위한 과학기기 개발에 박차를 가했다. 바로 이 지점에서 신분의 벽을 뛰어넘어 조선 최고의 발명가로 거듭난 장영실의 이름이 찬연하게 빛나고 있다. 장영실은 물시계, 혼천의渾天儀, 자격루自擊漏, 대소간의大小簡儀, 앙부일구仰釜日晷와 1441년 강우량 측정기인 측우기測雨器와 하천 수위 측정기인 수표水標 제작을 감독, 완성했다. 상호군上護軍으로까지 특진했으나 1442년 그의 감독으로 제작된 왕의 가마가 부서지는 바람에 투옥, 파면당했다.

2. 원칙을 정하고 솔선수범하라

2008년 북경 올림픽이 지구촌의 축제가 되어 감동적인 이야기들을 전 세계에 전해 주었다. 중국인들은 올림픽을 위해 100년을 기다렸다고 한다. 그만큼 준비에 최선을 다했고 중국 선진화의 계기로 삼으려 하고 있다는 각오를 보여주었다. 특히 관심을 끄는 대목은 개막식 때 공자의 3,000 제자가 출연해 벌인 논어의 행진이었다. 전 세계가 지켜보는 가운데, 논어를 들고나왔으니 그야말로 공자의 화려한 부활이었다. 중국공산당은 공자를 권위주의 · 형식주의 · 봉건주의의 상징으로 여겨 비판해 왔기 때문에 공자의 재조명은 더욱 관심을 끌었다.

"유붕자원방래 불역낙호(有朋自遠方來 不亦樂乎, 『논어』「학이學而」). 벗이 있어 멀리서 찾아오니 또한 즐겁지 아니 한가"라는 논어를 인용하여 중국을 찾은 선수와 응원단 그리고 전 세계의 시청자를 향해 환영하며 인사를 했다. 이어서 '사해형제四海兄弟', 즉 "천하의 모든 사람이 형제"라고 강조했다. "학이시습지 불역열호(學而時習之 不亦說乎: 배우고 때로 익히면 기쁘지 않겠는가? 『논어』「학이學而」)" 등 논어의 핵심 내용들을 소개하며 중국의 유구한 역사와 전통 속에서 중국의 정체성을 제시했다. 2,500년 전 공자의 어록들을 모아 세계를 무대로 문화 선진국임을 선포한 것이다.

화려한 개막식 이후 초반부터 우리 선수들이 전해 주는 금빛 투혼은 무더위를 씻어버리고 오랜만에 국민에게 위로와 희망의 메시지를 전해 주었다. 그중에서도 박태환 선수가 400미터 수영에서 금메달을 거머쥐는 장면은 아무리 봐도 싫증 나지 않았다. 박 선수가 국민적인 영웅으로 떠오르면서 그를 지도한 노민상 감독의 리더십에 관해서도 관심이 높았다.

스포츠와 리더십은 어떤 관계가 있을까. 우선 공자가 리더십의 기본에 대해 강조한 내용부터 살펴보자.

> 其身正 不令而行 其身不正 雖令不從
> 기신정 불령이행 기신부정 수령부종
>
> 『논어』「자로子路」

"군주가 올바르면 명령을 내리지 않아도 백성은 군주의 뜻에 따라 행동한다. 그러나 군주 자신이 올바르지 않으면 명령을 내려도 자발적으로 따르지 않는다."

공자는 '기신정 불령이행(其身正 不令而行: 군주가 올바르면 명령을 내리지 않아도 백성은 군주의 뜻에 따라 행동한다)'을 정치에 적용했다. "지도자가 올바르면 명령하지 않아도 백성들이 자발적으로 지도자의 뜻에 따라 행동하게 된다는 점을 강조한다." 물론 오늘날도 대통령을 비롯한 정치인들에게 공자의 말은 더없이 소중하다. 지도자의 행동이 올바르면 백성은 명령을 내리지 않아도 리더의 뜻을 알아차리고 행동한다. IMF 위기 때 국민들이 '금 모으기 운동'을 누가 시키지 않아도 자원하는 마음으로 참여한 것이 좋은 사례이다.

하지만 지도자가 올바르지 않으면 비록 명령을 해도 따르지 않는 '기신부정 수령부종(其身不正 雖令不從: 군주 자신이 올바르지 않으면 명령을 내려도 자발적으로 따르지 않는다)'의 사례를, 역사를 통해서 수없이 경험해 왔다. 우리나라의 민주화 과정에서 독재정권이 내린 부당한 명령은 학생과 양심세력의 저항에 밀려 국민에게 무릎을 꿇었다.

리더의 행동이 얼마나 중요한지는 스포츠계에서 더욱 두드러진다. 스포츠 선수들의 경우 감독이나 코치의 영향력은 절대적이다. 어떤 리더를 만나느냐에 따라 선수의 운명이 달라지기 때문이다.

박태환 선수가 수영 자유형에서 금메달을 딴 것은 동양 남자로서 72년 만의 일이라고 한다. 어린 선수를 세계적인 스타로 키운 것은 노민상 감독의 리더십이다. 노 감독은 고등학교 중퇴의 학력으로 선수 시절 올림픽 메달은커녕 국가대표 문턱에도 가 본 적이 없는 무명 선수였다. 그러나 외국 서적으로 독학하면서 피눈물 나는 노력을 기울여 명감독으로 우뚝 솟았다. 그는 박 선수를 일곱 살 때 만나서 12년 동안 "박태환은 내 인생의 전부"라며 자신이 못다 이룬 꿈을, 제자를 통해 실현하고 싶다는 집념을 불태웠다.

올림픽을 앞두고 노 감독은 '세계의 스타 박태환 만들기 마스터플랜(master plan: 기본이 되는 계획)'을 세웠다. 박 선수는 스승의 훈련계획에 착실히 따르겠다고 다짐했다. 제자의 각오를 들은 노 감독은 자신도 좋아하는 술을 끊겠다고 약속했다. 제자가 훈련하는 동안 쉬지 않고 50미터 수영장을 오가며 구간별 기록을 체크하고 일지를 작성하여 기록을 근거로 훈련계획과 작전을 짰다.

노 감독의 솔선수범, 과학적인 훈련, 열린 마음, 정신훈련 등이 어우러져 기적은 일어났다. 박 선수야말로 스승의 솔선수범하는 리더십을 보면서 기신정 불령이행(其身正 不令而行: 지도자가 올바르면 명령하지 않아도 백성들이 자발적으로 지도자의 뜻에 따라 행동한다)을 실천한 인물이라고 할 수 있다. 그러나 이런 리더십이 어찌 수영의 노민상 감독뿐이겠는가. 올림픽에 출전한 선수들의 기적 뒤에는 항상 훌륭한 리더가 있는 법이다.

코오롱 그룹의 민경조 부회장은 논어를 1,000번 이상 읽고 고전의 숲에서 배우는 리더십을 주제로 강의할 정도로 솔선수범을 강조하는 경영자다. 특히 민 부회장은 기신정 불령이행(其身正 不令而行), 기신부정 수령부종(其身不正 雖令不從)의 내용을 좋아한다. 그는 성공한 CEO보다는 '성공한 회사의 CEO'가 되기를 바라며 경영하고 있다. 자신이 회사를 떠나고 나서도 성공한 기업이 되는 것이 중요하다는 게 그의 경영철학이다. 만약에 자신이 있는 동안은 좋았는데 떠나고 나서 회사가 좋지 않다면 진정한 성공이 아니라는 신념 때문이다. 이를 위해 그는 체질 개선부터 했다. 부채의존도를 80%나 줄이고 회계의 투명성을 높여 나갔다. 그는 단기적인 성공보다는 장기적인 성공을 원하고 눈에 보이는 성공뿐만 아니라 눈에 보이지 않는 성공도 염두에 두면서 경영자의 길을 가고 있다. 항상 '기신정 불령이행(其身正 不令而行)'을 마음속 깊이 새기면서 부끄러움 없는 경영을 하기 위해 최선을 다하고 있다.

이전에 초등학교 여교사가 6학년 교실의 교권 추락 실태를 소설 형식으로 고발하여 사회에 큰 충격을 던져주었다. 이처럼 우울한 가운데서도 희망을 주는 좋은 사례가 있다. 서울 강남초등학교의 한 여교사는 담임선생님과 학생 간의 갈등으로 문제가 된 6학년 3반 담임을 학기 중간에 맡았다. 선생님과 학생들 사이에 불신의 골이 너무 커서 아무도 반을 책임지려고 하지 않자 경험이 풍부한 그녀는 울며 겨자 먹기로 담임을 떠맡게 된 것이다.

선생님은 학생들과 규칙을 만드는 일을 먼저 했다. 평가시스템을 만들어 학생들에게 설명하고 한번 해보자고 약속을 받았다. 평가 항목은 학업 우수상, 모범생활상, 독서우수상, 일기 우수상, 체육 우수상, 음악 우수상, 미술 우수상 등 7개 항목으로 정했다. 또 '더 열심히'라는 항목도 두어 개선이 필요한 사항을 평가 항목에 추가했다. 매월 평가 결과를 학생들이 확인하고 "잘한 점, 부족한 점, 나의 다짐"을 스스로 쓰도록 한 후 부모님께 가져다드리고 부모님 의견을 받아오도록 했다. 중간고사와 기말고사도 평가한 후 부모님 의견을 적도록 했다.

학생들에게 신뢰를 받기 위해서는 모범을 보이는 길밖에 없다고 생각한 선생님은 항상 아침 8시까지 출근하여 미리 준비했다. 학생들은 8시 40분까지 와야 지각이 되지 않는다. 그녀는 기준의 중요성을 강조한다. "지각 문제만 하더라도 기준이 얼마나 중요한지를 알았어요. 학생들은 자신들이 가지고 있는 시계가 늦었다거나 여러 가지 변명을 했어요. 그래서 지각 여부는 학교 시계로 교실 문턱을 넘는 순간으로 정한다고 동의를 받았지요. 그 뒤부터는 시비가 없어졌죠." 문제 학급으로 낙인찍혔던 학생들은 새로운 사람으로 변하기 시작했다.

학생들 스스로도 자신들의 변화 모습에 놀란다고 한다. 학생들은 선생님에게 "우리 이야기를 책으로 내실 경우 책 제목은 '6학년 3반 보석만들기'로 하면 어떠세요?" 하면서 책 제목까지 염두에 둘 정도로 달라졌다. 자신들은 원석인데 보석을 만들어 주신 선생님께 감사하는 마음을 가지고 있었다. 선생님이 원칙을 정하고 솔선수범을 하자 문제의 학생들이 모범생으로 변화된 것이다.

정치, 경제, 사회, 문화, 스포츠를 비롯한 모든 분야에서 리더와 구성원들 모두가 공자가 강조한 '기신정 불령이행(其身正 不令而行)' '기신부정 수령부종(其身不正 雖令不從)'을 염두에 둔다면 대한민국은 더욱 강한 선진국이 될 것이다.

3. 조직의 핵심 동력은 신뢰다

정치가 무엇일까. 『논어』에서는 정치를 어떻게 보고 있을까. 제자 자공子貢이 정치에 관해 묻자, 공자가 정치의 요체 세 가지를 제시한다.

> 子貢問政 子曰: "足食 足兵 民信之矣"
> 자공문정 자왈: "족식 족병 민신지의"
>
> 『논어』「안연顔淵」

> 자공이 정치에 관해 묻자, 공자께서 말씀하셨다.
> "식량을 풍족하게 하고, 군비도 풍족하게 하고, 백성들이 믿게 하는 것이다."

정치의 첫 번째 덕목은 먹을 것을 넉넉하게 공급하는 '족식足食정책'이다. 백성들이 배고프면 정치의 한 축이 무너지고 만다. 경제가 정치의 중요한 부분을 차지하고 있기 때문이다. 경제문제는 동서고금을 막론하고 정치의 핵심과제가 되어 왔다. 로마제국의 정치인들은 "경제인은 정치를 몰라도 된다. 하지만 정치인은 경제를 몰라서는 안 된다"라는 확고한 경제관을 가지고 있었기에 천년 제국이 가능했다.

정치의 두 번째 덕목은 군인들의 사기를 높이는 '족병足兵정책'이다. 안보가 흔들리면 나라가 흔들린다. 국방을 지키는 군인들이 풍족함을 느끼고 자부심이 있어야 한다. 군인들의 사기가 충만할 때 나라가 편안해지는 까닭이다. 오늘날도 정부가 현충일顯忠日을 정하고 나라를 위해 몸 바친 사람들을 기리며 감사하는 마음을 갖는 것도 족병足兵정책의 일환이다. 특히 우리나라는 남북이 분단되어 대치 상태에 있으므로 족병정책은 더욱 중요한 전략이다.

정치의 세 번째 덕목은 백성이 지도자를 신뢰하는 '민신民信정책'이다. 정치는 국민과의 약속이다. 국민은 정치인에게 국민의 편에서 국민의 행복과 안녕을 위해 국민의 대표로서 일해 줄 것을 위임한 것이다. 그래서 예로부터 '민심民心은 천심(天心: 하늘의 뜻)'이라고 했다. 백성들의 마음을 헤아리는 것이 정치인의 가장 중요한 직무인 셈이다. 그러므로 백성은 위정자들이 신의성실信義誠實의 원칙에 의해 국정을 이끌어주기를 기대하고 있다.

흔히 이 세 가지를 나라를 다스리는 핵심 요소라고 하여 '치국삼요治國三要'라고 말한다. 그러면 이 셋 중에서 어느 것이 가장 중요할까. 자공과 공자의 정치에 관해 계속되는 대화 속에서 그 우선순위를 찾아보자.

"이 셋 중에서 하나를 버린다면 무엇입니까?"

"군비이다."

"나머지 두 가지 중에서 또 하나를 버린다면 어떤 것입니까?"

"식량이다."

그리고 공자는 정치의 핵심에 대해 결론을 내린다.

민무신불립民無信不立 (『논어』「안연顔淵」)

"백성이 믿지 않으면 정치는 성립될 수 없다."

여기서 '민무신불립民無信不立'이란 정치의 핵심 철학이 등장한다. 이는 백성들의 신뢰가 얼마나 중요한지를 강조하기 위한 말이다. '족식足食'과 '족병足兵'을 버린다는 것은 이들이 중요하지 않아서가 아니다. '민신民信'

의 중요성을 강조하기 위한 수단으로 사용했을 뿐이다. 세 가지 정책은 정치의 기본인데 그중에서 백성의 신뢰가 가장 중요하다고 말하는 것이다.

신뢰가 떨어지면 어떻게 회복할 수 있을까.

한자의 믿을 '신信' 자 속에 그 답이 들어 있다. 사람 '인人'에 '말씀 언言' 자로 되어 있으니 '신뢰는 말을 통해 이루어진다는 뜻'이다. 말이 없으면 소통이 되지 않기 때문에 신뢰가 떨어진다. 신뢰가 무너졌다면 말이 통하지 않았다는 의미다.

말이 안 통하는 경우는 말을 일방적으로 했을 때이다. 농경사회나 산업사회처럼 수직적인 조직 구조에서는 일방적으로 말을 해도 신뢰에 문제가 없었다. 어떤 면에서는 명령하고 통제하며 일사불란하게 움직이는 것이 효율적인 측면도 있었다. 국민들도 이런 지도자를 "소신있다"라며 높이 평가하기도 했다.

그러나 지식사회에서는 수평적인 조직으로 변해 있으므로 쌍방향의 의사소통이 필수적이다. 이제 국민들은 어떤 형태로든 참여하기를 원하고 있다. 따라서 아무리 좋은 정책일지라도 일방적으로 밀어붙이면 신뢰가 무너지고 만다. 요즈음은 초등학생들조차도 선생님이 "하라"라고 지시하는 말투를 싫어한다고 들었다. "해줄 수 있니?"라고 물어보아야 좋아할 정도라고 하니 말이다. 쌍방향 의사소통의 사회에서는 과정의 공정성이 중요하다. 좋은 결론이라 하더라도 과정의 공정성을 의심받으면 신뢰를 얻기 어렵다.

그러면 말을 통해 회복된 신뢰가 지속되려면 어떻게 해야 할까. 리더가 한 말이 믿을 수 있도록 성실誠實하게 해야 한다. 성실할 때 '성誠'이란 한자어는 말씀 '언言'과 이룰 '성成'으로 합성되어 있다. 말로 표현된 내용이 이루어지는 게 바로 성실이다. '성실해야 신뢰를 얻을 수 있다는 것'을 의미한다.

정도의 차이가 있을지는 몰라도 '족식足食, 족병足兵, 민신民信'이 나에게 어떻게 적용될 수 있는지 평가해 보자. 그리고 민무신불립(民無信不立: 백성이 믿지 않으면 정치는 성립될 수 없다)이란 말도 명심하자.

현충일(6월 6일)

현충일顯忠日은 나라를 위해 희생한 순국선열과 전몰 장병들의 충렬을 기리고 얼을 위로하기 위하여 지정된 대한민국의 기념일이다. 1956년부터 6월 6일을 현충일로 지정하여 기념하고 있다. 현충일에는 추념식과 참배 행사, 각종 추모기념식이 국립현충원에서 거행되며, 기업 · 단체 · 가정 등에서는 조기(弔旗: 조의를 표하기 위하여 깃봉에서 기의 한 폭만큼 내려서 다는 국기)를 게양한다.

4. 인재는 능력에 맞게 배치한다

공자의 제자인 자유(子游: B.C.506~B.C.445)는 공문십철(孔門十哲: 공자의 문하에서 나온 학덕이 뛰어난 열 명의 제자들)의 한 사람으로 문학에 뛰어난 재능을 보였다. 그는 공자보다 45세나 연하인 젊은 제자로 20대에 관리로 등용되었다. 공자는 나이 어린 제자가 출세 가도를 달리는 것이 대견하면서도 젊은 혈기가 은근히 걱정도 되었다. 그래서 자유子游가 다스리는 노魯나라의 작은 읍 무성武城을 방문키로 결심한다.

제자를 만나러 가는 도중 공자는 거리에서 고을 사람들이 현악에 맞춰 부르는 노래를 들었다. 자유子游가 그 고을을 예의禮儀와 음악音樂으로 선정善政을 베풀어 사람들이 거문고를 타면서 태평스럽게 노래를 부르고 있었다. 공자는 사랑스러운 제자가 자신이 가르쳐 준 대로 예악禮樂을 중시하는 문화 정치를 펴고 있음을 확인하고 기쁨을 감출 수 없었다. 그래서 빙그레 웃으며 칭찬의 마음을 담아 농담으로 이렇게 말하였다.

割鷄焉用牛刀
할계언용우도

『논어』「양화陽貨」

"닭을 잡는데 어찌 소 잡는 칼을 쓰는가."

공자의 농담을 알아차리지 못한 제자는 마치 스승이 자신을 질책하는 줄 알고 정중하게 변명한다.

"저는 예전에 선생님께서 '지도자가 올바른 도리를 배우면 백성을 사랑하게 되고, 백성들이 올바른 도리를 배우면 그들을 부리기 쉽다'라고 말씀하셨기에 가르쳐 주신 대로 '예악(禮樂: 예법과 음악)'을 통해 백성들을 다스리고 있습니다."

너무나도 진지한 제자의 반응에 오히려 스승이 놀라며 "제자들아, 자유子游의 말이 옳다. 내가 한 말은 농담이다"라고 말한다. 논어에 나오는 공자의 유일한 농담이 바로 여기에 등장한다. 사실 공자는 속으로 은근히 걱정하던 제자가 배운 대로 실천을 잘하고 있어서 칭찬하기 위해 농담처럼 던진 말이 '할계언용우도割鷄焉用牛刀'이다.

공자의 진심은 자유子游가 나라를 다스릴 만큼 훌륭한 인재임에도 불구하고 이런 작은 읍에서 성실하게 백성들을 다스리는 모습이 보기에 좋아서 한 말이었다. 공자는 예의가 바르고 음악 소리가 요란하지 않아야 정치가 잘 되는 것이라고 믿었다. 그래서 "예악禮樂으로 백성을 교화해야 한다"라는 게 공자의 지론이 되었다. 당시의 행정 책임자 대부분은 공자가 가르친 예악의 방법을 사용하지 않았다. 그런데 오직 자유子游만이 스승의 뜻을 존중하여 그 가르침을 실천하는 것을 목격하고서 흐뭇한 마음을 농담으로 표현했던 것이다. 그런데 자유子游가 너무나 진지하게 변명하는 바람에 공자가 서둘러 농담이었다고 진심을 밝힌다. 제자를 아끼고 사랑하는 스승의 인간미가 물씬 풍기는 『논어』의 잊을 수 없는 명장면이다.

하지만 언제부터인가 '할계언용우도割鷄焉用牛刀'라는 말은 공자의 본뜻과는 달리 작은 목적을 위해 너무 거창한 준비나 노력을 들이는 것을 비유할 때 부정적인 뜻으로 사용되고 있다.

또한 '닭 잡는 칼'과 '소 잡는 칼'의 비유는 한 인물이 맡은 일과 능력을 두고서 사용되기도 한다. 능력에 비해 맡은 일이 초라할 때 비유될 수 있다. 무한경쟁시대의 합리적인 인적자원관리는 무엇일까. 소 잡는 칼로는 소를 잡게 하고 닭 잡는 칼로는 닭을 잡게 하는 것이다. 리더십은 닭 잡는 칼과 소 잡는 칼이 제 역량을 발휘하도록 하는 데 있다.

2008년도에 TV 주말 사극으로 「대왕 세종」이 관심 속에서 방영되었다. 세종은 노비 출신인 장영실(蔣英實: 1385~?: 조선 세종 때의 과학기술자)을 파격적으로 발탁하여 관직을 수여했다. 신하들의 집요한 반발이 있었지만, 세종은 장영실의 무한한 잠재 능력을 보았기 때문에 신분 질서를 초월하여 발탁하는 용단을 내렸다. 세종의 기대에 부응하여 장영실은 신명을 바처 각종 과학 기계를 발명하여 조선시대의 기술이 당시 세계 최고 수준임을 자랑하게 했다. 그가 제작한 대표적인 발명품만 봐도 헤아리기 힘들 정도이다. 천문의, 금속활자 갑인자의 주조, 우리나라 최초의 물시계인 자격루自擊漏, 해시계인 현주일구 등을 발명했다. 또 천체 관측용 대 · 소간의(大小簡儀), 휴대용 해시계, 태양의 고도와 출몰을 측정하는 규표圭表, 세계 최초의 측우기測雨器 등을 만들었다. 세종은 장영실이 소 잡는 칼로 닭을 잡는다고 생각했기 때문에 파격적인 발탁인사를 통해 기회를 주었다.

인재의 적재적소 배치는 리더의 중요한 덕목이다. 조직에서 장영실처럼 소 잡는 칼로 닭 잡는 사람은 없는지 살펴볼 필요가 있다. 공자가 강조한 '할계언용우도割鷄焉用牛刀'의 참뜻을 이해하여 인재를 적재적소에 활용할 수 있기를 소망해 본다.

공문십철

공문십철孔門十哲은 공자의 문하에서 나온 학덕學德이 뛰어난 열 명의 제자들을 말한다. 안연顏淵, 민자건閔子騫, 염백우冉伯牛, 중궁仲弓, 재아宰我, 자공子貢, 염유冉有, 계로季路, 자유子游, 자하子夏를 이른다.

자유(B.C.506~B.C.445)

춘추시대 노나라의 유학자. 공문십철孔門十哲의 한 사람으로. 자하子夏와 더불어 문학文學에 뛰어났고 예禮의 사상思想이 투철透徹하였다.

5. 직언을 꺼리지 않는 리더

인지장사 기언야선

人之將死 其言也善

『논어』「태백泰伯」

"사람은 죽을 때에 그 말이 선하다."

권력자나 상사 앞에서 직언한다는 것은 예나 지금이나 쉬운 일이 아니다. 공자 말년의 제자인 증자(曾子: B.C.506~B.C.436)가 당시 최고 실세인 맹경자孟敬子에게 목숨을 걸고 직언하는 모습은 우리로 하여금 옷깃을 여미게 하는 감동을 준다. 증자는 공자의 학풍을 이어받아 유교 교단의 후계자 역할을 한 것으로 유명하다. 그의 가르침은 공자의 손자 자사子思를 거쳐 맹자孟子에게 전해져 유교 사상의 정립에 중요한 위치를 차지한다. 후대에 송나라의 주희(朱熹: 1130~ 1200)는 공자, 증자, 자사, 맹자로 도가 전해졌다는 도통 관념道統觀念에서 사서四書, 즉 『논어論語』, 『맹자孟子』, 『중용中庸』, 『대학大學』을 이 사자四子의 사상이라고 했다.

이처럼 영향력 있는 증자가 병석에 누워 임종이 가까워지자, 노나라의 실세인 맹경자가 문병을 왔다. 이때 증자는 기다렸다는 듯이 맹경자에게 군자가 지켜야 할 도리에 대해 충언을 서슴지 않는다. 하늘을 나는 새도 떨어뜨린다는 세도가 앞에서 입바른 말을 한다는 것은 목숨을 내놓아야 할 정도로 위험한 상황이었다. 증자가 비장한 각오로 맹경자에게 충고를 하기 전에 자신의 진솔한 마음을 밝힌 부분이 인상적이다.

鳥之將死 其鳴也哀 人之將死 其言也善

조지장사 기명야애 인지장사 기언야선

"새는 죽을 때에 그 울음소리가 구슬프고, 사람은 죽을 때에 그 말이 선하다."

새가 비록 미물일지라도 죽음을 앞두고 우는 모습은 애간장을 끊는 듯한 슬픔을 자아낸다. 사람 역시 죽음을 앞두고는 두려울 게 없으니 그 하는 말이 착하고 진실될 수밖에 없다. 사람들이 유언을 중시하는 이유도 바로 여기에 있을 것이다. 죽음 앞에서 가장 중요한 말, 꼭 하고 싶은 말만을 하는 것이 유언의 속성이기 때문이다.

그러면 증자는 무슨 말을 하기 위해 이토록 비장한 말을 꺼내는 것일까. 마치 죽을 때가 되었으니, 목숨이라도 걸고 한마디 하겠다는 자세다. 그 시절에 맹경자에 대한 평판이 좋지 않았기 때문에 작심하고 한마디 하고자 한 것이다.

도대체 맹경자가 무슨 잘못을 했기에 증자의 마음을 아프게 했을까. 그 시절 노나라의 군주 도공이 죽었을 때 맹경자의 부적절한 처신이 문제가 되었다. 그때의 관습으로는 군주가 죽으면 신하들은 모두 밥을 먹지 않고 죽을 먹으면서 애도의 뜻을 표시하는 것이 도리였다. 하지만 맹경자는 그런 관습을 지키려고 하지 않은 채 오만한 마음을 가지고 자기 행동을 솔직하다는 말로 합리화하고 있었다.

"내가 노나라의 실세라는 것은 누구나 다 알고 있다. 왕보다 사실은 내가 힘이 더 센 걸 다들 알고 있으리라. 그런데 왕이 죽었다고 내가 죽을 먹고 있으면 나도 기운이 떨어질 것이고, 평소에는 늘 왕을 무시하다가 죽고 나니까 괜히 예절을 지키는 척한다면서 남들이 비웃을 것 같은 느낌도 든다. 그럴 바에야 죽을 먹을 필요가 있겠는가. 그냥 평소에 하던 대로 맛있는 요리나 먹어야겠다."

이 같은 배경 속에서 증자가 맹경자에게 하고 싶은 말을 용감하게 쏟아놓는다.

"지위가 높은 군자가 귀하게 여겨야 할 세 가지 도리가 있습니다. 몸을 움직일 때는 난폭함과 태만함을 멀리해야 하고, 얼굴빛을 바르게 할 때는 믿음을 줄 수 있도록 해야 하며, 말할 때는 비천하거나 도리에 어긋나는 것은 하지 않도록 해야 합니다. 제기를 다루는 일처럼 사소한 의례에 관한 일은 담당 관리가 있으니, 그에게 맡겨야 합니다."

증자는 맹경자의 면전에서 군자는 행동거지에 포악함과 오만함이 없어야 한다고 주문한다. 나아가 사소한 일은 아랫사람에게 맡겨 권한을 위임하라고 당당하게 권유하고 있다.

직언하려면 용기가 필요하다. 더구나 권력자 앞에서 하고 싶은 말을 제대로 한다는 것은 목숨을 내놓는 것이나 마찬가지다. 요즈음엔 목숨까지 걸 필요는 없지만 용기가 있어야 하는 것은 분명하다. 최근 기업에서 커뮤니케이션의 중요성을 강조하는 이유가 어디에 있겠는가. 두말할 필요 없이 직언의 위험성을 제거하자는 데 있다. 증자의 직언이 오늘을 사는 현대인들에게 주는 시사점을 찾아보자.

먼저 우리가 상사에게 바른말을 하고자 할 때는 증자의 직언하는 자세를 음미해 보아야 한다. 직언에도 전략이 필요하기 때문이다. 직언을 위한 직언은 효과가 없다. 오히려 인간관계만 악화시켜 직언을 아니 함만 못한 결과를 초래할 수도 있는 것이다. 직언할 일이 있으면 먼저 진심을 보여주어야 한다. 상사를 존중하고 조직을 위해 순수한 마음으로 직언한다는 느낌을 상사에게 심어주어야 한다. 칭찬을 먼저 한 다음에 직언하는 것도 좋다. 상대방을 편안하게 한 다음에 하고 싶은 말을 짧게 하는 것도 지혜로운 처신이다.

또 말로 하기 어려운 직언은 글을 통해 할 수도 있다. 글이란 마음을 여러 번 정리하기 때문에 오해의 여지를 줄이면서 효과를 더 볼 수도 있다. 물론 글로 직언하려면 그만큼 준비가 더 필요한 것도 사실이다.

다음으로 권력자나 리더 입장에서는 직언할 수 있는 분위기를 조성해야 한다. 어떤 조직이든 언로가 막혀 커뮤니케이션이 원활하지 않으면 동맥경화증에 걸려 있는 것이다. 리더 스스로 대화할 수 있는 분위기를 조성하는 노력을 기울이지 않으면 안 된다. 인간은 만물의 영장인지라 자유로운 분위기가 마련되지 않으면 결코 진실을 이야기하려고 하지 않는다. 지식사회에서는 창의력이 경쟁력의 핵심이 되고 있다. 구성원들의 창의력은 참여와 협력이 필수조건이다. 언제든지 구성원들이 부담 없이 말할 수 있는 분위기 조성의 책임은 바로 리더 자신에게 있음을 명심해야 한다.

증자가 권력자 앞에서 용기를 내기 위해 했던 말은 멋진 표현이 아닐 수 없다. 참으로 운치 있는 문장이다. 더욱이 직언하려고 할 때 "조지장사 기명야애(鳥之將死 其鳴也哀: 새는 죽을 때에 그 울음소리가 구슬프고), 인지장사 기언야선(人之將死 其言也善: 사람은 죽을 때에 그 말이 선하다)"의 심정으로 한 말씀 드리겠다고 한다면 리더의 마음도 달라질 수 있으리라.

리더 역시 부하직원들이 상사에게 귀에 거슬리는 직언을 한다는 것이 얼마나 어려운지를 헤아릴 줄 알아야 한다. 세월이 아무리 흘렀어도 상사와 부하는 대등한 관계라고 하기에는 아직도 거리가 있는 법이다. 대화할 수 있는 부드러운 환경을 만들기 위해 리더 스스로 더욱 노력해야 한다.

증자(B.C.506~B.C.436)

춘추시대의 유학자. 공자의 도道를 계승하였다. 공자의 문하생이다. 그는 유가儒家에서 강조하는 '효孝'를 재확립하는 데 힘썼는데, "①부모를 기리고, ②부모를 등한시하지 않으며, ③부모를 부양한다"라고 하여 효孝를 3단계로 열거했다. 그의 가르침은 공자의 손자 자사子思를 거쳐 맹자에게 전해져 유교 사상사에서 중요한 위치를 차지한다. 공자孔子·안자顔子·자사子思·맹자孟子와 함께 동양 5성五聖으로 꼽힌다.

주희(1130~1200)

남송의 성리학자. 주자학을 집대성하여 중국 사상계에 가장 큰 영향을 미쳤다. 주희는 『논어』와 『맹자』에 관한 집주集注를 저술하면서 자신의 철학적 사상을 나타냈는데, 중국·한국·일본 등의 지식인 사회에 영향을 미쳤다. 주희는 역사에도 깊은 흥미를 보여 사마광의 역사서인 『자치통감』의 축약과 재편집을 지휘, 1172년 『자치통감강목』을 완성했다. '논어, 맹자, 대학, 중용'을 '사서四書'라는 이름으로 한데 모아 새롭게 간행하는 혁신적인 업적을 남겼다. 우주의 질서와 인간의 마음을 깊이 탐구하는 '성리학'을 창시하고 완성했다.

『논어』

『논어論語』는 공자孔子와 그의 제자들의 어록語錄을 엮은 경전이다. 공자가 세상을 떠난 후 그의 제자들이 그의 언행言行을 모아 책으로 펴낸 것. 『논어』의 최종 버전은 공자 학파의 후계자 자리를 차지한 증삼의 제자들이 완성했을 것이라는 견해가 유력하다. 전 20편, 482장, 600여 문장으로 내려온다.

『맹자』

『맹자孟子』는 전국시대의 유가였던 맹자가 각국의 제후들에게 유세하거나, 자기 제자들과 대화를 나눈 것, 혹은 다른 사상가들과의 논쟁을 기록한 어록이다. 『사기』에 따르면 『맹자』는 맹자 은퇴 후 제자인 만장萬章 등의 제자와 함께 지은 것이라는 설이 있으나, 실제로는 맹자 말년이나 맹자 사후에 제자들이 맹자가 남긴 말을 기록하여 엮은 책이라 생각된다. 총 7편 14장구로 이루어져 있다.

『중용』

중용中庸은 공자의 손자인 자사子思가 저술한 책이다. 논어, 맹자, 대학과 더불어 사서四書에 속하며, 유교의 기초가 되는 책이다. 자사는 중용을 유가 사상의 핵심 주제로 보았으며 중용은 사람들이 모든 행동에서 본받아야 할 원칙이며, 나라를 다스리는 근본이라고 했다. 중용의 중中은 치우치지 않음, 지나치지도 모자라지도 않음, 감정이 겉으로 드러나지 않은 상태를 뜻하고, 용庸은 변함없음을 뜻한다. 중용을 실천하는 일은 평범한 사람도 할 수 있을 만큼 쉬우나, 철저히 지키는 일은 성인도 어렵다고 한다. 그러나 지극한 정성이 곧 중용에 거의 가깝다고 할 수 있다. 중용中庸을 지켜 이것에서 벗어나지 않는 것이 군자의 도道이며 세상의 정해진 이치라고 한다.

『대학』

유가의 근본이념을 명확하고도 일관된 체계로 정립한 유교 경전. 『대학』의 저자에 대해서는 여러 가지 설이 있는데, 전통적으로는 『중용』과 『대학』이 공자의 손자인 자사子思가 지었다는 견해가 지배적이다. 『대학』은 자기 수양을 완성하고 사회질서를 이루는 과정을 일목요연하게 이론적으로 보여주고 있다. 『대학』은 유가의 주요 사상을 체계적으로 설명하고 있다. 그 내용을 요약하면 수기치인修己治人, 곧 자신을 수양한 후에 백성을 다스리라는 것이다. 즉 사회의 지도자는 먼저 자기 자신을 수양하고 책임과 의무를 다한 후에 이를 주변 사회로 넓혀나가야 한다는 것이다. 『대학』의 내용은 삼강령 팔조목으로 구성되어 있다.

6. MZ세대가 일하고 싶은 리더

子夏曰: 君子有三變 望之儼然 卽之也溫 聽其言也厲

자하왈: 군자유삼변 망지엄연 즉지야온 청기언야려

『논어』「자장子張」

자하가 말하길, "군자는 세 가지 다른 모습이 있다.
멀리서 보면 위엄 있고, 가까이서 보면 온화하며,
그 말을 들어보면 확고한 모습이다"

"라떼는 말이야~"라는 말이 온라인 커뮤니티에서 시작하여 대중적으로 유행어로 번지면서 우리 사회에 세대 차이를 표현하는 대표적인 말이 되었다. 현대사회에서는 마치 그 시대를 대변하는 듯한 세대의 표현들이 있다.

먼저, X세대(1965~1979)는 아날로그analogue와 디지털digital을 모두 경험한 세대로, 경제적 풍요 속에서 다양한 개성을 표출하며 기성세대와 가장 많이 부딪친 세대였다.

그다음은 M(밀레니얼millennial)세대(1980~1994)로, X세대의 다음 세대라는 의미로 Y세대라고도 불렸다. 디지털 1세대로 2000년 밀레니얼 시대로 접어들면서 가장 활발히 사회, 경제, 문화에 영향력을 끼친 세대며 대학 진학률도 가장 높은 세대이다.

그리고 Z세대(1995~)가 있다. "디지털 네이티브Digital Native(디지털 네이티브는 미국의 교육학자 마크 프렌스키Marc Prensky가 2001년 발표한 논문에서 처음 사용한 개념으로, 디지털 기술이 일상화된 환경에서 태어나고 자란 세대를 의미한다. 이들은 스마트폰, 인터넷, SNS, 게임 등 디지털 기기를 자연스럽게 습득하고 활용하는 능력을 갖춘 세대로 평가한다)"라고도 불리는 세대이다.

최근에는 2010년 이후에 태어난 '알파 세대(Generation Alpha)'가 있다. 알파 세대는 태어나면서 엄마 배 속에서부터 휴대폰을 들고 나온다는 세대이다. 즉, 어려서부터 기술적인 진보를 경험하며 사람과의 소통보다 인공지능 기계와의 소통에 익숙한 세대이다.

대학 졸업 후 신입 사원으로 직장에 첫발을 내디뎠을 때 팀장님 또는 임원들이 신입 사원에게 가장 많이 하는 말이 "요즘 친구들이 X세대라며?" "요즘 친구들은 우리 때와 달라"라는 말이 있다. 90년대 후반에 직장 내 리더들이 세대 차이를 진지하게 공부한 첫 리더들이 아닐까, 생각한다. 그때 신입 사원의 눈에는 굳이 세대를 나누어 소통의 앵글을 맞출 필요가 있을까 생각했을 것이다. 조직은 철저히 하이어라키(Hierarchy, 피라미드형

의 계층제: 조직이나 집단 내에서 계층적인 구조를 말한다. 부장부터 사원까지 직급에 따라 직무범위가 다르고 업무지시 권한이 상부에 있는 것) 구조로 이루어져 있고, 이 구조에서 업무가 전달되고 디렉션(direction: 지시, 방향, 목표)이 내려오기 때문이다.

X세대가 신입 사원인 시대에도, X세대가 리더인 시대에도 구성원이 원하는 리더의 모습은 다르지 않다. 세대의 특징을 이해하고 그들의 눈높이에 맞게 소통해 준다면 사람을 움직이는 힘(리더십)을 발휘해야 하는 리더는 소통의 오류를 조금이라도 덜 수 있다. 하지만 구성원이 같이 일하고 싶은 리더가 되어야지 소통만 잘한다고 팀을 성공적으로 이끌 수 있는 것은 아니다. 소통은 오히려 두 번째여도 좋다. 소통은 구성원이 리더를 리더로서 인정하고 신뢰하는 것이 선행되어야 가능하다.

MZ세대(MZ세대는 M세대(밀레니얼)와 Z세대를 묶어 부르는 표현) 구성원이 같이 일하고 싶은 리더는 어떤 모습의 리더일까? 세대의 특징을 이해한다는 명목으로 줄임말과 이모티콘을 공부하고, 젊은 사람들이 좋아한다는 장소를 찾아다니고 그들의 유행을 흉내 내는 리더일까? 반대로 조직의 수직 구조에 기대어 팀 구성원들이 팀장인 자신을 무조건 따르길 기대하고 일방적인 지시와 소통을 하는 리더일까? 다음은 『논어』에서 자하(子夏: B.C.507~B.C.420)가 일러주는 '군자삼변君子三變'을 갖춘 리더의 모습이다.

1) 멀리서 보면 위엄 있는 엄격함

리더는 존재만으로 의미의 영향력이 분명해야 한다. 팀장이 휴가인 날에는 팀원들의 출근길 마음은 가볍다. 집에서 엄마가 외출하면 평소 엄마가 먹지 말라는 라면이 먹고 싶은 것 같은 마음이다. 리더라는 존재가 주는 긴장감과 위엄이 있기 때문이다. 리더는 멀리서 보면 위엄 있고 엄격한 사람으로 보일 수 있다. 그런 엄격함은 구성원 질서의 위기관리에 중요한 역할을 한다.

2) 가까이서 보면 온화한 다정함

가까이 다가가면 인간적인 따뜻함으로 사람들의 말을 경청하고 상대를 다정하게 대해야 한다. 컬럼비아 대학교 켈리 하딩Kelli Harding 정신의학과 교수는 "사람들은 상대가 다정함을 보이면 본인 역시 다정함을 보일 확률이 높아진다"라고 설명하면서 "다정함이 있는 조직 문화를 만들고 싶다면 리더가 먼저 다정함을 보여야 한다"라고 강조했다. 리더가 구성원에게 따뜻하고 다정하게 대했을 때 구성원들은 리더에게서 지지받고, 업무 자율성을 가지며, 리더를 돕기 위해 더 노력한다고 한다. 어느 집이나 아빠가 엄한 역할을 자처하지만 가까이 다가가면 한없이 자녀에게 자상한 아빠처럼 구성원이 리더를 따르는 이유가 두려움이 아닌 구성원을 사랑으로 품을 수 있는 모습이어야 한다.

3) 말은 확고한 논리력

가장 무능한 리더는 매번 말이 바뀌고 책임지지 않고 구성원들의 수고를 모른다. 일할 때는 중심을 잡고 명확한 방향을 가리키고, 논리적論理的으로 구성원을 설득하고, 구성원 스스로가 움직일 수 있도록 해야 한다. 리더가 중심을 못 잡고 끊임없이 배우고 노력하지 않는다면 선장船長 없는 배에 선원船員들만 태워 바다로 내보내는 것과 같다.

'리더십Leadership'은 '리더Leader'의 수만큼 다양하다는 말이 있다. 리더의 모습과 역할은 한 가지로 설명할 수 없다는 말이다. 시대가 발전하고 비즈니스를 둘러싼 환경이 하루가 멀게 변화하고 있다. 하지만 시대가 변하고 세대가 변해도 팀 구성원이 따르는 리더가 있다. 바로 공자의 제자 자하가 말하는 군자의 모습이다. 그 모습이 진짜 리더십이다.

자하(B.C.507~B.C.420)

전국시대 위衛나라 사람. 공자의 제자로 공자보다 44살 연하다. 공문십철(孔門十哲: 공자의 문하에서 나온 학덕이 뛰어난 열 명의 제자)의 한 사람이다. 자하는 『시경詩經』에 조예가 깊었다. 『주역周易』을 주석 및 해설한 『자하역전子夏易傳』이 있다. 이극李克, 오기吳起, 서문표西門豹, 전자방田子方, 단간목段干木 등 모두 그의 문하에서 배웠다.

7. 미래형 리더가 갖춰야 할 조건

『논어』를 접해 보지 않은 사람도 '온고지신溫故知新'은 매우 친숙한 사자성어이다. 학창 시절 교과서에서 한 번쯤은 접했기 때문이다. 이 사자성어가 『논어』 「위정爲政」편에 나오는 공자의 말이다. '온고지신溫故知新'의 해석은 "옛것을 익히고 그것을 통하여 새것을 안다"라는 뜻으로 과거 전통과 역사가 바탕이 된 후에 새로운 지식을 습득해야 제대로 된 앎이 될 수 있다는 사전적 의미가 있다. 또 국어사전에서는 "옛것을 익히고 그것을 미루어서 새것을 안다"라고도 설명하고 있다.

신기술이 매일 빠르게 진화하는 세상에서 지난 과거의 것을 알고 새로운 것을 익힌다는 것은 결코 쉬운 일이 아니다. 주변 환경의 빠른 변화를 좇아가는 것도 급급한 것이 현실이기 때문입니다. 다른 사람들이 요약한 유튜브 영상을 참조하거나 그것도 시간에 쫓겨 더 짧은 숏츠와 같은 영상으로 새로운 것을 익히기에도 바쁜 것이 현실이다. 공자는 '온고지신' 하면 남을 가르칠 스승의 자격도 있다고 했다. 자신이 익히고 배운 것만 고집한다면 다른 사람을 가르칠 수 없다. 공자는 과거를 익히고 배우며 새로운 것, 즉 미래를 내다볼 수 있는 사람이라면 다른 사람을 가르칠 자격이 있다고 말한 것이다.

그렇다면 직장에서는 누가 스승의 역할을 할 수 있을까? 현실을 정확히 파악하고 앞으로 나아갈 길을 제시할 수 있는 스승이 우리 조직에는 있을까? 조직에서 스승과 같은 역할을 할 수 있는 사람은 바로 '리더'이다. 공자가 강조한 '온고지신溫故知新'을 조직에서 가장 실천적으로 실행해야 하는 사람이다. 과거, 현재, 미래를 모두 볼 수 있는 안목이 있어야 한다. 과거 성공했던 방식을 답습하는 대신 과거를 공부하고 현재를 살펴보고 미래를 준비할 수 있어야 한다.

조직에는 두 종류의 전문가가 있다. 과거의 조직 역사와 업무 프로세스를 꿰뚫고 있는 '과거형 전문가' 그리고 현실에 정통하고 문제 해결에 능한 '미래형 전문가'이다. 과거형 전문가와 미래형 전문가 모두 어느 조직에나 존재하며 귀한 자원들이다.

하지만 "성공적인 리더가 되는 전문가는 미래형 전문가들이다." 인공지능은 모든 전문가를 대체할 것처럼 위협적이지만, 결코 인공지능은 우리의 스승이 될 수는 없다. 빠르게 변화하는 조직에서 리더는 미래형 전문가로서 '민첩성Agility' '스마트함Smartness' '유연성Flexibility' '창의성Creativity' '성공의지Winning Spirit'와 같은 감각을 지녀야 한다. 일의 감각 또는 센스라고 하는 말들이 최근 많이 활용되는 것도 이런 맥락이라고 할 수 있다. 이런 감각 또는 능력은 '온고지신'을 통해 개발된다.

2500년이 지난 『논어』를 우리가 읽는 것도 몸소 '온고지신(溫故知新: 옛것을 익히고 그것을 통하여 새것을 안다)'을 실천하는 것이다. 『논어』를 읽고 익히는 것에 절대 그치지 않고 실행하고 실험해야 한다. 이를 바탕으로 미래로 뻗어 나가라는 스승 공자의 목소리에 귀 기울여야 한다.

구성희(具聖姬)

숙명여자대학교 사학과를 졸업하고, 국립대만대학교 역사과에서 『漢晉的塢壁』으로 석사학위를 취득하였으며, 북경대학교 역사과에서 『論漢人對死的態度』로 박사학위를 취득했다. 숙명여대 · 성균관대 · 중앙대 · 동국대 · 북경대학교에서 강의했으며, 국내외 여러 대학의 연구교수와 연구원 및 북경대학교 역사학과 명예 부교수와 전임강사를 역임했다. 저서로 『漢代人的死亡觀』, 『兩漢魏晉南北朝的塢壁』, 『리더들의 리더가 된 중국의 제왕들』(공저), 『고대 중국의 제왕』, 『한 권으로 읽는 중국 여성사』, 『중국 여성을 말하다 – 가려진 중국 여성의 생활사』, 『중국의 전통문화와 대중문화』, 『한 권으로 읽는 중국예술』, 『한국인이 좋아하는 중국사』, 『한국인이 좋아하는 중국 고대사』, 『사마천의 사기史記가 알려주는 어떻게 살 것인가』, 『한비자가 알려주는 어떻게 살 것인가』, 『동서양 리더들의 필독서 손자병법』 등이 있으며, 번역서로 『漢唐藩屬体制研究』(공역), 『아주 특별한 중국사 이야기』 외 다수의 저서와 논문이 있다.

▶ 논문

1993, 「漢晉的塢壁, The Fort of Han and Jin period」, 대만대학교, 석사학위논문

1998, 「先秦時代生死觀與魂魄說」, 北京大學研究生學刊53

1998, 「先秦生命氣源說中的氣生萬物說」, 북경대학교 유학생회, 勺園

1998, 「論漢人對死的態度」, 북경대학교, 박사학위논문

1998, 「漢晉塢壁의 성질 및 기능」, 중국고중세사연구4

1998, 「漢晉塢壁에 관한 연구」, 건축역사연구7

2001, 「漢代人의 鬼神觀念과 巫者의 역할」, 史學集刊83

2001, 「漢代의 厚葬風俗과 薄葬論」, 수선사학회, 사림15

2001, 「漢代 喪葬禮俗에 표현된 영혼관과 귀신관」, 동국사학35

2002, 「韓非子 정치사상의 역사적 의의」, 동국사학38

2004, 「漢代의 靈魂不滅觀」, 중국사연구28

2005, 「略論漢代人的死後'地下世界'形象」, 연변대학학보38

2005, 「송경령과 송미령의 리더십」, 숙명리더십연구1

2005, 「韓非子의 統治論」, 중국사연구37

2005, 「중국혁명의 여성리더 등영초鄧穎超」, 숙명리더십연구2

2005, 「근대 중국여성해방운동의 선구자 추근秋瑾의 리더십」, 중국사학회39

2006, 「近代中國婦女解放運動的先驅--秋瑾的領導能力」, 北京大學婦女研究動態29(29)

2006, 「등영초鄧穎超(1904-1992)의 리더십」, 중국사연구41

2007, 「하향응何香凝(1878-1972)의 리더십」, 文學史學哲學9

2009, 「女革命家何香凝的領導能力」, 黑龍江省 世紀橋6

2009, 「鄧穎超的領導能力及其對中國社會的影響」, 北京大學婦女研究動態38

2009, 「韓非子統治論在歷史上的進步性與貢獻」, 黑龍江省 世紀橋190

2010, 「漢高祖 劉邦의 인재활용술과 리더십」, 文學史學哲學20

2010, 「韓非子 통치론의 역사적 공헌」, 역사와교육, 10

2010, 「난세의 영웅 魏武帝 曹操의 인재활용술과 리더십」, 文學史學哲學21

2010, 「漢高祖劉邦的人才管理術」, 黑龍江省 世紀橋208

2010, 「曹操的用人之道與管理思想」, 黑龍江省 世紀橋210

2010, 「劉備의 人才관리와 리더십」, 文學史學哲學22

2010, 「漢代人의 영혼관과 死後世界觀」, 역사와교육, 11

2011, 「티베트에 문명을 전파한 唐나라 文成公主의 역사적 지위」, 文學史學哲學27

2012, 「중국역사상 최초로 정권을 잡은 여성 – 前漢의 呂后」, 文學史學哲學27,28

2012, 「和親을 위해 匈奴로 시집간 漢나라 王昭君의 역사적 공적」, 文學史學哲學30

2012, 「남자황제보다 뛰어난 唐나라 女皇帝 則天武后의 역사적 공적」, 文學史學哲學31

2014, 「曹操 · 孫權 · 劉備의 人才活用術과 리더십」, 문화와예술연구, 4

2016, 「韓非子 통치론이 秦漢시대에 끼친 영향과 역사적 지위」, 文學史學哲學43,44

2016, 「중국 衣服文化의 역사」, 공자학당, 대교차이홍10

2017, 「試論劉備的用人之道」, 大連大學, 大連大學學報38(188)

2017, 「论汉高祖刘邦的领导力与人才管理思想」, 臺灣, 衡平天下(專業人文暨社會科學雜誌)18

2017, 「曹操的用人政策」, 洛陽師範大學, 洛陽師範學院學報36(220)

2018, 「中國的皇帝論與習近平」, 文學史學哲學54

2019, 「중국의 皇帝論과 시진핑에 대한 연구」, 중국지역연구6

2019, 「중국의 皇帝論과 시진핑의 中國夢」, 사람과언론7

2019, 「영화로 이해하는 중국사회와 문화」, 문학사학철학57

2020,「중국의 일국양제와 홍콩의 미래」, 사람과언론8

2020,「중국의 吉祥文化와 吉祥디자인에 대한 연구」, 문학사학철학60

2022,「漢代的靈魂觀與死後世界觀」, 吳榮曾先生九十華誕頌壽論文集, 北京大學中國古代 史研究中心編

2023,「漢代 상장예속에 표현된 영혼관과 사후 존재」, 문학사학철학73

2023,「漢代 후장풍속의 유행과 박장론의 대두」, 문학사학철학74

2024,「사마천의『사기史記』가 주장하는 겸양과 처세술」, 문학사학철학76

2024,「사마천의『사기史記』에 표현된 리더와 리더십」, 문학사학철학79

2025,「한비자 정치사상과 효용성」, 문학사학철학82

▶ 저역서

2003,『漢代人的死亡觀』, 1쇄. 북경. 민족출판사

2004,『兩漢魏晉南北朝的塢壁』, 1쇄. 북경. 민족출판사

2005,『漢代人的死亡觀』, 2쇄. 북경. 민족출판사

2005,『兩漢魏晉南北朝的塢壁』, 2쇄. 북경. 민족출판사

2007,『漢唐藩屬体制研究』 공역, 동북아역사재단

2008,『아주 특별한 중국사 이야기』, 1쇄, 공역. 책임집필. 신서원

2008,『아주 특별한 중국사 이야기』, 2쇄. 공역. 책임집필. 신서원

2009,『아주 특별한 중국사 이야기』, 3쇄. 공역. 책임집필. 신서원

2009,『리더들의 리더가 된 중국의 제왕들』, 1쇄, 공저. 책임집필. 신서원

2009,『리더들의 리더가 된 중국의 제왕들』, 2쇄. 공저. 책임집필. 신서원

2011,『고대 중국의 제왕』, 1쇄, 신서원

2011,『고대 중국의 제왕』, 2쇄. 신서원

2012,『한 권으로 읽는 중국 여성사』, 1쇄, 이담출판사

2012,『한 권으로 읽는 중국 여성사』, 2쇄. 이담출판사

2013,『중국 여성을 말하다 – 가려진 중국 여성의 생활사』, 이담출판사

2014,『중국의 전통문화와 대중문화』, 이담출판사

2015,『한 권으로 읽는 중국예술』, 1쇄. 이담출판사

2018,『한 권으로 읽는 중국예술』, 2쇄. 이담출판사

2020,『한국인이 좋아하는 중국사–2020년도 세종도서 우수도서』, 민속원출판사

2021, 『한국인이 좋아하는 중국 고대사』, 민속원출판사

2024, 『사마천의 사기史記가 알려주는 어떻게 살 것인가』, 한국학술정보

2024, 『한비자가 알려주는 어떻게 살 것인가』, 한국학술정보

2025, 『동서양 리더들의 필독서 손자병법』, 한국학술정보

지식인과 리더들의 필독서

논 어

초판인쇄 2025년 11월 17일
초판발행 2025년 11월 17일

지 은 이 구성희
펴 낸 이 채종준
펴 낸 곳 한국학술정보(주)
주　　소 경기도 파주시 회동길 230(문발동)
전　　화 031-908-3181(대표)
팩　　스 031-908-3189
투고문의 ksibook1@kstudy.com
등　　록 제일산-115호(2000. 6. 19)

ISBN 979-11-7457-297-4 03150

책에 대한 더 나은 생각, 끊임없는 고민, 독자를 생각하는 마음으로 보다 좋은 책을 만들어갑니다.